Design Review 2018

デザインレビュー実行委員会

2018年テーマ「創遇」

デザインレビューでは出展作品のテーマやビルディングタイプ、出展者の所属や学年に制限がありません。出展者以外にも、大会にはクリティークや協賛社、実行委員など様々な立場で関わる人がいます。作品は、新しい建築の形そのものやライフスタイル、価値観の提案を含んだ、これからを創る建築や空間の設計物であり、作品を中心に議論する場がデザインレビューです。多様な作品・多様な人々が参加するデザインレビューでは思いがけない出会い＝創遇があるかもしれません。「創る」が出会いの場を形成し、出会いにより「創る」が生まれる。デザインレビューが「創遇」の場となることを願っています。

タイムテーブル
Timetable

	3月10日		3月11日
9:00		9:00	開場・出展者受付
		9:40	開会式
10:00	開場・出展者受付	10:00	クリティーク自由審査
10:30		10:30	
11:00		11:00	決勝選抜
11:30	昼休憩	11:30	
12:00		12:00	昼休憩
12:30	開会式	12:30	
13:00	ポスターセッション1	13:00	決勝プレゼンテーション
13:40	ポスターセッション2		
14:20	小休憩		
14:40	ポスターセッション3		
		15:00	受賞者選抜・講評
15:20	ポスターセッション4		

出展者アンケート
Questionnaire

質問1 制作にはどんなソフトを使用しましたか？
質問2 制作費用はいくらかかりましたか？
質問3 制作にはどれくらいの期間を要しましたか？
質問4 模型制作の工夫・材料を教えて下さい
質問5 好きな建築家・建物を教えて下さい
質問6 建築を始めたきっかけは？
質問7 建築学科に入って得たことは？
質問8 建築学科あるあるを教えて下さい！
質問9 定番の夜食を教えて下さい！

Contents

008 クリティーク紹介

010 受賞作品

054 予選審査

056 決勝選抜議論

062 決勝プレゼンテーション

068 受賞者選抜議論

074 受賞者後日談

076 出展作品

088 1日目講評

100 懇親会

110 出展者データ＆アンケート

120 実行委員紹介

132 クリティーク全体講評

137 あとがき

152 協賛リスト

出展作品リスト

012 **最優秀賞**
ID_16　櫻井 友美　千葉工業大学　工学部建築都市環境学科　4年
防災地区ターザン計画

018 **優秀賞**
ID_58　小嶋 一耀　慶應義塾大学　環境情報学部環境情報学科　4年
URBAN WEAVER

022 **優秀賞／JIA賞**
ID_27　谷口 德望　福岡大学　工学部建築学科　4年
瞑想の砦

026 **千葉賞／JIA賞**
ID_12　豊 康範　九州産業大学　工学部住居・インテリア設計学科　4年
「往復業」のワークプレイス

030 **手塚賞／JIA賞**
ID_48　百家 祐生　九州大学　芸術工学部環境設計学科　4年
季節移住に伴う仮設住居の更新に関する提案
── 湖上集落カンポンブロック村を事例として ──

034 **8選**
ID_10　中山 颯梧　九州大学大学院　人間環境学府空間システム専攻　2年
藍のイエ

038 **8選**
ID_32　鮫島 卓臣　慶應義塾大学　理工学部システムデザイン工学科　4年
蟲の塔

042 **8選**
ID_43　吉川 新之佑　慶應義塾大学　環境情報学部環境情報学科　4年
家具と建築のあいだ

046 **矢作賞**
ID_35　稲富 凪海　麻生建築＆デザイン専門学校　建築士専攻科愛知産業大学併修コース　4年
こどもの声とまちの音色　── 保育園とまちづくり ──

047 **金野賞**
ID_37　越智 誠　神戸大学　工学部建築学科　4年
ぶどう荘

048 **田中賞**
ID_44　林田 大晟　佐賀大学　理工学部都市工学科　4年
Folding Shelter

049 **JIA賞**
ID_04　井藥 大希　九州工業大学　工学部建設社会工学科　4年
男木さんの一生　── 火葬から華葬へ ──

005

050	**JIA賞**

ID_42　長家 徹　九州産業大学　工学部建築学科　4年

鳥の栖　― 人と野鳥のアーケード ―

051	**JIA賞**

ID_64　矢加部 翔太　熊本大学　工学部建築学科　4年

129ページの空間

078　出展作品紹介

ID_01　辻 ちなみ　京都工芸繊維大学　工芸科学部デザイン建築学科　4年

石垣で紡ぐ　― みつばちによる輪中活性化計画 ―

079　出展作品紹介

ID_02　伊藤 公人　明治大学　理工学部建築学科　3年

風景の再構築
― 空き家をつなぐ送りいえアートプロジェクトと時間的変遷 ―

080　出展作品紹介

ID_03　田中 勇気　立命館大学　理工学部建築都市デザイン学科　4年

一石の祈り　― 子どもたちが紡ぐ未来 ―

081　出展作品紹介

ID_05　立石 愛理沙　大阪市立大学　工学部建築学科　4年

street weaving

082　出展作品紹介

ID_06　森 伽原　早稲田大学　創造理工学部建築学科　4年

沈黙の保存
― 潜在キリシタンのモニュメントへの漁村景観と﨑津教会保存計画 ―

083　出展作品紹介

ID_07　塩真 光　九州産業大学　工学部建築学科　4年

影の領域　〜沖縄原風景との対話〜

084　出展作品紹介

ID_08　赤塚 芳晴　千葉工業大学　工学部建築都市環境学科　4年

弔うための建築

085　出展作品紹介

ID_09　齋藤 裕　信州大学　工学部建築学科　4年

MoSA,Omachi
― サイトスペシフィックアートによる分散型美術都市構想 ―

086　出展作品紹介

ID_11　吉田 充希　九州大学　工学部建築学科　4年

生と働と海の縁

087　出展作品紹介

ID_13　永山 貴規　佐賀大学　理工学部都市工学科　4年

Caved Wall　― 子供を包む保育園 ―

090　出展作品紹介

ID_14　谷上 豪　京都工芸繊維大学　工芸科学部デザイン建築学科　4年

2040 隠居白タク構想

091　出展作品紹介

ID_15　木嶋 耕平　九州工業大学　工学部建設社会工学科　4年

ヨイトヨイヤマ　― 湖上建築による郊外型都市とヨシ群落の再編 ―

092　出展作品紹介

ID_17　原 昌平　福岡大学　工学部建築学科　4年

継ぎ橋

093　出展作品紹介

ID_18　樺 浩太　麻生建築&デザイン専門学校　建築士専攻科愛知産業大学併修コース　4年

町屋の向く方向　― 一町一寺の再構築 ―

094　出展作品紹介

ID_19　藤井 健大　近畿大学　建築学部建築学科　3年

移り住むという選択

095　出展作品紹介

ID_21　水沢 綸志　千葉工業大学　工学部建築都市環境学科　3年

エログロナンセンス

096　出展作品紹介

ID_22　甲斐 健太　佐賀大学大学院　工学系研究科都市工学専攻　2年

舞踊相似建築
―「高千穂の夜神楽」の類推変換概念を用いた資料館 ―

097　出展作品紹介

ID_23　安永 彩乃　崇城大学　工学部建築学科　4年

五次元パケット

098　出展作品紹介

ID_25　大塚 将貴　九州大学　工学部建築学科　4年

門前町の表裏と「祭」

099　出展作品紹介

ID_26　永友裕子　近畿大学　産業理工学部建築デザイン学科　4年

わらわら　― 分断された都市の再生 ―

102　出展作品紹介

ID_28　八木 佑平　明治大学　理工学部建築学科　3年

暮らし合うなかで　― 趣味を拡張した浴場と酒屋のある住宅 ―

103　出展作品紹介

ID_29　筒井 伸　信州大学　工学部建築学科　4年

漁村スラムノ築キカタ

104 出展作品紹介 ID_30　森下 葵　立命館大学　理工学部建築都市デザイン学科　3年 **この街の心臓**	118 出展作品紹介 ID_51　池尻 真人　佐賀大学　理工学部都市工学科　4年 **LandformKraft** 　― 地勢に擬態する建築 ―
105 出展作品紹介 ID_33　竹村 裕人　名古屋市立大学大学院　芸術工学研究科建築都市領域　1年 **街を縫う** 　― 商店街×陶芸学校 ―	119 出展作品紹介 ID_52　山口 大輝　近畿大学　建築学部建築学科　4年 **ファサードの転回による都市風景の再編計画**
106 出展作品紹介 ID_34　伊藤 一生　信州大学　工学部建築学科　3年 **名もない街の名もない美術館**	122 出展作品紹介 ID_53　有田 一貴　信州大学　工学部建築学科　4年 **彼らの『いつもの』ツムギカタ** ― 障がい者の認知補助を主題とした協同型就労施設の設計 ―
107 出展作品紹介 ID_36　古賀 祐衣　武庫川女子大学　生活環境学部建築学科　4年 **ジャバウォックの棲む未完成なあそび園**	123 出展作品紹介 ID_54　久保 元広　名古屋大学　工学部環境土木・建築学科　4年 **借り暮らし×仮り暮らし**
108 出展作品紹介 ID_38　鈴木 貴晴　慶應義塾大学　環境情報学部環境情報学科　4年 **Windscape Architecture** 　― 風の空間変容体 ―	124 出展作品紹介 ID_55　水木 直人　信州大学　工学部建築学科　3年 **野性を導く纏い下屋**
109 出展作品紹介 ID_39　馬見塚 修司　福岡大学　工学部建築学科　4年 **Copresence** 　― 開かれた療養施設 ―	125 出展作品紹介 ID_56　中家 優　愛知工業大学　工学部建築学科建築学専攻　3年 **GIVING TREE** 　人と植物がせめぎあう、都市と植物の新しい在り方
112 出展作品紹介 ID_40　平岡 和磨　信州大学　工学部建築学科　4年 **取り壊される商店街にスタジアムを挿入する**	126 出展作品紹介 ID_57　由利 光　京都工芸繊維大学大学院　工芸科学研究科建築学専攻　1年 **梅峡の畦道**
113 出展作品紹介 ID_41　石井 結実　慶應義塾大学　理工学部システムデザイン工学科　4年 **そっと都市に水を注げば** 　― 銀座における水景の再生 ―	127 出展作品紹介 ID_59　松本 樹　愛知工業大学　工学部建築学科建築学専攻　3年 **積層する記憶** 　― 版築工法を用いたセルフビルドによる小学校の提案 ―
114 出展作品紹介 ID_45　小林 稜治　立命館大学　理工学部建築都市デザイン学科　4年 **淀ノ大花会**	128 出展作品紹介 ID_60　金井 里佳　九州大学　工学部建築学科　4年 **街を結わう桶酒蔵**
115 出展作品紹介 ID_46　木下 規海　慶應義塾大学　理工学部システムデザイン工学科　4年 **都市に残る酒蔵**	129 出展作品紹介 ID_61　内貴 美侑　立命館大学　理工学部建築都市デザイン学科　4年 **時灯の井** 　― 京を支える水の盆 ―
116 出展作品紹介 ID_47　原 啓之　京都工芸繊維大学　工芸科学部デザイン建築学科　4年 **路の間で**	130 出展作品紹介 ID_62　鈴木 遼太　明治大学　理工学部建築学科　3年 **2000mのマリアージュ** 　― 終りゆく場所で始まりの儀式を ―
117 出展作品紹介 ID_50　浅沼 和馬　千葉大学　工学部都市環境システム学科　4年 **竹積ノ郷**	131 出展作品紹介 ID_65　大谷 芽生　九州大学　工学部建築学科　4年 **うさぎの島の譫言**

クリティーク紹介
Critique

晴れ舞台です。人生で一度、卒業設計は人生で一度、母親の実家です。中洲中島町にある児島洋紙は

この人にしかこれは作れないというものを期待しています。

いつの時代も現代社会のあり方を問う、新鮮な眼差しが求められています。その眼差しを武器に全力で夢を構築してください。私たちの生き方を変えるような、力強い作品を楽しみにしています。

株式会社手塚建築研究所 代表
東京都市大学 教授

手塚 貴晴
Takaharu Tezuka

1964年	東京都生まれ
1987年	武蔵工業大学卒業
1990年	ペンシルバニア大学大学院修了
1990-94年	リチャード・ロジャース・パートナーシップ・ロンドン勤務
1994年	手塚建築企画を手塚由比と共同設立（1997年 手塚建築研究所に改称）
2009年	東京都市大学教授

立命館大学大学院 准教授

千葉 雅也
Masaya Chiba

東京大学大学院総合文化研究科超域文化科学専攻表象文化論コース博士課程修了、博士（学術）

teco

金野 千恵
Chie Konno

1981年	神奈川県生まれ
2005年	東京工業大学工学部建築学科卒業
2005-06年	スイス連邦工科大学奨学生
2011年	東京工業大学大学院博士課程修了、博士（工学）
2011-12年	神戸芸術工科大学助手
2011-15年	KONNO 主宰
2013-16年	日本工業大学助教
2015年	teco共同主宰

建築には「正解」はなく、そこに掛けられたエネルギー、知恵、工夫、眼差し、情熱が人の心を動かします。それを期待しています。

建築・デザインへの思考や発想が、経済や都市を文化化するパッションへと進化していくことを期待します。

様々な視点からの意見をもらって自分の得手不得手を知り、さらには自分が目指すものを発見してください。

矢作昌生建築設計事務所
九州産業大学

矢作 昌生
Masao Yahagi

1989年　日本大学理工学部海洋建築工学科卒業
1989-92年　設計組織ADH（木下庸子＋渡辺真理）
1996年　Southern California Institute of Architecture
　　　　（SCI-Arc）大学院修了
1994-96年　Neil M. Denari Architects
1997-現在　矢作昌生建築設計事務所
2011-16年　九州産業大学工学部建築学科准教授
2017-現在　同大学建築都市工学部建築学科教授

株式会社空環計画研究所

田中 俊行
Toshiyuki Tanaka

1965-83年　（株）乃村工藝社企画部デザイン課入社後、
　　　　　アートディレクターを経て退社
1983-現在　空環計画研究所設立
1990-06年　武蔵野美術大学非常勤講師
1994-95年　国立民族学博物館展示企画・特別委員
1998-06年　東京都江戸東京博物館常設展示専門委員
　　-現在　日本デザインコミッティーメンバー
2002-06年　東京藝術大学非常勤講師
2012-現在　（社）日本空間デザイン協会顧問

――本戦司会者――
建築デザイン工房

谷口 遵
Jun Taniguchi

1978年　神奈川県立　横浜翠嵐高校卒業
1983年　京都大学工学部建築学科卒業
1985年　京都大学工学研究科修士課程修了
1985-91年　株式会社葉デザイン事務所
1991年 -　建築デザイン工房
2006年 -　有限会社建築デザイン工房 代表取締役
　　　　日本建築家協会 認定建築家
　　　　NPO 福岡建築ファウンデーション 理事
　　　　九州産業大学建築都市工学部
　　　　住居・インテリア学科 非常勤講師

受賞作品
Prize-winning work

最優秀賞
Design Review 2018 First Prize

First Prize

Exhibitor ID_16

櫻井 友美 さくらい ともみ

千葉工業大学　工学部建築都市環境学科　4年

Questionnaire
1. Illustrator,Photoshop,Vectorworks,Rhinoceros　2. 5万くらい　3. 二ヶ月間　4. ひと手間加えること　5. 吉阪隆正　大学セミナーハウス　6. 自分の家の間取りがきらいだから。　7. 夜に強くなった。　8. 場所取り合戦　9. おやつらーめん

Title
防災地区ターザン計画

Concept
人は喜怒哀楽をもつ生き物である以上、つけ込まれるような「スキ」の存在が不可欠となる。吉阪隆正の建築はこの合理的な社会の中で非合理である「スキ」を見つけ出し、形づくっているようにみえる。敷地である谷中の近所の立ち話が始まる路地や生活感が溢れでているようなベランダや花壇がある姿に「スキ」があると感じた。しかし、厳しい防災計画によって「スキ」はなくなりつつある。その街、その人にしかない「スキ」を形づくることを提案する。

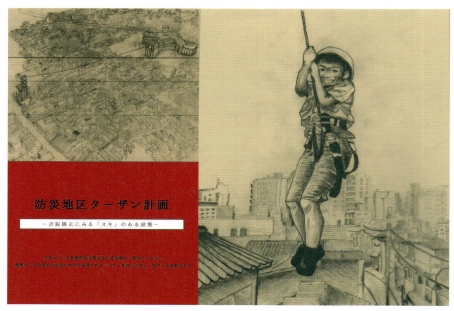

Presentation Board

Presentation

産業革命が起こり、効率が求められる合理的な世界が広がりつつあります。しかし、人間は不合理がいっぱいな生き物だと私は考えました。私はその不合理の中で隙を見つけて形作ることが必要だと考えます。人が入り込める隙を建築に与えることです。それが吉阪隆正にあると思いました。吉阪隆正の建築を見ていると、押し引きが分かる取っ手や階段下につい物を置きたくなるような隙を見抜いているのではないかと思って、行動的視覚的に人の感覚を刺激することで、その隙に建築が入り込めるのではないかと考えました。これが私の調査結果です。私は敷地を東京都台東区谷中に選定しました。この場所は中央に谷があり東西を結ぶように坂があります。そこには猫や人が戯れるような場所やたくさんの住宅で賑わう谷中銀座商店街、そして生活感が溢れるベランダや階段があり、この場所には隙があると私は考えました。しかし、一方でこの場所は防災整備地域と選定されていて、建て替えが進められていたり道が広げられたり、街の中の隙は失われつつあるように感じました。私はこの場所の隙を見つけるために谷中防災センターを利用するおばあちゃんと子どもたちに着目し、ヒアリングを行ってきました。その結果、防災計画が行われる一方でおばあちゃんは家族を大切に、家族の時間が欲しいと言っていたり、子どもたちは遊具が欲しいと言っていたり、悩みや欲求があることに気づき、私はこれが隙なのではないかと考えました。そしてこ

こに計画するのがターザン計画なんですけど、まず成分規格区域の土地が低いほう、こちらの左側に道を開けてその中心に住宅を併設した防災タワーを建て、中心の防災センターに向かってターザンで避難する計画です。災害時には避難するためにターザンがあるけど、平常時には子どもたちが小学校帰りとかに、防災センターに併設している児童館でターザンを用いて網を下ろして使ったりします。これが大まかな大きな部屋で、小さい工夫をしてこの住宅部分があって、この避難できるような避難路線が住宅で、でもそこにはおばあちゃんが住んでいるので、おばあちゃんと家族の関係を持たせるようにします。そして上方には子どもたちが遊べるような公園をつくっています。谷中防災センターは3つの機能を持った防災施設を持っていて避難できる動線をつくっています。でもこの場所では主に通常時は子どもたちが使っています。この場所にも私は隙を見出したいと思い、この入り口は色ガラスで入り口だとわかるようなものか、ここは食堂施設があって匂いが出てきます。ここには谷中の象徴的な猫を壁に描くことで、裏側で見えない側も子どもたちがお絵描きをして裏山にも入っていける。真ん中の図書館のところは迷い込むような本棚を立てることによって、出会えないような本とも出会うことができる。人に感覚的に入り込める、喜ばせるような隙が建築に必要なのではないかと考えています。

Poster Session _ Chie Konno

櫻井 私は人と人との関係の間にある、人が付け入ることが出来るようなスキということに着目しまして、それが建築として人との間に生まれることは出来ないかと思って考えた時に、吉阪隆正さんという建築家に出会いました。吉阪隆正さんの建築は少し特徴があるものなんですけれど、例えば、人が押し引くがわかるように取っ手をデザインしていたり、建築にはスキをデザインする余地があるのではないかと思っています。この街は東京都の谷中という街ですが、合理的に街の中で防災計画が行われていて、その防災計画というのは道を狭めたり、建物を複合化してコンクリートのものを多くしたりというものなんです。それはこの街に合っているのかと思ってヒアリングを行ってみると、路地には子どもたちが遊ぶようなものがあったり、遊ぶ姿があったり、おばあちゃんたちがここに出て立ち話をしているという風景がありました。それらを守るということで、防災計画は普通地面に行われることが多いのですが、私はそれを空中にターザンという形で提案できないかなと思いました。

金野 あなたが設計したのはどれですか？この大きなボリュームも設計したのですか？

櫻井 はい。これが谷中防災センターです。

金野 谷中のどこにつくるの？

櫻井 谷中に初音の森があるんです。元々防災センターがある場所のところに内容はそのまま、機能はそのまま形を変えています。あとあちらの住宅の方も。

金野 これは一見住宅に見えませんが住宅なのですか？

櫻井 公園兼住宅と言う方が近いんですけど、子たちが遊べるような場所を上階層の方に持ってきていて、下層には田中さんという住人の方とちゃんと話し合いながらスキを形づくっています。図面は裏にあります。

金野 この大きいボリュームには何が入っているの？

櫻井 この下は多目的ホールで、真ん中に図書館、こちらに児童館、あとこちらにおばあちゃんたちが使うトレーニングルームや地域の区民館。あちらに防災、消防施設が付いています。

金野 防災センターでありながら子どもが日常的に楽しんで遊びそうな空間で良いですね。

櫻井 そうですね。遊びがメインテーマなんですよね。一番表面では防災なんですけど、その後ろ側のスキ、子どもたちがいる風景を促していくという。

金野 そうだね。一見アスレチックみたいだけど、都市の中の防災階段みたいなものを意識している？

櫻井 これはでも、避難するために低い土地から高い土地にたくさんの避難場所があって…。

金野 もっと緩やかでないと、転んで二次災害が起きそうだけどね（笑）。

Poster Session _ **Masaya Chiba**

櫻井 防災地区ターザン計画という、ターザンを計画しているのですが、「吉阪隆正に見るスキのある建築」という副題で行っています。私は吉阪隆正という建築家の建築に、スキという普通は見えない特徴的な形を持つものを感じました。それはなぜなんだろうと思ってまず思想を分析してみると、合理的な社会でも人間というのは非合理な部分がたくさんある、だからこそ吉阪隆正は少し特徴的なものを作っていて、それは私的に見るとスキなんじゃないかという風に考えて、私はスキを計画しています。これは谷中という街ですが、わかりますか？

千葉 谷中、わかりますよ。

櫻井 谷中という街は、合理的に防災計画として道幅を拡げたり、建物をコンクリートにしたりというのがある中で、それでも路地でおばあちゃんたちが話し合ったり、子どもたちが遊んでいたりという現状があって、法則に従って行われている防災計画というのはこの街には合っているのかどうかという風に考えるようになりました。その街の人たちのスキを見たら、私にそれはもしかしたら空中に避難通路を持ってくることなんじゃないかと思って。この空中の避難の場所は、避難時にも使えるけれど、普通の通常時にはこの場所は子どもたちが、こちらが防災センターでして、こちらに避難することができます。

千葉 この長いのを通って避難するの？

櫻井 そうです。

千葉 スキだらけだね（笑）。

櫻井 はい（笑）。この場所を3つに分けていて、こちらが整備地域なんですけど、この場所からこの谷中防災センターまでつなぐというのが、大きなマスタープランです。でも、使っている人にもちゃんと着目していて、この住宅を使っている田中さんという人にインタビューをしながら、この人のためだったらどういう形でつくれるだろうかと考えてつくっています。それ以外にもこちらで子どもたちの活動も考えています。

千葉 はい。

Poster Session _ **Takaharu Tezuka**

櫻井 まず私は人と人との関係にあるようなスキという感性が建築と人の間に出来ればいいなと思いました。スキという言葉を使っていて、スキに付け入るという言葉があると思いますが、それが人と建築の間に起こればいいなと思って、それがもっとあることによって、ちょっと離れているような建築とも仲良くなれるのではないかと思いました。スキのある建築を調べてみると吉阪隆正にあるのではないかと思い、特徴ある形には人の行動的操作を探るものがあると思っています。例えばこれだったらその取っ手が、押し引きがわかるようになっていて、押す方は平らになっていて引く方が輪のような形をしているというデザインにも、そこに入り込むスキがあるのではないかと吉阪隆正さんの建築を見て思いました。そういうものをこの谷中でやろうとしています。谷中という土地は防災整備地域になっているんですけれども、その場所はまず路地などの道を広げたり、建物を密集させてコンクリートにしたりという防災計画がトップダウンで行われているのですが、吉阪隆正さんはそういう合理的なものでも、人間には不合理なものがたくさんあると言っています。だから私はこの場所におばあちゃんや子どもとかの遊び場所をなくすのではなくて、避難場所、避難経路としてこのターザンのロープを使い、そしてこのターザンを平常時は、子どもたちが小学校帰りに立ち寄る、この谷中防災センターの中に入っている児童館で移動する遊具として使えるのではないかという、そういう風景が良いのではと考えました。

手塚 君はこれやったことある？

櫻井 はい。小さい頃にやったことがあります。

手塚 こういうのって屋久島とかに行くとすごい膨大なのがあるって知ってる？

櫻井 ジップラインですよね？

手塚 そうそう。やった？

櫻井 長いのはやったことないんですけど…。

手塚 僕はあれが大好きで、うちの子どもたちとやるんだよね。これなかなか面白いと思うんだけどさ、この建物の話が何にもないんだけど、これは君がわざわざつくったの？

櫻井 はい、そうなんです。もともと既存でして。

手塚 既存なのこれ？

櫻井 既存のものがあってその機能だけを取り出して新築にしています。

手塚 これはどこがイケてるのかな？この建物。

櫻井 この建物は防災施設として消防施設…。

手塚 いや、分かるけど、どこがイケてるの？すごいいいところがあるのかな？見たところどこかの冷凍倉庫みたいな感じになっているけど。

櫻井 例えばですけど、ここにジャングルジムがあって、この裏には児童館があって、入りたくなるような仕掛けとかがあります。おばあちゃんと児童館がある部分を繋ぐようにテラスを…。

手塚 うん、君の計画はここにミソがあるんだな。このぶら下がっていくところが面白いんだろうな。

櫻井 子どもたちの遊具として全てが成り立つようにしています。

手塚 分かった。はい。

Poster Session _ Masao Yahagi

櫻井 私はまず最初にスキという言葉に着目していて、人と人との間にあるようなスキに付け入ることが建築として…。

矢作 吉阪隆正さんのスキをどうやってこれにアプライしているかというのがいまひとつわからなかったんだけど、これがその辺のスタディでしょ？

櫻井 そうですね、どうしたら吉阪さんの特徴ある形態ができるかなと思っていて、そういうのを調べて思想や言葉を探していました。

矢作 それをどうやってこっちにアプライしているの？

櫻井 吉阪さんは合理的な中に不合理なことも人間にはいっぱいあると言っていて、それを形作ることで、このような特徴あるものが出来てきたんじゃないかなと思っていて、だから吉阪さんがやっていることはそのスキを見つけ出しているという風に考えました。

矢作 それがあなたの建築の中にも応用されているんでしょ？

櫻井 そうですね。

矢作 それは具体的にどの辺に応用されている感じ？

櫻井 例えば視覚的な操作が多いように感じて、この建物はメインカラーでなっていて、青と赤と黄色だったらこれは普段信号カラーとして愛されるものだけど、防災時にはこの青の部分には、ここには消防施設があって消防士を求めたり、ここの赤い下の部分には調理室があってこの場所は食料を配布したり、この場所は物資を配布したりという…。

矢作 それは色の話だけど、そのスキって言っているこういう隙間みたいなのが、このエレメントの間だとかだ一見無駄なように見えるものが結構あるじゃない。それのことを言っているのかなと思ったんだけど、そういうことじゃないの？合理的じゃないけれどもアクティビティが起こりそうな要素がパッと見ると結構いっぱいあるように見えるんだけど、あなた本人があまり説明していないじゃないそれを。

櫻井 子どもたちがそれを使う場所なのでジャングルジムを設けたりしています。

矢作 こういうところもそういうことを言っているわけでしょ？こういうところとか。

櫻井 こっちにはおばあちゃんが使う施設があって、ここには児童館があって、子どもたちとおばあちゃんが出会う場所があったり、ここの階段でも子どもたちが…。

矢作 そういうことでしょ、そういうことで基本全部構成してあるんでしょ。防災施設だったよね？防災の時の施設と日常のそういう地域の拠点みたいな施設が、ということだよね。非常時の時にはみんなここに集まってくるんだよね。

櫻井 はい。ありがとうございました。

Poster Session _ Toshiyuki Tanaka

櫻井　私は人と人との間にスキというつながりがあるのではないかと思っています。

田中　スケール？隙がある、のスキ？

櫻井　はい、隙間のスキ。人が付け入るスキというのが人と建築の間に起こればいいなと思っていて、それを調べてみると吉阪隆正という建築家に行き着きました。この人の建築はちょっと特徴があるというのはご存知ですか？

田中　吉阪隆正？

櫻井　はい。この大学セミナーハウスとかにある楔形の大きな建物とかを建てているのですが、こういう特徴ある形っていうのは人を行動的に、視覚的、感覚的に刺激している。こういうことが出来ることが建築のスキを形作ったものじゃないのかなと思います。それを私はこの谷中という街で、木造密集地なんですけど、そこでスキをつくっていこうと思いました。この場所はこっちから半分が木造密集地になっていて、この場所が元々防災センターとかがある公園を併設したものになっていて、こちらのちょっと高くなっている場所に墓地などが多くあります。ここがこの街の災害時に避難していく場所となっているんですけれども、その時にこの街では、この路地を広くして消防車が通れるようにしたり、建物を集合させてコンクリートにしたりという計画が行われているんです。でも、そういうのは果たして子どもとかその街にとって本当にいいことなのだろうか、それは合理的すぎるのではないかと。人間にはもっと不合理で解決できない部分がたくさんあるのではないかと思いました。子どもとかに着目すると、私の計画というのは空中を行くターザンなのではないかと考えています。防災計画としてターザンは利用できるのですが、普段子どもたちが小学校帰りにその塔に上って、児童館を併設する場所までターザンを用いる、遊具のような機能があります。合理的に行われるものに対して反逆的にスキをつくっていくことが必要なのではないかと思っています。住宅と谷中防災センターを計画していて、防災センターを利用するおじいちゃんおばあちゃんや子どもたちのスキというのを実際にヒアリングして話を聞いてみるということを行いながら、吉阪隆正の形態から学んだものをこちらにはつくっています。

田中　吉阪隆正は早稲田大学の構造の先生じゃなかったっけ？。

櫻井　構造だったですかね？そうです、早稲田の先生で、とても有名な建築家です。

田中　これも提案の建築なのね。

櫻井　はい。新築の。

田中　でもコンセプトは防災ターザンなのね。

櫻井　そうです、一番大きいのはターザンです。でもこの中にも子どもたちとおばあちゃんが出会えるようなテラスを設けたり、消防時には滑り棒として消防車まですぐに行ける動線を兼ね備えつつ、その滑り棒は平常時には子どもたちがちょっと遊ぶ遊具としても使えたりします。ジャングルジムの裏にあるこの場所も、裏って大体人は入らないのですが、ここが意外と子どもを守りつつ、という風な場所になっていて遊べるのではないかと考えています。

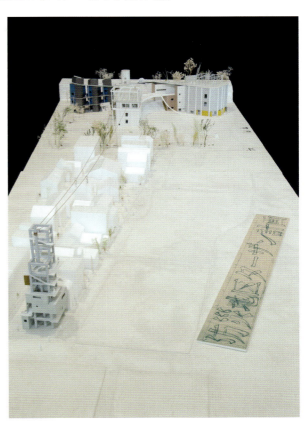

Second Prize
優秀賞
Design Review 2018 Second Prize

Exhibitor ID_58

小嶋 一耀　こじま かずあき

慶應義塾大学　環境情報学部環境情報学科　4年

Questionnaire
1. Illustrator,Photoshop,Lightroom,Rhinoceros,Grasshopper,VisualARQ,V-Ray,GhPython　2. 15万円くらい　3. 制作期間は3ヶ月くらい　4. 愛をこめて作る　5. 建築家なしの建築、代々木体育館(丹下健三)　6. ほかにやることがなかった　7. 建築学科ではないのでありません　8. 建築学科ではないのでわかりません　9. 柿の種(梅味)

Title
URBAN WEAVER

Concept

神奈川県川崎市にサッカー専用スタジアムを設計した。形式化した既存のスタジアムの構成に囚われず、観客のふるまいやサッカーというスポーツの特性を踏まえて計画を進めた。内部のひとつながりの動線はホームとアウェイを仕切りつつ、全体としての一体感を生み出し、アクセスの動線はスムーズな人の流れを生み出し、スタジアムと地域をつないでいく。傾いた観客席をケーブルでつないでバランスをとる構造で軽やかな外観を実現した。

Presentation

僕はサッカー専門のスタジアムを設計しました。まず初めに、なぜスタジアムをつくるのかという説明をすると、九州にもサッカーチームがありますが、福岡、北九州とかそれら全てがホームタウンというものを持っていて地域のコミュニティに貢献したり、地域の経済を活性化したりというポテンシャルがあると僕は思っています。さらにJリーグの観客動員数は2000年以降右肩上がりで、政府としてもその市場を今後15年でさらに10億円拡大したいという目標があって、そこに対してスタジアムがとても重要な社会的な役割を持っているなと感じています。そこで今から僕が感じているスタジアムに対する問題意識を説明しますが、まずサッカースタジアムという専用スタジアムとなっているものが日本には少なくて、陸上競技場みたいなものを併設したものが多い。これはサッカー観戦においては良くなくて、日本では半分以上のクラブがこのような状況にある。なぜこういうことが起こっているかというと、税金で公共のためのスタジアムをつくっているからこういう状況に陥っていて、オリンピックのスタジアムもそういう状況ですが、そうではなくてサッカークラブのためのスタジアムをつくりたい。そういうスタジアムはクラブの資金によって運営されるべきで、僕はやっぱりサッカーを観るということの本質的な価値にフォーカスした設計をしたいと思いました。それから8ヶ月間の話ですが、世界中のスタジアムにはコンコースがあって観客席があって表と裏の構成は全部同じで、屋根をどうつくろうとか外皮をどう格好良くしようみたいなことでしか分けられていませんが、僕はこの空間構成に対して提案をしたいと思い設計しました。それから街中にスタジアムをつくりたいと思っていて、なぜかというとやっぱり郊外に行けば周辺の問題はないんですけど、それだと地域に対してクラブが根付かないと思っていて、今回設計することで、こういう良いことが地域にありますという可能性を提示したいと思いました。それからサッカースタジアムという場所はホームチームとアウェイチームがぶつかり合う場所だと思うんですけど、だからと言って現状ははっきりと分かれていて不自由な観戦環境というか、限定的な視点からしか試合を楽しむことができないんですね。そこに対して僕は違和感を感じていて、もっと自由にお客さんが試合中に移動できてもいいと思うし、そうすることで今までにない試合の見方、サッカーの見方を提供できると思いました。動線は全部一つながりになっているのでお客さんは試合中もいろいろな視点から試合を見ることができますし、仕切る位置を変えることでいろいろなホームとアウェイの比率に変わっていきます。さらに都市に対してはアクセス路がつながっていてそれぞれのアクセス路に個性が出るなと思っていて、そこから周辺地域に対して様々なプログラムが自己的に立ち上がっていって地域とつながっていくようなことを考えています。効率の良い動線で表と裏が一体となった設計をすることで、スムーズな動線をつくってこういう間のスペースもチームのスポンサー企業を誘致して持続的な開発ができるように考えています。右側が既存のスタジアムなんですけど、同じような規模のフットプリントでより多くのお客さんを収容できるようなコンセプトになっています。構造については花びらみたいに1枚1枚鉄骨で硬くつくって、それ同士を代々木体育館とかダラス空港みたいなサスペンション構造でバランスさせて、それを全方位に展開したような構造を考えています。屋根についてはテンションのかかったケーブルに対して直接膜を張って、屋根のジオメトリというのは雨仕舞いとお客さんの視線を遮らない位置に屋根をかけるという、その2つを考えて設計しました。

018

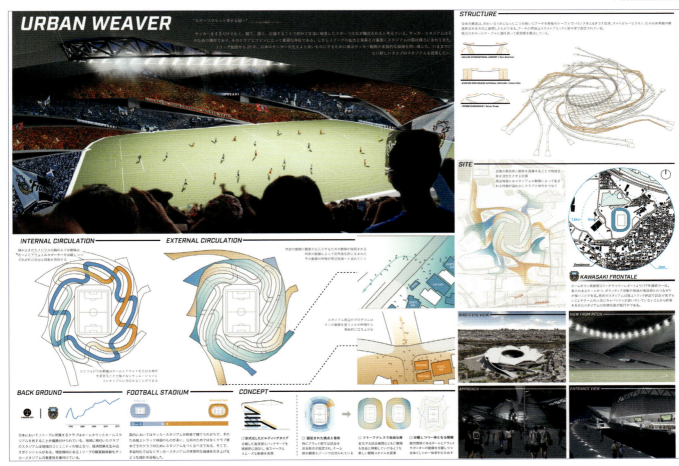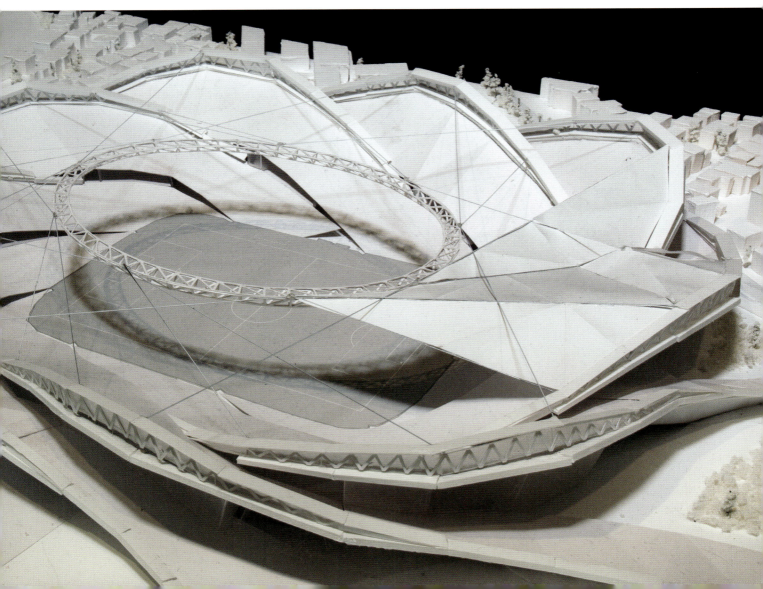

Poster Session _ Toshiyuki Tanaka

小嶋　僕はサッカー専用スタジアムを設計しました。一番やりたかったのはスタジアムに観客席があって、コンコースの周りがあってという空間構成、形式化された空間構成に対して何か新しい提案ができないかなと思いました。既存のスタジアムだと席を買って、固定された席から試合を見るんですけど、サッカーは野球とかと違って次のプレーが予測できないし、前後半で前後方向が入れ替わるので、試合中ももっと多様な視点からサッカーを観られたらいいんじゃないかと思って。動線はこういう風にひとつながりになっていて、これは回遊性があってお客さんもグルグル周りながらサッカーを観られるようになっていて、ここのダイヤグラムにあるんですけど、ホームとアウェイの敵対するお客さんがここを仕切る場所を変えることで、例えばアウェイのお客さんが少なくても多くてもいろいろな量にフレキシブルに対応できるような構成です。これに外からのアプローチがくっついていて、スタジアム全体としても人がガッと数万人集まって試合が終わったら一気に出ていくというのを効率よく行えるようになっています。構造としても観客席が花びらみたいになっているのを対岸とケーブルでつないで、真ん中のテンションリンクに集めてバランスさせていて、その力がかかったケーブル自体に膜を張って屋根を構成しています。一応雨仕舞いもしっかり取れるようになっていて、それでいてかつお客さんからの視線が遮られないような形になっています。

田中　その重なり合ったところというのは？見え隠れしているような部分があるじゃない、空間として。

小嶋　そうですね、これは既存のコンコースでいう寂しい空間とこの観客席を一体に設計したので、普通だったら殺風景なただガラッとした通路をこういう風に外から緩やかに階段で上がって来れるようにして、試合がやっていない時とかもこういうところにテナントが入ったりだとか、あるいは立体的な公園の延長として地域の人たちに使ってもらえるようになっています。

田中　うん。通常はここが観客席なわけ？サッカーをやっているときは。これなんでURBAN WEAVERなの？

小嶋　WEAVERというのは英語で編むという意味です。この編まれているような動線とか、都市の中にこういうサッカーを中心とした求心力のあるスペースを編み込むという意図があります。

田中　この姿に対して自分の言葉というのは？

小嶋　姿に対して？

田中　重なり合ったこのプランニングに対して。

小嶋　ちょっと一言で言うと難しいんですけど…。

Poster Session _ Masao Yahagi

小嶋　僕は川崎フロンターレというサッカーチームの、サッカー専用のスタジアムの提案をしています。

矢作　他の展示会でも何回も見ているからね。これはスタディで死角は完全にできないようになっているの？こっちから見ると上手くいっているんだけど、こっちからは見えない。

小嶋　この辺りで提案したのはサッカースタジアムという既存のコンコースがあって…。

矢作　これすごいいいなと思ったんですよ。こういうスタジアムってプロトタイプが出来ていてあまりバリエーションがないじゃない。そこに対しての提案でしょ？それにすごい興味があって。いろいろスタディやっているじゃん。これでスタディして割と今までに見たことがない形ができていてすごい楽しそうなんだけど、これがどう上手くいっているのか、試合を見る以外の魅力は何だろう？広島のマツダスタジアムとか楽しいじゃん。そういう魅力みたいなものを教えてほしいんだけど。

小嶋　まずスタジアムの外側に対しては、こういう場所というのは従来のコンコースと観客席を一体につくっているので、デッドスペースというよりは既存のコンコースを立体的に面白い空間に変えています。

矢作　普通だったら裏の通路みたいな場所をつくらない代わりに、こういう場所になっているってことね。

小嶋　こういう風に階段状にスタジアムの外から自然に入って来れるので、試合がないときもこういう場所にテナントを誘致したりとか、あるいは立体的な小屋の延長としても、地域の人に使ってもらえたりとか、このスタジアムを持っているチームが地域とより強く結びつくということを考えています。

矢作　それがなかなか上手くいかないんだよね。この間、阿部仁史さんが設計した仙台の宮城スタジアムを見に行って、そういうコンセプトなんだけど、管理が上手くいきませんでしたって言っていた。でも、そういう仕掛けはいいよね。

小嶋　サッカーを見る人自体というところにも…。

矢作　渦巻き状にアクセスしていくんでしょ？

小嶋　席は固定されていなくて自由に動けるようになっています。だからここが1本道になっています。

矢作　つながっているんだ。

小嶋　それの仕切りを分けることで…。

矢作　デッドじゃないわけね。こう編み込んで、それでWEAVERなわけね。ああ、なるほどね。

小嶋　2つの勢力の比率が違っても対応できる。

矢作　なるほどね。わかりました。

Poster Session _ Takaharu Tezuka

小嶋　僕はサッカー専用スタジアムを設計しました。一番やりたかったのは既存のスタジアムの形式化した空間構成というものに何か提案をしたくて、サッカーというスポーツ自体は野球とかと違ってどこで何が起きるか、次のプレーが予測しづらいし、前後半で攻撃方向が入れ替わるじゃないですか。それで観客の人たちも決められた席をお金を払って買うんじゃなくて自由にぐるぐるスタジアムの周りを回れたらいいなと思って。それで動線はひとつながりのこういう構成になっています。この下がくぐれるようになっています。一筆書きになっているのでホームとアウェイの対立するお客さんを仕切る場所を変えることで…。

手塚　あ、喧嘩しないようにしているんだね。チリとイタリアが喧嘩したり。

小嶋　そうです。完全に分けちゃうと面白くないからスタジアムとして一体感が出るように、こういう動線構成にしています。構造的には花びらの一枚一枚みたいな観客席を、対岸とケーブルをつないでテンションをかけてバランスして、そのケーブル自体に膜を張って屋根になるようにしています。

手塚　これは本当に全部に屋根がかかっているの？

小嶋　そうです。パースがあるんですけど、こっちです。こっちはスタディ模型です。

手塚　これさ、すごく面白いと思うんだけど、この周辺との関係が見えるように模型をつくると良かったね。今これだんだんわかってきたけど、もっとここまでこのランドスケープと君の形は上手く混じっているんじゃないの？僕はあのダメになっちゃったザハ・ハディドの国立競技場の案なんてよく出来ていると思っていて。すごい残念だけど、君も今のままだとこの花びらをぽっと置きましたみたいになっていて、本当はこのランドスケープ…つまりこの辺から歩いてきてずーと歩いたら入れるとかさ。

小嶋　今も既存の…。

手塚　わかってる、わかってる。でも、それは僕みたいに深読みする人じゃないと伝わらないからさ。これはここまで行っているとか、これがこっちまで関係しているとか。本当はそういうところがあるのに、それを説明できないのは惜しい。だってこのランドスケープとかも変えちゃえばいいじゃん。ねえ、もったいないよね。ここでぷつっと切れてるでしょ。こういった先にこの道はないだろうと思うわけよ。惜しいねえ。そこまで出来ていたらもっと良かった。

Poster Session _ Chie Konno

小嶋　僕はサッカー専用スタジアムを設計しました。この案の1番の肝はお客さんの動線と観客席を一体で設計したということで、このひとつながりの動線によってホームとアウェイという対立するお客さんを、しっかり分けつつ、それぞれお客さんがこの動線の中で自由に移動できるようにして、やっぱりサッカーというスポーツの特性上、前後半で攻撃方向が変わるし、野球とかと違って次のプレイがどこで起こるかというのが分かりにくいので、そういうところでこのスタジアムに来たお客さんに対して、サッカーの多様な視点・多様な見方を提供できるというところが、1番僕がやりたかったことです。

金野　これはすごい理にかなっていて面白い。実は1本の環状になっているんだっけ？

小嶋　はい、そうです。

金野　そうだよね。伸縮していく人の幅があるというのは面白いところだなと感心するのだけど、実際の空間としては、例えば移動しようとなるとどういう動きになるんですか？

小嶋　例えばここにいて、するとこの下を通ってバックスタンドの方に行けたり。

金野　ここを通って？

小嶋　この下が通れるようになっているんです。そしてここに出てきて、今度またこっちに入ってこの下を通って…。

金野　これ実は動くの大変だよね。前後半で移動しようと思ってもさ、向こう側に回ろうと思ったら、縫って上がって縫って上がってという風になるんだね。

小嶋　でも今は元々のスタジアムでも、結構動線が長く歩かされるようになっていて、どうせ歩くんだったら試合も見ながら、いろいろなところから試合を楽しめるという価値を提供できるかなっていう風に考えました。

金野　あとはぱっと見、隣のスタンドに行けなさそうなのはどう思う？1本1本が割と独立して外に流れているように見えるじゃない？お客さんがひとつながりに向こうまで動けるという風に認識できる形状なのかどうか。

小嶋　お客さんの動線を考えると、こういう既存の街路から、そのまま入れるようになってきていて、お客さんの視点に立つとここでこう行くよりは…。

金野　抜けていくって感じだよね。

小嶋　そうですね。自然に歩いていくと違う地点から試合を自然に見えるようになっている。形としてのアフォーダンスはあるかなって考えています。

金野　このコンセプトとまた違う空間性が出てきていて、それがぱっと見伸縮するように見えない感じが、どこまでこれが重要なのかわからないけど、すごく面白いと思います。どこまでわかりやすく形として残すのが重要なのかが難しいけれど。きれいですよね。

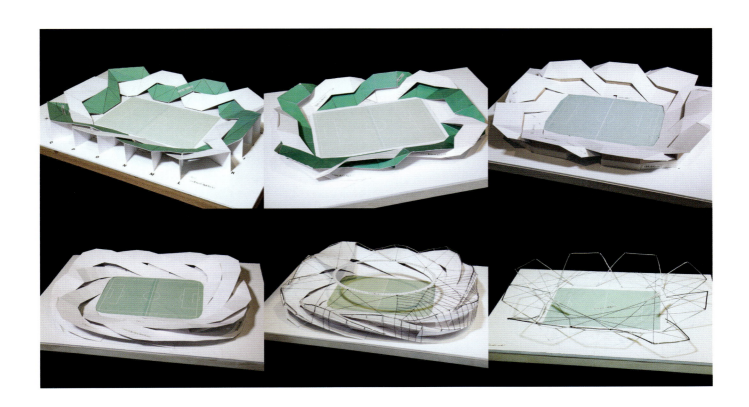

Poster Session _ Masaya Chiba

小嶋　僕はサッカー専用スタジアムを設計しました。僕がやりたかったのはスタジアムを形式化したビルディングタイプという観客席があって、コンコースが周ってってという構成はどれも同じなんですけど、そこに対して何か新しいサッカーの見方をつくるようなスタジアムの形を提案したいと考えました。サッカーというスポーツ自体が野球とかと違って前後半で競技方向が変わったりとか、次のプレイがどこで起こったりとかが予測しづらいということがあるので、観客の人たちも試合中に固定された座席に留まるのではなくて自由に移動できるような構成にしたら面白いんじゃないかなと思って、観客の導線と観客席というのを一体に構成して、その上で一体感を持つスタジアムというのをスタディしました。

千葉　これは動きながら観るんですか？

小嶋　動きながらというか、自由に移動できて…例えばあっちに行きたいなと思ったらこの通路を通って行って、ちょっと止まって観ようと思ったらここに留まって観られるという感じです。あとはこの動線がひとつながりになっているんですけど、なぜこうしたかというとホームとアウェイという対立した構造がサポーターの中にあって、その二つを分けるためにこういうダイアグラムにあるようにホームとアウェイのサポーターを仕切っていまして、こうすると仕切る位置を変えることでいろいろなホームとアウェイのサポーターの比率に対応できるような形式になっていて、それがそのまま構造にもなっていて、この花びらの一枚一枚を反対側とケーブルでつないであげてそのケーブル自体に膜を張って屋根にもなっています。

千葉　結構面白いですね。

小嶋　その動線に対して外から道を引っ張ってきてあげて、お客さんはこの動線を通って観客席に入るので…

千葉　ホームとアウェイは別のレイヤーになっているんですか？

小嶋　別のレイヤーというのは？

千葉　どうつながっているの？そのぐるぐるしているやつ。実際には連続しているの？

小嶋　下でつながっています。

千葉　下でつながっているんだ。

小嶋　下が通れるようになっていて、これとこれが重なり合って…

千葉　ここからここには通れないの？

小嶋　通れないです。

千葉　なるほど。

小嶋　視線は通るんだけど、動線的にはつながっていません。

優秀賞
JIA賞
Design Review 2018 Second Prize / Design Review 2018 Prize Winner

Exhibitor ID_27

谷口 徳望 たにぐち なるみ
福岡大学 工学部建築学科 4年

Questionnaire
1. Illustrator,Photoshop,Vectorworks 2. 計算していないのでわかりません…笑 3. 約1年 4. × 5. ユハ・レイヴィスカのPkilla教会 6. × 7. 建物をみて体感して感動できるようになったこと。笑 8. 寝てなさすぎて、いつからが今日かわからなくなる。 9. チョコレート

Title
瞑想の砦

Concept

「あなたは、今日死んでも後悔はないですか」この問いかけに、"いいえ"と答える人は何を後悔するのでしょう。なぜソレを今しないのでしょう。"お金がない、時間がない"など理由があると思います。しかし、人生は一度きりです。自分に言い訳をして、夢を諦め、自分の気持ちを我慢したまま人生を終えてもいいのですか。本作品は、本当の気持ちから目を背けてしまう人が多く存在する現代に「自分自身」と向き合い、今の生き方を見直すキッカケになるような場を設計。

Presentation

皆さんは今日死んでも後悔はないですか？もっといろいろな場所に行っておけば良かったなとか、仕事やバイトを辞めてもっと遊んでおけば良かったなとか、伝えたいことをちゃんと言えば良かったなとか、いろいろあると思います。ではなぜ今それをしないのでしょうか？人生は一度きりです。今日という日は今日だけです。自分に言い訳をして自分がしたいことや夢を簡単に諦めてもいいのですか？本当の自分の気持ちから目を背けてしまう人が多く存在する現在に、自分の中の自分と向き合うことができる場所を提案します。敷地は島根県の隠岐の島西ノ島町にある摩天崖というところで、別府港というフェリー乗り場から車で約30分、自転車で1時間半、歩きなら2時間くらいの場所にあります。辿り着くまでの道のりがとても人気がなくてまるで車のない高速道路に1人で立たされたような道をずっといって、だんだん道が細くなっていって車もすれ違えないような道になるんですけど、本当にこっちで合っているのかなっていうくらいに不安になる道で、そこを進んでいくと美しい景色が広がっています。ここは放牧地となっていて牛や馬が放し飼いされていて、落下防止の柵とかもないので本当に一歩間違えたら死んでしまうような場所になっています。このような場所に直径30m高さ260mの巨大な穴を空けました。この建物は人間の心の闇を表現していて、約1050段以上の階段とスロープで建物をつくっています。建物には行きの螺旋階段と帰りの真っ直ぐな階段が混在する最初のゾーンがあるんですけど、そこは人間の雑念というものを表現していて、このような部屋が最初のゾーンにあります。途中に夕日の部屋をつくっていて、太陽は季節によって沈む方向が違うので季節に合わせて位置を変えて、太陽が四角の窓の中心に沈むように配置しています。どんどん下へ降りていくと階段が地下に埋まっていって、このまま進んでいっても大丈夫なのだろうかという不安に襲われるような階段のゾーンをつくっています。そしてどんどん闇に包まれていって、最後の方には円から離れて闇の中へ入ってしまうんですけど、最初に二手に分かれていてどっちに行くか自分で選べるようになっていて、それは不安を誘う要素としてつくっています。どっちかに奇跡的に行けたら、冬至の夕日の部屋に辿り着けます。この雑念・迷い・不安のゾーンを乗り越えて広い場所に出て上を見上げます。広い場所に立ち、遥か遠くに見える光がキラキラとした場所に着いた安堵感と、ここまで降りてきたんだなというある意味では達成感を感じられるような場所を設計します。そしてまたこの長い道のりを登っていきます。

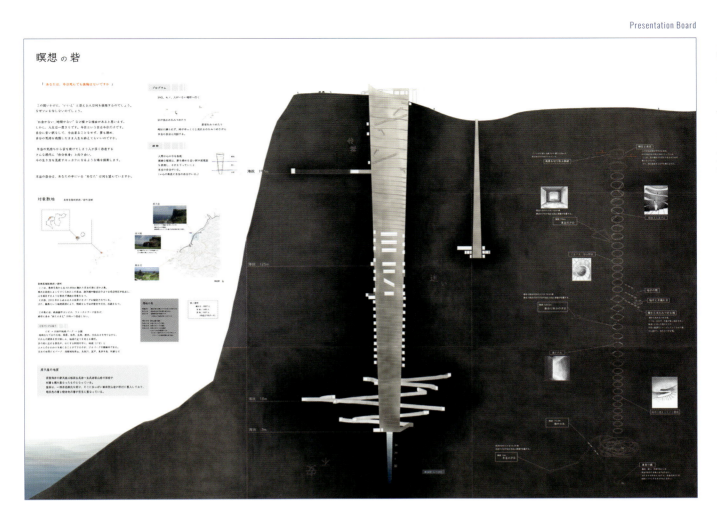
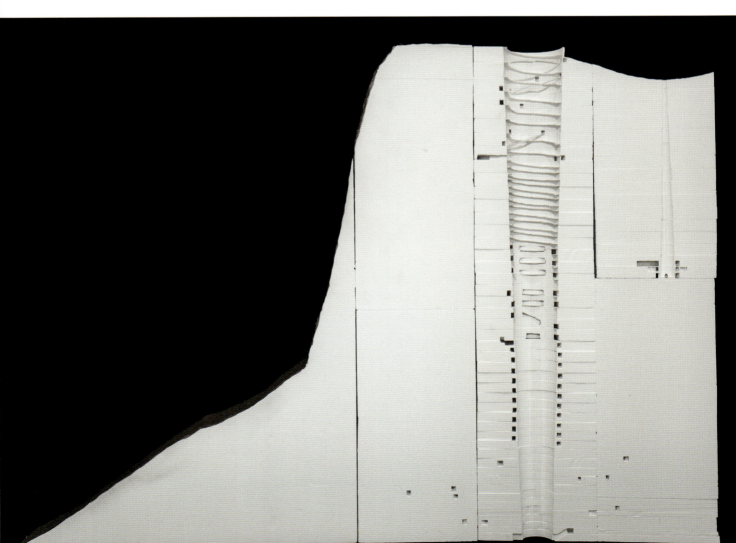

Poster Session _ Toshiyuki Tanaka

谷口 私は、自分の中の自分、本当の自分と向き合う場所を設計しました。場所は島根県の隠岐の島というところで、摩天崖という崖があり、高さが260mぐらいある崖なんですけど、そこに穴を掘って、自分と向き合うというのを建物で表現しました。建物は3ブロックに分かれていて、「雑念」、「迷い」、「不安」という人間の気持ちを階段で表現してみました。どんどん降りていくと人間の心の奥深い部分に入っていくというイメージで設計しています。途中途中に夕日の部屋という所があるんですけど、夕日が沈む夏至とか冬至といった時期に合わせて、太陽の沈む方向を調べて、季節ごとの方角に合わせて部屋を開けています。これがメインです。

田中 窓から夕日が見えるってことは、断面図みると穴みたいだよね?それは外に向かっている部分があるわけね?

谷口 外に向かっている部分があります。

田中 崖の外側っていうか、これがここにあるみたいな感覚で受け取ればいいわけね。こっちが夕日の方向?夕日が見えると。これがなんか穴に感じちゃうよね。

谷口 穴が結構メインなので。人間の感情というのは。この下から地上を見上げるというのをすごく作りたくて。

田中 下から地上を見上げる…あとこれは全部階段?

谷口 階段とスロープです。1050段ぐらいあります。

田中 何m?

谷口 260mです。

田中 どちらかというと、夕日展望塔みたいな感じ?とは違うのか。一部屋で瞑想するっていうのはね…外の夕日が見える窓だか庭だか、それとこの穴との関係性がこれで見ると閉じられているじゃない?実際のお話は閉じられてなくて、夕日が見える窓というか階段というか、そこの関係をもう一つ、何か封鎖されているように見えながら、そうじゃないという話だよね?そこのところはどうなっているんですかね?

谷口 なんていうか…私は封鎖されていない感じを光の差し込みとかで表現しようと思っていて、優しい光というのが表現できたらいいと思っていて、夕日とかも、人が通る場所じゃないんですけど光の通り道というところがあったりして…。

田中 要するに、夕日というのはここにあるんだ?

谷口 12時にここから差し込んで、朝日はこっちからで、夕日がこうという光の流れがあります。

田中 だからこれはさ、えぐったものであって、組み立てた建築ではないんだね?

谷口 そうですね、はい。

田中 そういうことね。それで全体が?

谷口 260mです。

田中 筒の直径は広いところで大体?

谷口 こちらは30mで下が15mあけています。

田中 住んではいないの?

谷口 住んではいないですね(笑)。

田中 贅沢だね(笑)。これは全部上がり下がりするのは大変だよね。

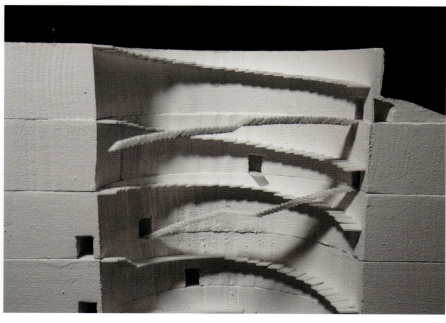

Poster Session _ Takaharu Tezuka

手塚 すげぇぞこれ。

谷口 はい(笑)。私は今回、生と死というのをテーマとして考えていて、簡単に夢を諦めてしまう人が多く存在する現代に、自分と向き合って本当の自分と対話するようなきっかけができる空間をつくってみました。建物は高さ260mの穴です。

手塚 うん、頑張れ頑張れ。掘ったねぇ。よし(笑)。それで?

谷口 全部階段とスロープだけの構成で、人の感情というのを階段で表現しています。螺旋階段が地中に埋まっていってどんどん闇になっていくというので不安を感じるような建物となっています。途中途中に夕日の部屋というのがあるんですけど、優しく光が差し込むように導きの光という人の心の闇にもやさしい光が降り注ぐように夕日が差し込む位置にあります。

手塚 夕日はどこから入ってくるの?

谷口 平面図がこれです。

手塚 あ、横にも穴が開いているんだ。

谷口 はい、横にも穴が開いているんですよ。季節ごとに太陽の沈む位置が変わるので、太陽方位とかを調べて夏の方向、秋の方向という部屋が3ヶ所あります。

手塚 分かった。君は昔のエジプトかなんかに生まれたら良かったね。なかなか日本でこういう仕事ないと思うんだよな。

谷口 そうですね(笑)。

手塚 でもよくここまで掘ったね。君は掘るのが好きなの?こうやって。

谷口 そうですね、掘るのが好きなんですかね。気づいたら掘っちゃっていたんですけど。

手塚 ずっと設計の間掘り続けて先生は何も言わなかった?

谷口 結構いろいろ言われました。

手塚 言われたけど迷わないの?

谷口 迷わずに私はもう…。

手塚 迷わずに掘り続けた?

谷口 はい、私は穴が掘りたいですって言って。

手塚 偉い。もうこれでいい、十分だよ。よく分かった。大丈夫。もうしょうがないね(笑)。

Poster Session _ Chie Konno

谷口 この作品は生と死をテーマにした作品で、簡単に夢を諦めてしまう人が多く存在する現代に本当の自分と向き合うような場所を提案します。場所は島根県の隠岐の島の西ノ島町というところで、高さが257mの崖で、建物の穴の高さは260mで掘っています。建物は階段で人の心を表現していて、真っ直ぐな階段と螺旋階段を組み合わせた「雑念」というゾーンと、どんどん土に埋まっていくような階段などを合わせた「迷い」というゾーン、地中に埋まったスロープをつくった「不安」という3つのゾーンがあります。それを優しく光が照らすようになっていて、こっち側に夕日が沈むんですけど、朝日がこっちから差し込んできて12時を照らして、夕日の部屋があってそこから夕日の優しい光が差し込んでくる設計をしています。

金野 これは何の空間？

谷口 ここが人が通れるところでここが光の道といって光が差し込むようになっています。

金野 これはどれくらいの寸法なんですか？人がすれ違うくらい？

谷口 ここは人が通れなくて光だけが差し込みます。こっちは人がすれ違えるくらいです。

金野 どういう人がここに来るの？

谷口 自分がやりたいことは何だろうって迷っている人とか、現代に迷っている人とか、そういう疲れを感じた人などがここに来て、優しい光を見て自分と向き合えたらいいなという空間を考えています。

金野 つくっている空間としてはここに見えている垂直動線の部分だけですか？

谷口 そうですね。夕日を見る部屋の3か所だけです。

金野 怖そうだね。1回降りたら絶対登るしかないよね。とんでもないもの設計したね。

Poster Session _ Masao Yahagi

谷口 私は本当の自分と向き合う場所を設計しました。場所が島根県の隠岐の島の西ノ島町です。

矢作 出身地なの？

谷口 いえ、出身地ではないです。2年間だけ住んでいました。

矢作 ここにね？

谷口 はい。摩天崖という高さが257mの崖があって、でも穴の高さは260m掘っています。建物の階段で人の心の中を表現していて、螺旋階段と真っ直ぐな階段で雑念とか、ちょっと土に埋まっていって迷いとか、どんどん光から遠ざかっていって不安を感じるような場所をつくっています。それだけでなく、所々に夕日の部屋というのをつくっていて、こっちが夕日が沈む方向なんですけども、朝日が昇ってきて12時には光が優しく差し込んできます。夕日の部屋が平面図になっていまして、季節によって太陽の沈む位置が違うので、季節に合わせて部屋の向きを変えています。太陽の光が優しく差し込んでくるような配置にしています。

矢作 自分と向き合う空間なの？でも、いっぱい人が来ちゃうんでしょ？

谷口 まぁそうですね。

矢作 自分1人だけじゃないでしょ？

谷口 自分1人じゃないです。

矢作 自分と向き合いたい人がいっぱい来ちゃうんでしょ？

谷口 そうですね。

矢作 それはそれでいいわけ？みんな自分探しに来ればいいってわけ？

谷口 そうですね。階段が1050段くらいあって、自分の好きな場所って一人一人違うと思うので、そこを見つけて座っていただけたらいいなと。

矢作 でも光から遠ざかると結構真っ暗だよね？

谷口 そうですね、真っ暗な空間になっています。

矢作 光はないわけね？

谷口 光はないです。

矢作 この表面はどんな仕上げなの？

谷口 ここは、本当にそのままです。

矢作 岩盤みたいなの？

谷口 はい。

矢作 じゃあ、もう凄い大変かもしれないけど、岩盤を掘り続けていくわけね？

谷口 そうですね。

矢作 元々の岩盤がここに？

谷口 そうですね。

矢作 階段は？

谷口 階段もこの掘った土で固めていくような感じです。

矢作 でも、これ出っ張っているじゃん？土じゃもたないんじゃない？

谷口 一応、中に…。

矢作 鉄骨みたいなのを挿すの？

谷口 鉄骨を挿して掘っていきます。

矢作 このスケールだとね、うん。

谷口 ありがとうございます。

Poster Session _ Masaya Chiba

谷口 私は生と死というのをテーマとして、自分の中の自分と向き合う場所を設計しました。場所は島根県隠岐の島でして、崖の高さが257m、建物は265m開けています。建物は人間の心の中を階段とスロープで表現しています。主に3ブロックに分けていますが、真っ直ぐな階段と螺旋階段を組み合わせたゾーンを「雑念」という部分にして、「迷い」というのを地下に埋まっていく階段で表現して、「不安」をどんどん土から離れていくスロープで表現しています。途中途中に夕日の部屋というのがあって、夏至とか冬至とか季節に合わせて太陽が沈む方向に部屋を配置して優しい光が入ってくるのを見られるように途中途中に開けています。

千葉 ここに入ると楽になるのかな？

谷口 ここに入って自分と向き合うような時間をつくるというのが目的です。

千葉 余計に不安になっちゃったりしないのかな（笑）？

谷口 それを阻止するために太陽の優しい光が入ってくるように、こっちから朝日が12時になる頃に入ってきて、夕日の光が入ってくるというのを隙間が…。

千葉 光が導きになるんですか？

谷口 そうですね。光が導きます。

千葉 迷いとか雑念とかをそのままぐるぐるで表している…だけですよね？

谷口 まあそうですね。

千葉 ぐるぐるとかジグザグとかそういうことですか？

谷口 はい。

千葉 はい、ありがとうございました。

Prize Winner
千葉賞
Design Review 2018 Prize Winner
JIA賞
Design Review 2018 Prize Winner

Exhibitor ID_12

豊 康範　とよ やすのり

九州産業大学　工学部住居・インテリア設計学科　4年

Questionnaire
1. Illustrator, Photoshop, AutoCAD　2. 約10万円　3. frame:5か月、survey:1か月、design:2か月、output:4か月　4. この世のすべての物が模型材料になる可能性があると考える　5. 人の力設計室 小林哲治　6. 特になし　7. 出逢い　8. 特になし　9. むすび屋九産大前 弁当

Title
「往復業」のワークプレイス

Concept

持続可能な地域社会について「働き方」から考える。都市に生活の重心を置く青年期において「農繁期」に加勢を行い、老年期においては、地方に生活の重心を置きながら「農閑期」に都市に出張を行う「働き方」を「往復業」と名付け、その受け皿となる建築を考える。敷地は南西諸島に浮かぶ徳之島。牛との関係が密接なこの島において一次産業の基盤である牛舎に、都市から仕事を持ち込まれることを想定した増築を計画することによって、都市と地方（徳之島）を往復して働く人達の拠点としての在り方を提案する。

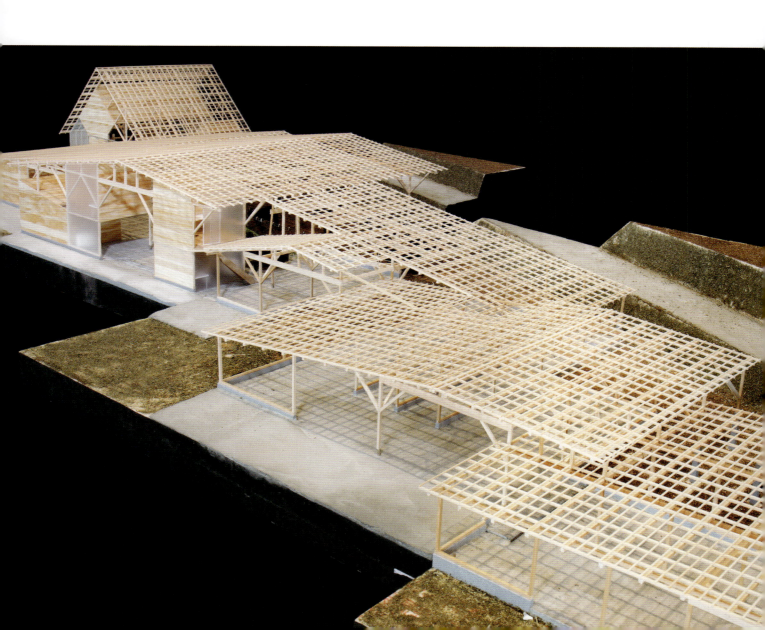

Presentation

今回僕が提案したいものは往復業という働き方が先行した、それを支えるワークプレイスです。「君にとって建築はなんなんだ」と言われるならば、僕は「マネジメントの一つだ」と答えたいと思います。マネジメントと少し枠を超えていく可能性があるから面白いなとそういう風に答えたいと思います。今回僕が取り組んだ対象地域は南西諸島に浮かぶ徳之島という島です。この島は離島でして、高校卒業と同時にほとんどの人が島を出ます。この島に住みたいと願うことはあるのですが、不思議とそこでは暮らしません。でも暮らしたいんです。でも暮らせないんです。今回そういう人口の流出というものに対して、かつては観光であったり工業団地の創生であったりインフラの整備であったり、そういうものが問われてきたと思います。こういったものは地域経済学のテキストにおいては外来型と呼ばれています。しかしそうではなくて内発型を、やはりこういった足踏みをしている人たちをどう解きほぐせるかということを考えた方が、そこにおける人口増にアプローチできるのではないかと考えました。でも仕事ということで考えていくと基幹産業は農業になっていきます。じゃあ一年中、年がら年中農業をしたいかと聞かれるとほとんどの人はNoだと思います。でも「一年のうちのワンクールだけ、3ヶ月だけにしませんか？」と言うならば、「うん、いいかもしれない」と思う人が出てくるのではないでしょうか。そこで、往復業ということを軽く説明したいのですが、一次産業が基幹産業の徳之島にとっては農業が忙しい時期と暇な時期、いわゆる農閑期と農繁期に分かれます。かつては農閑期にいかに仕事をつくるかということが大事で、この農閑期に稼ぐ、出稼ぎということが行われていました。でも今はほとんどの人が都市に出ていってしまいますので、これはもう考え方を少し変えて、農業が忙しい農繁期に稼ぐ考えに変えませんかということを提案しています。そしてその一次産業において牛舎というものが非常に求心性を持っています。この牛舎というのは右から左まで4.5kmぐらいなのですが、この間にこれだけ集積されています。この集積ということがすでに為されているものに対して、何かできないかということを考えました。そして今回僕が選んだ敷地というのは、現状これから増築を控えた若手畜産農家の牛舎です。この方は友人なのですが、この友人から話を聞いたものをもとに増築というものを考えました。一般的に増築というのは庇を出したり、リニアにつないでいったりされるものですが、いろいろサーベイを重ねていった結果この牛舎に当たりました。かつて補助金がなかった時代に建てられた牛舎です。比較の牛舎と比べると勾配がまず違うということと、材料を必要最低限に抑えている。これは鉄骨、鋼管でつくったんですけど、これともう一つ木造バージョンがありまして、この木造バージョンは長いスパンを飛ばすために筋交いを多用しているというものになります。こういったものをレファレンスして増築というものを考えました。勾配があるからこそ、軒先を重ねて増築することでコワーキングスペースを取り込めないかという風に考えました。この軒先のかけ方ということに多様性を持たせて多様なかけ方がきっと可能だと思います。そして背面というのは基本的に段々になっていますので、そこに牛舎を集めることによって、柵を新たに設けることが少なく済むという風に考えました。

Presentation Board

Poster Session _ **Takaharu Tezuka**

豊　今回僕は働き方というところから持続可能な地域社会について考えました。これは牛舎なんですが、牛舎というのはいきなり大きくするわけじゃなくて、徐々に増やしていくことしか出来なくて、増築を重ねるという特質を元々持っています。増築に内地の方から仕事が持ち込まれてきてコワーキングスペースが挿入されるということと、そのリズムに合わせて増築をしていく計画になっています。

手塚　それで…終わり？

豊　いえ、たくさんあります。往復業というのを僕が名付けたんですけど、これは地域振興論や地域経済学などそういうところから今回考えました。青年期と老年期というのに分けまして、かつて地方においては農閑期にいかに仕事をつくるかということが課題だったのですが、今ではほとんどの人が街に出て行ってしまうので、農繁期、農業が忙しい時に逆に稼いでみませんかということを今回往復業という風に名付けました。

手塚　時間がないと思うから言っておくけど、これ牛があまり中にいないんだけどさ、どこの牛がいて、どうやって育てるの？しかもこの牛は牛乳を絞る牛なの？それとも食べちゃうの？

豊　肉用牛です。

手塚　あ、食べちゃうんだ。どこかで屠殺して食べるの？ただ育てるだけ？

豊　肉用牛繁殖経営という形態です。肥育、子牛にして競りに出すという形です。

手塚　そこまでは幸せに育つような牛舎なんだね。だけど牛舎って最低限、壁があるけど、これはなんで壁が無いの？

豊　これは徳之島における基本的な牛舎から形態を持ってきています。

手塚　徳之島って壁無いの？昔トム・ヘネガンさんがすごい牛舎つくったの知ってる？日本建築学会賞取ったのあるでしょ。あれって壁があるじゃない。これには無いんだけど、徳之島って牛舎つくったけど壁は無くていいの？

豊　はい、無いところが多いです。

手塚　なんでこれが普通の牛舎でいいんだろう？木造という以外に何かいいところあるの？それが聞きたいんだけど。なぜこれが牛にとっていいのか。

豊　牛にとっていいというよりは、僕は今回、働き方というところで…。

手塚　だって働き方って建築じゃないじゃない。君が建物をつくることによってどう変わるのかっていう、それを知りたいんだけど。だって建物は何でもいいんですって話にならないじゃない。牛舎をつくればいいですって話じゃない。

豊　はい。この建物が往復業の拠点として、その街に季節的な賑わいというものを生み出します。

手塚　まあ、いいんだけど。でもそれは君はプロデュースするだけの話じゃないの？君の建物はどう違うんですか、プレハブと何が違うんですかって聞いているの。だって君が設計したことで何かいいことがあるんでしょ？

豊　はい。基本的な牛舎の増築がこちらでして。

手塚　君のはどこがいいの？

豊　僕のは今回このような増築を…。

手塚　このようなじゃなくて、どういうふうにいいのかっていう質問をしているの。だってそうしないと君がつくった意味がないじゃない。こういう牛舎をつくったからこういういいことがあるんですって言わないと。牛舎をつくることがいいんですって言われてもね。どう違うのかを言わないとさ。

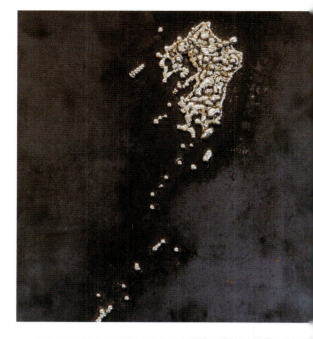

Poster Session _ **Masaya Chiba**

豊　僕の提案は今の社会が持つ定住や定職など、1つというものに対して抗ったものです。働き方というところから持続可能な地域社会というものを考えました。その働き方を今回、往復業と名付けて提案したのがそこのダイアグラムです。この往復業というものの受け皿としての建築を考えた結果こうなりました。ここにある模型は牛舎ですが、これは牛舎の増築を提案しています。今回敷地の設定が、南西諸島に浮かぶ離島である徳之島という島で、この南西諸島においては畜産やサトウキビなどといった一次産業が基幹産業としてありまして、その中で牛舎というのは農業においてすごい求心性を持っていまして、この牛舎を往復業の拠点として考えられないかということです。牛舎というのはまた、いきなりたくさん牛を持つことはできませんので、元々増築を重ねるという性質を持っていまして、その増築のリズムに合わせてコワーキングスペースを挿入していきます。その離島においては、高校を卒業したらみんな散り散りになってしまうのですが、これを読み替えていけば、日本全国に仲間がいるということです。そういったような読み替えが出来るのならば、牛舎というのがオフィスと呼べるのではないだろうか。そういう風に考えました。

千葉　ちょっと抽象的すぎて何言っているかわからないよ。ちょっと待って（笑）。牛舎を増築していくことが何なの？牛舎を増築しているわけでしょ？それとその新しい働き方ってどう関係するの？

豊　関係性としてはその働き方の受け皿として牛舎を選んだということです。

千葉　ここに人が帰ってきたりするってこと？

豊　はい。

千葉　つまり増築した部分を何か別に使ったりするってことですか？牛舎以外に。え、そうじゃなくて？

豊　はい、コワーキングスペースとして考えています。

千葉　コワーキングスペースみたいにして牛舎の一部を使うってこと？

豊　はい、そうです。

千葉　あー、それ島にUターンしてくる人とかがってこと？

豊　はい、そうです。そのUターンの変形で往復というのを考えていまして、ライフサイクルにおいて、また、年周期において、こういったことをしている人は実は元々いるのですが、そういったことが若者にとって当たり前のことになれば季節的な賑わいをもたらす起点になるのではないかと考えています。

Poster Session _ Masao Yahagi

豊　往復業のワークプレイスです。普段から見ていただいているので。
矢作　そうそう、普段から見ているから。最後の学内の講評会をやった後から何か変わったところはありますか？ビジュアル的にはいろいろ変わっているけど。
豊　模型を進めたのと、往復業を少し整理する作業を進めました。特に変化はありません。
矢作　うん。やっぱりプランがさ、プランに挿入しているワーキングスペース、農業以外のワーキングスペースがもっと見た瞬間にわかるようにダイアグラム化されていた方がいいよね。こういうところがそうなんでしょ？こういうところに挿入されているわけじゃない。だから兼業というか農業、畜産業をしながらIT的な仕事もしながらっていうところが上手く挿入されていて、往復業のためのプランがしっかりできていますっていうのが…それがパッと見てわかる方がいいよね、プレゼンで。そこがやっぱりちょっと弱いよね。面白そうなんだけど、じゃあプランはどうなっているのって言った時にそこがすごく分かりにくい。
豊　はい。
矢作　よく知っている作品なのでこれくらいにします。

Poster Session _ Toshiyuki Tanaka

豊　今回僕は「経済」というところから建築を考えました。地域経済とか地域振興論といった授業が商学部などであると思うんですけど、そういったところからプログラムを組みました。そして、受け皿としての建築を考えた結果こうなりましたというのが大筋です。
田中　コンセプトいいねえ。
豊　ありがとうございます。敷地が南西諸島に浮かぶ徳之島という島でして、南西諸島ではこの牛舎というのが一次産業においての拠点というか、基盤というかすごい求心性を持っています。
田中　牛の小屋？
豊　そうです。肉用牛繁殖経営という経営のスタイルなんですけど、大きく育てるんじゃなくて、子牛を産んで10か月まで育てて競りに出すというもので、今すごい値段も上がっています。
田中　牛肉屋さんだね。10か月？
豊　はい。妊娠も10か月ですので、合計21か月くらいですかね。今1頭80万円くらいで売れていて、10年前までは1頭30万円だったんですけど、値段が倍以上になっています。基本的にみんな12頭持つことを目指すわけなんです。1か月に1頭出せたら単純計算で月40万円になる。そういったことで今、定年退職されてから畜産業を老年期で営むのがすごく流行っているんですけど、生涯の働き方ということから僕は今回建築を考えています。生涯現役とするには、やっぱりみんな若いうちは地方自治体から、高校卒業と同時に島を離れてしまうんですけど、農業が忙しい時にこそ、1年のうちに3か月だけでもいいから加勢に行って、年スパンで往復して働くような働き方が可能であるならば、定年後の仕事に繋がっていくはずだと。いきなり行って、はい農業しますって絶対無理なんですよ。やっぱりある程度そこで関係性を持って、構築して、関係資産というものがあるから出来るわけであって。そうすることによって、みんなに定住というものを促すと思うんですけど、定住は厳しいかもしれないので、「兼住」という考え方をしてみました。島から日本全国あちこちに人が散らばっているわけですよね。それって捉え方によっては、域外キーパーソンが日本全国にいるんだっていう捉え方が出来始めてきて、僕は牛舎というものをオフィスと読み替えました。そういう提案です。
田中　じゃあ特に建築の構造体に対してはそんなに言うことはないんだね？
豊　牛舎というものは増築を重ねるという性質を元々持っていまして、その増築の手法を僕は今回建築としては提案しています。
田中　それについてはなぜあまり語らないの？
豊　商環境の先生とお聞きしましたので、その話を今メインでさせていただきました。僕のゼミも商環境デザインなんですよ。
田中　わかりました。面白いです。

Poster Session _ Chie Konno

豊　僕は今回、地域振興論的なことをしました。働き方というところから、持続可能な地域社会というのを考えました。これは、牛舎の増築のやり方を提案しています。牛舎というのは、いきなりたくさん持つことはできなくて徐々に増築を重ねていくという性質を元々持っていて、地域振興的にあれだけの区画が、あれだけの牛舎が集積されていて、ああいったものが増築を重ねていくには、内地の方から仕事を持ち込むというのが重要なんじゃないか。それを、生涯において、また年周期においてサイクルで回していくということが、そこで定住ということは厳しいかもしれないですけど、兼住でいいんだ、ということに考え方を切り替えるのであれば、季節的な賑わいということでこの牛舎がその起点となり得るんじゃないかと考えて、増築に合わせた往復業というものを提案しています。
金野　往復業？
豊　これは僕が勝手に名付けているんですけど、一応全く新しい訳ではありません。元々農繁期と農閑期という一次産業がメインでして、農繁期においてはサトウキビがメインで、トラックの運転手の人が農繁期だけ帰ってきて、トラックの運転手を月4、50万円もらったりなどのためにしたりするんですよね。そういったことが昔から行われていて、かつては農閑期にいかに仕事を作るかってことが課題だったと思うんですよ。でも、今は高校卒業と同時に内地に出ていってしまいますので、逆に農繁期に稼ぎに来ましょう、ということを考えています。そういったかつてダンプの運転手をされていたようなことを、若い人たちが当たり前にし出したらどうなるんだろうというところに期待を持っています。
金野　このプロジェクト自体が増築のストーリーで組まれているんですか？
豊　はい。こちらに既存の牛舎がありまして。
金野　模型で言うとどこですか？
豊　1番高く上がっているところです。真ん中の。そこから左右に広がっていくような増築の方法です。
金野　ここの高さは？ここには違うボリュームが入っているの？既存で。
豊　ここはワークプレイスです。
金野　今回設計したものですか？
豊　はい、新たに。本当は既存はもう少し高さが低いんですが、少し高さを上げるように設計しました。
金野　屋根も全部葺き替えてっていうこと？新築なんだ？
豊　既存のあるものを利用しながら…。
金野　何を利用しているんですか？
豊　小屋組を。
金野　あ、小屋組を利用しているんですね。あれも新築ですか？
豊　はい。基本的にほとんど新築ですが、増築していくに当たってこれだけ広がって…。
金野　なるほど、軒の重なりなど増築の手法が時間的に設計されているんだ。そういうことをしっかり説明できるといいね。
豊　はい。ありがとうございました。

Prize Winner

手塚賞
Design Review 2018 Prize Winner

JIA賞
Design Review 2018 Prize Winner

Exhibitor ID_48

百家 祐生 ももか ゆうき

九州大学　芸術工学部環境設計学科　4年

Questionnaire
1. Illustrator,Photoshop,AutoCAD,SketchUp 2. 10万程度 3. 2カ月 4. 水の表現はスタディを繰り返しました 5. バスストップ イン クルンバッハ（藤本壮介） 6. 学外のコンペで賞を獲得している先輩方に影響を受けて 7. コンペを通じて他大学の人たちと知り合えること 8. 1年生のころ、先輩の卒業設計のお手伝いをしているときに指をカッターで切る 9. デリバリー弁当

Title
季節移住に伴う仮設住居の更新に関する提案
― 湖上集落カンポンブロック村を事例として ―

Concept

ここは湖上にある村。人々は日常的自然現象-洪水に抗うことなく、これに起因する事象を享受している。彼らの多くは漁業を生業とし、洪水が引いて村に大地が現れると、生業を営むために世帯の一部が湖の浸る場所へ季節移住し、仮設住居を湖上に建て生活する。しかし移住先での顕著な水位上昇と禁漁期の突入には適応できず、漁業の時期は終わりを迎える。本計画は、彼らが環境に適応するために発展させてきた住技術を利用した季節移住先での環境呼応手法の提案である。

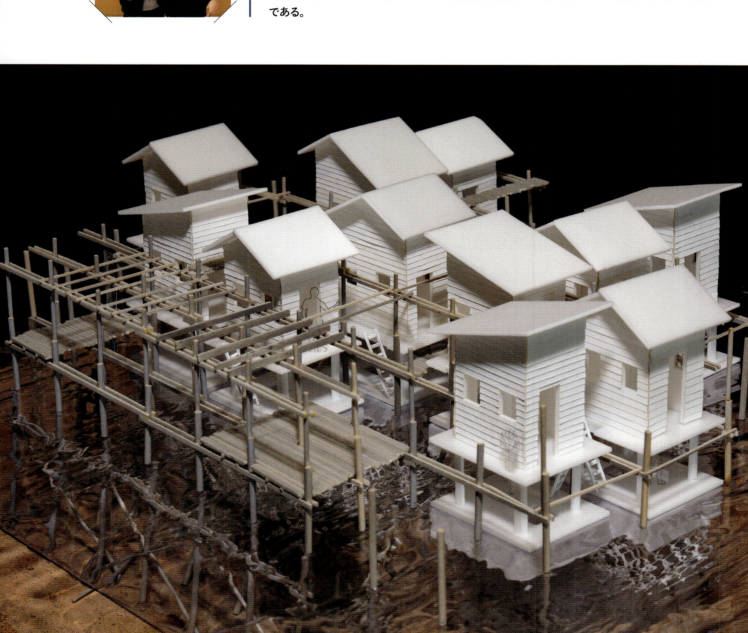

Presentation

ここは湖上にある村。ここでは雨季に村が浸水するのが日常の風景です。村に大地が現れると人々は生きるために移住し、仮設住居によって生活します。私は彼らの環境に適応する知恵と技術に敬意を払い、従来の仮設住居形式を更新していきます。場所はカンボジアで、トンレサップ湖の湖畔にはいくつかの集落があります。トンレサップ湖はカンボジアの中央に位置する東南アジア最大の淡水湖で乾季の湖の面積は東京都ほどですが、雨季にはメコン川の水がトンレサップ川を通って逆流するため、関東の大きさ程度まで膨らみます。水位差は約8m弱、湖面積は約6倍にもなり、トンレサップ湖は水を飲み込んで吐き出す天然のポンプとして機能しています。対象敷地はその中のカンポンプロック村です。高床式住居で集落をなしている村で南北方向に伸びるように住居群が配置されており、帯状の村が形成されています。この村は雨季になると最大3mまで浸水し、乾季になると大地が現れます。次に、トンレサップ湖湖畔の住居形式についてです。住居形式にはモーターで動く船住居、床の上に家がある浮体住居、高床式の杭上住居の3つのパターンがあります。トンレサップ湖の伸縮に合わせて生活形態を変化させ、環境依存型の生活を営むための工夫が住居の形式に見られました。対象敷地のカンポンプロック村は最後の高床式の杭上住居です。次にカンポンプロック村の水位変化の住民の生活についてです。人々は渇水期のピーク付近で、生業である漁業を営むために湖が浸っている場所まで季節移住します。その後、禁漁期に突入すると引き続き船住居を保持する魚群のみは長期的な養殖シーズンに入ります。しかし季節移住の現状として6月1日からの禁漁期には養殖を営むのが一般的ですが、移住先では水位が急上昇し仮設住居が沈没してしまうため禁漁期に突入する前に仮設住居を解体して帰省します。移住先では顕著な水位上昇と禁漁期の突入に多大な影響を受け、環境が人々の活動範囲を制限しています。この2つの要素に移住先の環境に呼応した方法を考えました。そのためのプロセスとしてまず新しい住居形態を構築します。文献より村の住居形式は主にこの3パターンがありました。それぞれ前デッキ、主室、後ろデッキという風に構成されています。そのうちの1つを抽出して住宅モデルを仮定し、この住宅モデルを基準として設計を進めました。既存の高床式住居の前デッキ部分を解体して解体した材料を用いつつ、筏の上に家があるという浮体住居を設計して既存住居に組み込みます。そして、湖上に掘立式で柱を立てて建築をつくる風景がところどころで見られます。この技術を用いて従来の仮設住居形式を更新していきます。既存の住居に組み込んだ浮体住居を既存の住居から分離して共に季節移住します。移住先に到着すると、複数の世帯で協力して柱と一方向のみの梁でできた大きな面をここに並べます。そして引いてきた躯体住居を並べた面の間に配置して、面と面をつなぎとめるように仮設の足場を配置します。これによって躯体住居が流されてしまうのを防ぎます。そして水位の上昇に備えて上へ移築、増築していくことで水位上昇に適応していきます。また禁漁期に入って漁獲の時期を終えると、筏の下に生簀を張って次に養殖を始めることができます。これによって禁漁期に適応していきます。このようにして水位の上昇や移住世帯の増加に合わせて移築、増築していくことで仮設住居から転身した新しい住まい形式が拡張していきます。1年の3分の1近くを移住先で暮らす村人にとって、ここはもう一つのカンポンプロック村と言えます。移住先の環境に呼応していくための手法によって生まれた風景が人々の生きた証となって、もう一つの村の記憶となります。

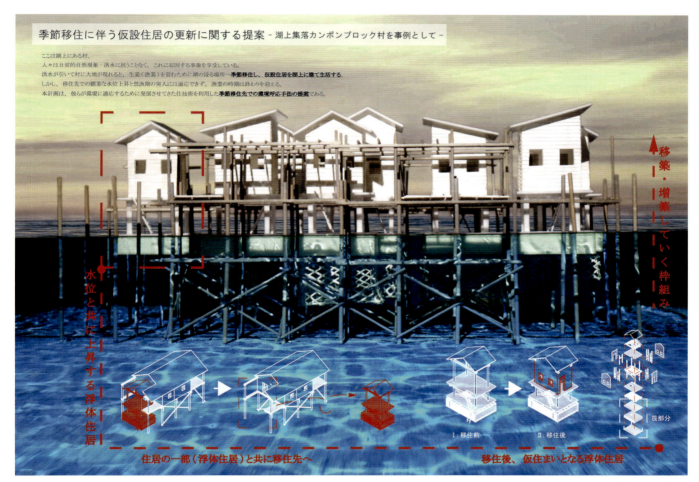

Presentation Board

Poster Session _ Masaya Chiba

百家 僕はカンボジアにある集落の季節移住という行為に着目しました。場所はカンボジアのトンレサップ湖湖畔にあるカンポンプロック村という村です。トンレサップ湖というのが1年を通して水位差が8m弱になる湖で、この村に住む人々というのが乾季の水位が低い時期になると漁業を行うために湖のある場所まで船で下って、そこで仮設の高床式住居を建てて生活しているのですが、そこでは急激な水位上昇だったり、魚を獲ってはいけない禁漁期が重なるというのもあって、規制を余儀なくされているという現状がありました。そこで僕はこの移住先でのマイナス要因に適応していくために、新しい住居形態というのを設計しました。まずこれが村にある既存の高床式住居なんですけど、この前デッキ部分を解体してトンレサップ湖でよく見られる筏の上に建築を建てるという浮体住居というのを組み込みます。そして季節移住の際に、この浮体住居を一緒に船で引っ張って移住先に持って行って、複数の世帯でこの浮体住居をはめ込むための枠を作り、水位上昇に伴って枠を移築増築していくという新しい住居形態をつくりました。

千葉 これは提案ですよね？やるとしたらこのカンボジアでということ？

百家 そうですね、そういうプランです。

千葉 筏を持っていくんですか？一部だけ持っていくよということ？

百家 そうです。自分の家の一部分を移住先に一緒に持っていきます。

千葉 一部だけを普通の高床じゃなく、持っていけるようにしているということ？それがポイントですか？

百家 はい。

千葉 移住するのはどういう地域でしたっけ？

百家 移住先は大体の場所しかわかっていないんですけど、村から1.5kmほど離れたところに川を下って船で移住していきます。本来はそこで毎回、建てては壊してを繰り返していたんですけど、そのサイクルではなくて、自分の家を持って行ったり持って帰ったりするサイクルになります。

千葉 建てたり壊したりするよりもそのほうが良いということ？

百家 それだといろいろ問題があって、それを解決するためにこれを提案しました。

Poster Session _ Chie Konno

百花 僕はカンボジアの村に住む人々の季節移住という行為に着目しました。トンレサップ湖というのは1年を通して水位差が8m弱になる湖で、この村に住む人々というのが乾季の水位が低い時期に漁業をするために、水が浸っているところまで下っていき、そこに仮設の高床式住居を建てて生活しているのですが、現状として急激な水位上昇であったり、禁漁期、魚を取ってとはいけない期間のブッキングというのもあって規制をせざるを得ないという状況があります。そこで移住先のマイナス要因に適用していくために、従来の仮設住宅方式を更新していきます。提案として、これが村にある既存の高床式住居なんですけれど、この前デッキ部分に、トンレサップ湖で見られる筏の上に建築を建てた浮体住居というのをここに減築して組み込みます。そして季節移住の時に、住宅の一部の浮体住居を持って行って、その移住先で複数の世帯で…。

金野 取れるのこれ？

百花 ちょっとこれ、ボロボロになっちゃって、取れるようになっちゃっています。

金野 あ、そうなんだ。

百花 これは筏です。

金野 これを漕いで持っていくということ？

百花 これを船で引いて持っていきます。

金野 船で引くんだ。一般的にそういう風にするの？

百花 そうですね。トンレサップにはこういう浮いた家というのがあって、船で引くというのが実際に使われています。

金野 そうなんだ。とても面白いね。

百花 この一部分を浮体住居にしてしまって、移住先にこれと一緒に持って行って複数につなぎます。

金野 でもこれは、減築する必要があるのかな？

百花 僕としては、家の一部を一緒に持っていくというサイクルを作りたくて。一部を減築して分離できるようにしました。

金野 ここで完全に外壁を張ってしまうと別物に見えてしまうね。かなり付加的に見えてしまうけれど、むしろ生活の中の一部を切り離すという計画なんですね。

百花 はい。それぞれこの構成があって、その用途を分離するというイメージで分離できるようにしました。

金野 これは集合するとどういう風景になるんだろうね。あんまり変わらないのかな？

百花 既存は建てて壊してというのを毎回繰り返していたんですけど、でもこれは住宅の一部を持って行っては持って帰るというサイクルに変えるものです。

Poster Session _ Masao Yahagi

百家　僕はカンボジアにある集落の季節移住という行為に着目しました。場所は、カンボジアのトンレサップ湖湖畔にあるカンポンブロック村です。トンレサップ湖というのが水位が1年を通して8mぐらい変わる湖です。

矢作　8m？

百家　はい。8m弱水位が変わります。この村の人々は乾季の水位が低い時に、湖があるところまで移動して、そこに仮設で高床式住居を建てるという生活をしています。でも、それだと現状として急激な水位上昇と禁漁期という魚を獲ってはいけない期間のブッキングでいろいろと問題があります。そして、この2つのマイナス的な要因に適応していくために、新しい移住先での住まい方というものを提案しています。まず、本家の村にある既存の高床式住居で、その一部分をトンレサップ湖でよく見られる筏の上に家を建てる浮体住居というものを組み込みます。そして、季節移住の時にこの浮体住居を船で連れて一緒に持って行って、移住先でこの枠組みを複数の世帯で建てて、水位の上昇に合わせてこの枠組みを移築増築していくという住まい方を提案しました。

矢作　実際にここに行ったことがあるの？

百家　これから行く予定です。

矢作　何でここに興味を持ったの？

百家　僕の友人がここで論文を書いていまして。

矢作　どこの学生？

百家　九州大学です。その友人は卒業設計に関係ないところで論文を書くと聞いたので、僕はカンボジアでやろうかなと思いました。

矢作　リサーチ論文みたいな感じ？

百家　そうですね。自分で文献を調べたり、ディテールとかはその友人からエスキスしてもらってつくりました。

矢作　魅力的に感じたのは水位の変化？8mもあるってこと？

百家　そうですね。8mもですね。

矢作　これがそういうことね。合わせてだんだんつくっていくってことね？

百家　水位がどんどん上昇していくので。

矢作　これは戻ったらまた戻すの？

百家　水位がどんどん低くなっていったら水が引く前に帰るんですけど、帰ってこれだけが残るという状態になります。

矢作　行ってまた戻るってことでしょ？

百家　そうですね。水位がこう戻って…。

矢作　こうなっている時に住んでいる人たちはどこに行くの？

百家　住んでいる人たちは本家の村に帰省します。来年の季節移住の時期になるとまた移動します。

矢作　季節移住が日常なの？

百家　そうですね。日常です。

矢作　漁業をやっているからってこと？

百家　はい、漁業をするために湖まで下りてそこに4か月ぐらい住んでいます。

矢作　そういうことね。じゃあ、漁業のサイクルと水のサイクルに合わせた仮設的というか、増減可能な住宅の仕組みの提案ってことね。

百家　はい。

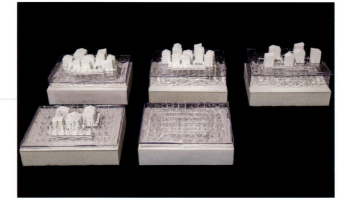

Poster Session _ Toshiyuki Tanaka

百家　僕はカンボジアのトンレサップ湖湖畔にあるカンポンブロック村という村に住む人々の季節移住という行為に着目しました。トンレサップ湖というのが、1年を通して8mくらいの水位差が出る村でして、ここに住む人々は水位が低くなった時に漁業をするために季節移住をして、そこに仮設住居を建てて生活しているんですけど、そこに現状として急激な水位上昇であったり禁漁期の突入というのが被ることもあって、規制をせざるを得ない状況になっているんですよね。そこで僕は新しい住居形態を作っていこうと考えました。提案としてこれが既存の住居なんですけど、村にある既存の高床式住居の前の部分を、筏の上に建築があるというトンレサップでよく見られる住居形式を…。

田中　前の部分ってどこのこと？

百家　ここですね。ここを減築して、新しい浮体住居、浮く家というのをつくって、季節移住の時に一緒に移住先に持って行きます。

田中　家ごと？

百家　ここの部分ですね、筏の上に浮いている家を持って行って、白い模型がここにあります。移住先で複数の世帯でこの浮体住居をはめ込むための枠を作って、水位がどんどん上がっていくんですけど、それに合わせて移築増築していくという新しい住まいです。

田中　浮体住居というのはここのことを言っているの？

百家　そうですね、筏の上に家があるという住居形式です。

田中　それってさ、移住する期間ってどれくらいなの？1年間で。

百家　だいたい3月から6月に移住しています。

田中　1年の4分の1か。

百家　4分の1から3分の1くらい。8ヶ月こっちで暮らして4ヶ月あっちで暮らすような感じです。4ヶ月暮らす分の生活を少し変えました。

Poster Session _ Takaharu Tezuka

百家　僕はカンボジアにある集落の季節移住という行為に着目しました。場所はカンボジアのトンレサップ湖湖畔にあるカンポンブロック村です。トンレサップ湖は1年を通じて水位差が8m弱になる湖で、この村に住む人々は、乾季の水位の低い時期に漁業をするために、湖が張っているところまで村から離れて移動して、そこに仮設の高床式住居を建てて生活しているんですけれども、急激な水位上昇と禁漁期の突入によって規制を余儀なくされています。そこで、移住先でのマイナス的要因に適応していくために、従来の仮設住居形式を更新していきました。まず、村にある既存の高床式住居の前デッキ部分を解体してできた浮体住居というのを組み込みます。これが浮体住居です。季節移住の際に、一緒に移住先に持って行って、複数の世帯でこの浮体住居を育むための枠組みをつくっていって、水位上昇に合わせて、この枠組みを移築増築していくという新しい室内形式を提案しました。

手塚　面白いと思うんだけどさ、ちょっと風が起きたらひっくり返っちゃいそうなんだけど、バランスを取って倒れないようにしているの？

百家　一応、重心が低くなるように設計はしています。

手塚　かなり重心は高いけど大丈夫？

百家　見た目は高く見えるんですけども…。

手塚　それを後で説明することになったときに、倒れないってちゃんと言っておかないと、倒れるだろうって言われるよ。下に重石がついているだとか。この提案は倒れなかったらなかなかいいと思うよ。

百家　一応、倒れないために枠組みを組んでいます。

手塚　ダメだよそれじゃ。ちゃんと倒れないようにしないと。持ってくる間もひっくり返っちゃうじゃない。それだけだよね。これは昔からのやつで下だけ持ってきているのね。

百家　そうですね、この白い部分を。

手塚　移築だ。

百家　はい。分離して持っていきます。

手塚　これを置いておくわけ？

百家　はい。村にある既存の家で。

手塚　そして引っ越していくんだ。すごいね。よく分かった。

Finalist 8選

Design Review 2018 Finalist

Exhibitor ID_10

中山 颯梧 なかやま りゅうご
九州大学大学院　人間環境学府空間システム専攻　2年

Questionnaire
1.— 2.6万円 3.2か月 4.材料をそれぞれ加工しながら材料同士のテイストをそろえ、模型の統一感を損なわないようにすること 5.丹下健三・カトリック東京カテドラル 関口教会 6.フランク・ロイド・ライトの落水荘をテレビで見たこと 7.全ての建物・景色から刺激が得られるようになったこと 8.「最後の睡眠」を何回かとる 9.HARIBO

Title
藍のイエ

Concept
日本ジーンズの都として知られるこの地域を表象する、『児島ジーンズのような建築』を考える。「衣服は身体の拡張であり、空間の最小単位は人が纏う衣服である。」「ジーンズを穿くということは、全くオリジナルの、美しい衣装を作り上げる行為である。」これら二つの概念を建築に落とし込むことで、人間と建築の距離を巻き戻し、経年的に価値を熟成させる、身体的空間の連続体としての児島の住宅を提案する。

Presentation

私たちは岡山県倉敷市児島地区を対象地域に設定しました。瀬戸内海に面したこの小さな港町は日本ジーンズの都として知られ、中でも味野商店街は通称ジーンズストリートと呼ばれており、商店街再生の成功事例として大きな注目を集めています。しかし、一見かつての賑わいを取り戻したかのように見えるこの商店街も、賑わいの源となるジーンズショップはまばらで、ショップとほぼ同数のシャッター店舗と各地に現れた空き地が目につく非常に寂しい通りとなっています。私たちはここにこの街を表象する児島ジーンズのような建築を提案します。「藍の家」。児島ジーンズのような建築とは一体どのようなものでしょうか。私たちはこの2つの言葉を借りて家が衣服のような身体性を持ち、デニムのような味わいを映し出すことこそがこの街を表象する建築の在り方だと考えました。徹底的に身体に基づいたパーツで構成され、重ね着することで外部との間に緩やかな関係性を構築する衣服としての性格と、経年することで価値を熟成させ使い手によって知らない表情を映し出すデニムとしての性格、これら2つを統合することで生まれる児島の住宅は身体的空間の多層なレイヤーによって構成され、熟成することで生まれる建築的味わいを空間層の関係性の変化の中に見出します。ではそのような身体性を持ったデニム建築はどのようにつくられるのでしょうか？一般的にモダニズム以降、世界中の住居の多くが画一的になりつつある状況の中、独自の伝統的寸法を持った建築は地域個有の風景を形作っています。そこで児島ジーンズの生産に使われる人体比率をもとにして、身体に即したここにしかない立体的寸法体系を提案します。そしてそこに角度指標を加えたものを立体型紙定規として道具化し、それを用いて建築をデザ

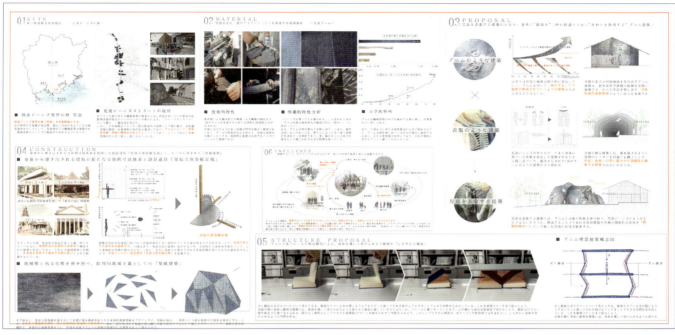

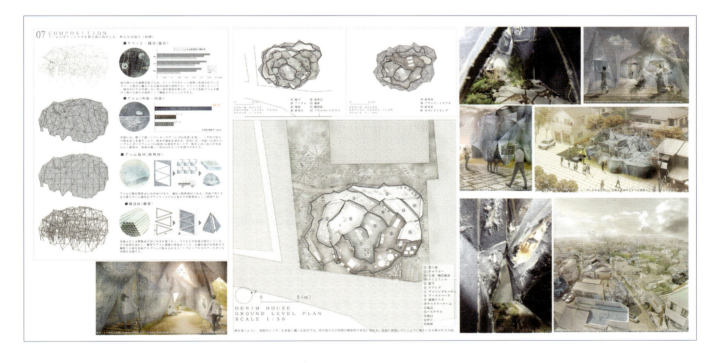

インすることで身体性と地域性を併せ持つ身体的型紙建築がこの街に立ち上がります。このようにして生まれるデニム住宅での生活を紹介します。住宅内部は三層の空間で構成されそれぞれオープンコモン、クローズドコモン、プライベートに分けられます。住宅の1番外側に配置されたオープンコモンは街との曖昧な境界を形成し、周囲の自然環境や街の賑わいによって満たされます。また通りに対しては児島の生業を可視化し、多くの観光客を惹きつけます。クローズドコモンには家族の生活の痕跡が蓄積され、家族と仲の良い隣人だけの特別な空間へと変化します。住宅の中央に配置されたプライベート空間では、家族との距離感に合わせて自分の居場所を自由に決定する能動的な生活が展開されます。さらに、デニム建築は、建築する行為そのものが特別なダイナミズムを伴って地域に働きかけます。つまり私たちは仮囲いの施工現場を街に対して開放することを提案します。仮囲いから開放された施工現場はここでしか出会えない児島を表象するような風景として観光客を惹きつけ、新たに生まれる職能や関係性が商店街の再生に大きな影響を与えます。デニム住宅は空き家や空き地を埋めるように地域内に現れ独自の街並みを形成し、各住宅は住み手の愛着を反映してまるで児島版の数寄屋のように多様な表情を映し出します。私たちはこの提案でデニムと衣服という2つの概念を1つの建築の中で統合することを心がけました。児島を代表する素材から立ち現れる新たな街のアイデンティティを形成する建築は、この操作の極限にあると私たちは結論づけます。藍の家、それはまるで長年愛された一本のジーンズのように住み手自身を映し出しこの街を表象します。

Poster Session _ Masao Yahagi

中山　敷地は岡山県倉敷市の児島地区で、日本ジーンズの都と呼ばれて有名で、児島ジーンズの生産が行われています。僕は児島ジーンズで住宅をつくりたいなという風に考えています。それのどこがいいのかというと、住宅のあり方そのものが少し変わってくるのかなと思っています。今、日本の住宅は基本的に経年劣化で30年から40年経てば建て替えることが前提で建てられると思うんですけど、デニムは元々持っているアイデンティティとして生活の痕跡を蓄積したりといったことがあります。

矢作　作業服だもんね。穴空いたらまた縫ったりパッチワークしたりすればいいんだよね。水はどうするの？

中山　水は断面構成とかに見えているんですけど、こういう破れた時に水が入っちゃいけないところとかは中に防水のシートが入っています。

矢作　中に織り込むわけね。

中山　はい。デニムは破けて光はいい感じにこう散らばります。

矢作　断熱材も入れるの？

中山　断熱材もデニムの断熱材が今つくられています。

矢作　あ、デニムが断熱材なわけね。

中山　はい。端材で今、児島で大量に出ていて、それを使って断熱もしてあるみたいな。

矢作　裁断した時の端材を断熱材として使うってことね。

中山　とても断熱性が高いです。

矢作　実際商品化されているの？

中山　はい、商品化されています。

矢作　なるほど。じゃあ、あとは防水だ。

中山　防水はシートが今一応入っている状況なんですけど。

矢作　間にね。何層かになっているってことね。

中山　そうですね。

矢作　デニムの間に断熱材も入っているし防水層も入っているのね。

中山　そうすることでこの生活の痕跡を蓄積させて、今みんな同じような家に住んでいると思っているんですけど…。

矢作　これ住宅だよね？

中山　住宅です。住宅なんですけど、その人の生活がこの中に現れるかなと思っていて、だから児島版の数寄屋みたいなものです。

矢作　これは取ったり付けたりできるの？

中山　取ったり付けたりっていうのは形状ですか？

矢作　この部分は夏は暑いから外しますとか。

中山　外したり破いたりとかが出来ます。

矢作　破いちゃうんだ。

中山　そのあとパッチワークをして、そうするとまた生活の…。

矢作　でも結構暗いし、風通し悪そうじゃん。冬はこれでいいかもしれないけど。

中山　これは正直破り方が甘いかなと思っています。

矢作　もうちょっと破るわけね。

中山　もっともっと薄いデニムを使ったりして調整していく感じです。

矢作　開口部は考え方が面白いんだけど、中が暗いよね。もうちょっとここの三角形が全部トップライトとかで開いていても…。

中山　ここが今トップライトで大きな光をつくっていまして。

矢作　ちょっと暗いもんね。

中山　そうですね。今こっちは破いていません。

Poster Session _ Chie Konno

中山　敷地は岡山県の児島という場所で、日本ジーンズの生産の発祥地で、日本ジーンズの都と呼ばれている場所です。この街の職人さんの技術であったりとか、この地域に土着的に根付いているようなポテンシャルのようなものを生かして、この場所にデニムによる住宅というものを建てたいな、という風に考えています。デニムによる住宅は建てた時に何が面白いかというと、これまでの住宅の在り方というのが少し変わってくるのかなと思っています。日本において住宅は経年劣化が基本的で30年から40年したら建て替えちゃうと思うんですけど、それに対してこの住宅というのはデニムがそもそも持つ良さみたいなもので、買って履いていくことでどんどんつくられていくみたいな、熟成されていくような性質があると思うんですけど、それが住宅の中でも当てはまるのではないかと思っています。空間ごとに、どんどん擦り切れてつながったりだとか、パッチワークで生活の痕跡のようなものを蓄積させながら、この住宅が住み手を映し出すような、児島版の数寄屋みたいになって、ここにしかない住宅の建ち方みたいなものが現れているんじゃないかなと考えています。

金野　これは現実にはとても難しいと思うんだけど、このデニムは構造体も兼ねているの？

中山　そうです。それもここで提案していて、RCにデニムを貼りますというだけだと、そのデニムの柔らかさとかしなやかさというものが全然生かされないなと思っています。もっとデニムらしさを生かすには、しなやかな構造で身体を受け止めるような構造が求められるんじゃないかなという風に考えています。これがイメージだったんですけど、本の表紙とかをつくる時に、開いた状態でつくっちゃうと閉じなくなっちゃうじゃないですか。本の表紙が短くなって。それをこの模式図で表したんですけど、この様々な山折の部分で面内張力が働いています。

金野　えー！ほんと？

中山　スラブが上からかかってくることで、ペタッと潰れそうになるのを、このデニムが支えてやるみたいな。モーメントとデニムのレシプロカルみたいな状況をこの中につくっています。

金野　これは構造計算もしているのですか？

中山　構造計算はまだしていないです。

金野　そうすると、概念上、成立しているということですね。

中山　そうです。ここにしかない構造の在り方も提案出来るのかなと思っていて、そのために実際につくるにはどんな断熱が入るべきなのかとか…。

金野　なんで住宅にしたの？美術館とかではなく。住宅だと求められる性能が高くなるように感じますが。

中山　高いんですけど、山本理顕さんの地域社会圏主義の中で、今の社会を変えるには1番小さな住空間の単位である、住宅から変えていくべきだという風に挙げられていて、それがここの地域だったらできるのかなと考えて住宅を提案しています。

金野　それに対する解答としてはかなり特殊だね（笑）。見た目のほつれが多くて、ボロ屋みたいにわざとしているのか、それはなぜなのか、またちょっと聞きたいですね。

Poster Session _ Toshiyuki Tanaka

中山 僕たちは岡山県の児島地区という場所に提案します。この場所は「国産ジーンズの発祥の地」として知られていて、ジーンズの都として知られています。この地区には土着的にデニムを加工する高い技術があったり、元々デニムが持っている性質というのを利用して、僕たちはデニムによる住宅を提案したいと考えました。デニムによる住宅にはどういういいところがあるかというと、今までの住宅とちょっと違うところがあると考えました。今までの住宅というのは、日本では特に経年劣化していくという風に考えられていると思っていて、30年から40年で建て替えするような考え方だと思います。デニムとかジーンズというのは履いて、履きこなしていくうちに体に馴染んでいくというか、そういういい部分があると思うので、デニムで住宅をつくったらそれが住宅にも応用されて、経年劣化していくのではなくて「経年熟成」されていくようなそういう住宅が考えられないかなと思いました。具体的には穴が空いたりして空間同士がつながったり、逆につながるのが嫌だったらパッチワークで閉じたりして、そういう生活の痕跡が残っていくのが経年熟成だと考えています。また、個別の家ごとに違う生活があると思うのですけど、その生活が表現されていくことで現代版の児島の数寄屋みたいな形になるのではないかと考えています。さらにデニムのような建築の次に、衣服のような建築というのも考えていて、レイヤー状に何層にも重なっているんですけど、そうすることで衣服を重ね着するように中に入っていったり外に出ていったりすることで、中と外とは環境は違うと思うんですけど、そうやって自分の好きな環境に移動して住むような暮らし方が出来ないかなと考えています。

田中 さっき現代版の何て言ったの?
中山 数寄屋です。
田中 ああ、数寄屋か…わかりました。面白いです(笑)。
中山 ありがとうございます(笑)。
田中 うちの前にこれがあったらね(笑)。
中山 そうですね(笑)。この辺なんかはところどころ点在していると、歩いていくとまた違った家とかが見えてきたりして、そういうのが生活を表しているので、それも面白いのかなと。なかなか生活が外に現れてこないと思うんですけど、これだと中が直接見えるわけではないのですが…。
田中 でもこれ、一応構造フレームというのはあるんだよね?
中山 構造フレームは鋼管とデニムを組み合わせて、鋼管だけでもデニムだけでも保たないような構造が出来ないかなと。2つが合わさることで出来るようなしなやかな構造というのが出来ないかと考えています。

Poster Session _ Masaya Chiba

中山 僕たちの提案の敷地は岡山県児島地区です。この地区は国産ジーンズ発祥の地として知られていて、ジーンズの都としても知られています。僕たちはこの地区に土着的に存在する、デニムを加工する高い技術と、デニムが元々持つ性質を利用して建築的に何か表現出来ないかと考えた時に、デニムによる住宅というのを考えました。このデニムでつくられた住宅で、どんないいことがあるかというと、今までの住宅とちょっと違っていて、今までの住宅というのは経年劣化していくというのが普通の考え方と思っていて、30年40年すると建て替えるというのが基本的な考えだと思うんですけど、ジーンズは履いていくうちに体にフィットするようになります。

千葉 家がダメージデニムになるのね。
中山 そうですね。そうすることで、今までは劣化するって考えていたんですけど、これは経年的に熟成していくものになるのではないかという風に考えました。具体的には、空間が破れてつながったりだとか、パッチワークして逆に分節したりといったことがあると思うのですが、そういうものが個人の生活を表したり、こういうのが外にだんだん現れてくることで、現代版の、児島版の数寄屋みたいになるのではないかと考えました。さらに、デニムのような建築というのがこの提案ですが、衣服のような建築というのも考えていて、衣服を重ね着するように断面形状をレイヤー状にすることで、外側はほぼ外部空間のような形で、内側はちょっとプライベートな空間になっていてそういう、重ね着するように内外を移動することで、空間の性質が変わっていくような建築を考えました。

千葉 うーん。デニムで家をつくるって今まで考えた人いなかったんですか?
中山 そうですね、僕たちが知る限りは。
千葉 いないですか。そうですか。防水とかはどうするんですか?
中山 防水は、基本的には外側をレイヤー状にしているので、外側は濡れちゃってもいいかなという考え方ですね。ここを少し見てもらったらわかるんですけど、少し木とか苔とかが生えていて庭みたいな空間になっていてもいいのかなと。守らなくてはいけないような空間というのは、デニムの加工技術で撥水加工とかがあるので、そういう加工で守ることが出来るのかなと思います。
千葉 いい感じになるかな?ガチで汚くなっちゃうんじゃないかな(笑)。それがちょっと懸念されますよね。本当にいい感じに色落ちしたみたいになるのかな?雨降ったらびしょびしょになっちゃうでしょ(笑)。黒くなっちゃうし。びしょびしょのデニムをカッコイイと思う人はいないと思うな。でもいいアイデアですよね。

Poster Session _ Takaharu Tezuka

中山 僕の提案は、敷地は岡山県倉敷市児島地区で、ここは日本ジーンズの都として知られているんですけど、土着的にジーンズをうまく加工する職人さんが集まっています。
手塚 ジーンズ?
中山 はい。僕はデニムで住宅をつくりたいなと思いました。そうすると何がいいかというと、住宅って今日本だと経年劣化が普通じゃないですか、30年から40年で建て替えることが当たり前になっています。
手塚 かなり劣化しているぞ(笑)。
中山 はい。この住宅は、何世代にも渡って生活の痕跡みたいなものを蓄積させることで、ここにしかない児島版の数寄屋みたいなものを各家族が持つことになるんじゃないかと。そうすることによって、この住宅は経年することで熟成するような住宅になるんじゃないかと思っていて、それが児島版の住宅、デニムで建てられる住宅なんじゃないかと考えています。住宅のあり方についてまず提案していて、さらにもう一つの提案として、衣服のような建築というのも考えています。何層にもなっていて、外部との距離を重ね着するように、調整するような、そんな空間構成にしていたり、身体をやさしく受け止めるような構造を提案しています。デニムとこの鋼管のレシプロカルな関係を構造的に提案していて、それがこの造形になっています。そうやってやることで、RCにデニムを張っただけでは感じられないようなデニムの柔らかさとか、しなやかさみたいなものをこの建築の中で感じることが出来るんじゃないかなと考えています。
手塚 昔、テントってハンプというので出来ていたんだけど知っている?ハンプってデニムとは違うの?
中山 ハンプは麻ですね。
手塚 麻なんだ。デニムっていうのは綿なの?こうやってさ、ボロボロになっていくと雨が入ってきちゃうんだけど、こういうのって雨が入ってきた時にどういう風に説明するんだろう?みんなデニムだって言われても、やっぱり嫌だなって思うかもしれないじゃん。雨が入ってきたらそれはどう説明するの?
中山 雨についてなんですけど、まず、一番この入ってはいけないようなところ、リビングに直接雨が入ってきたりするとおかしいと思うので、そういう場所は中に防水フィルムみたいなものを何層にも入れていて、そこで光とかはデニムが破けた感じを…。
手塚 もう時間がないから言うんだけどさ、僕ね、雨が漏るのは当たり前だと思うんだ。その時に、だけどいいんだっていうのを君が言わないとさ。
中山 そうですね。
手塚 だってさ、最初から真面目に考えるんだったら化学物質でつくればいいわけじゃない、何でも。だから、破けることでどういうことがいいかっていうことを言わないと。
中山 はい。そこも設計に入っています。
手塚 それをちゃんと説明しないとだめだよ。
中山 はい。ありがとうございます。

Finalist

8選
Design Review 2018 Finalist

Exhibitor ID_32

鮫島 卓臣 さめじま たくおみ

慶應義塾大学 理工学部システムデザイン工学科 4年

Questionnaire
1. Illustrator, Photoshop, InDesign 2. 怖いので計算していません 3. 1ヶ月 4. キャンパスで採集した土 5. ベルリンユダヤ博物館、ダニエルリベスキンド 6. 気づいたらのめりこんでいた 7. 自分の手でものを作るという、一番好きなことをたくさんできたこと 8. 睡眠時間を捧げる 9. 辛ラーメン

Title

蟲の塔

Concept

日本一の高密都市、銀座において虫たちと共存する都市型ビルを提案する。人々の生活空間のスキマに虫の住処を挿入するとともに、生態系の広がりに呼応して、ビルと街が姿を変えていく。虫と人は互いに支え合いながら都市における新たな関係性を作り、塔の成長とともに銀座は人と虫の都となっていく。

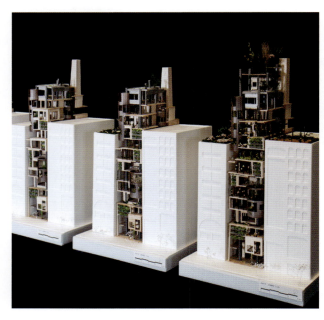

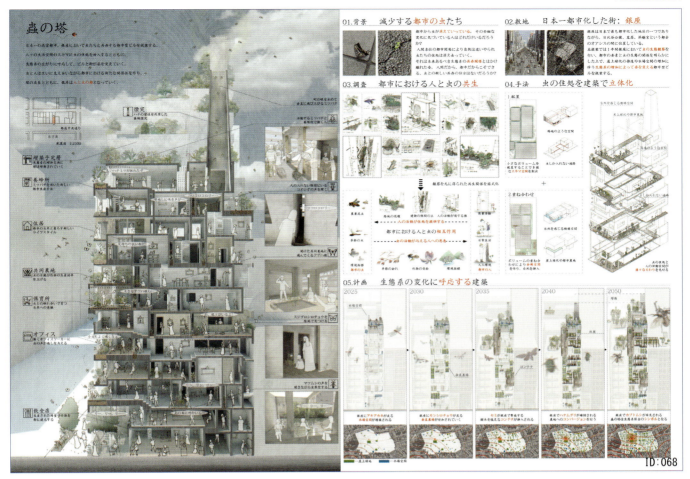

Presentation

　都市から虫が消えていっている、そんな些細な変化に皆さんは気づいていますか？私は生まれてから今まで東京で暮らす中で、2年前の都市開発により自然が淘汰され、ありとあらゆる虫たちが身の回りから姿を消していくという現実を肌で感じてきました。それは本来あるべき生態系の共存風景とはかけ離れた姿ではないのだろうか。人間だから・都市だからこそできる虫との新しい共存の仕方はないだろうか、そんな疑問を持ち続けてきました。例えば、世の中の80%の植物が虫を媒介して発芽しているように、虫は人間にとって必要不可欠な存在です。一方で、都市において虫は人がつくった空間に適応してかろうじて生き延びています。そこで私は日本一の高密都市、銀座において虫たちと共存共生する都市型ビル「蟲の塔」を提案します。東京都中央区銀座は、浜離宮や日比谷公園、皇居といった都会のオアシスのように位置していながら、その高密な都市構造により豊かな生態系のネットワークを分断しています。そんな銀座の中は、高密な都市開発に伴う敷地の縮小化により建築物で埋め尽くされています。その結果、かつて銀座に生息していた多くの昆虫種は後を追われ姿を消しました。そこで私は高密な都市開発の産物として生まれたペンシルビルに結果として失われた生態系の住処を挿入することで、人と虫の都市における新たな関係性を建築を介して構築することを考えます。計画概要です。まず銀座において虫の生態調査を行うことで、都市の空間と現在銀座に生息する虫の住処の関係性を明らかにします。次に、観察から得られた関係性をもとに、ペンシルビルの垂直性を用いて虫の住処を「蟲の塔」として建て、シンボル化します。最後に、「蟲の塔」を中心として都市の自然環境を改善していき、虫たちを都市に呼び戻し増えた種の住処を塔に増築、および改築して挿入することで、空間やプログラムに変化をもたらしながら生態系の相互圏を塔を介して可視化します。敷地は、銀座周囲に生息するかつてこの地に生息していた昆虫種の行動範囲から選定します。対象となる種の最長飛行距離は銀座中央通りの6丁目付近で交わることがわかりました。そこで、現在空き地となっているペンシルビルの跡地に「蟲の塔」を建てることで、生態系のネットワークのノードとしての働きを持たせます。銀座の中で行った生態調査の記録です。調査より、銀座においては建物の間にできる路地のような隙間空間と、建物の周囲にできる屋上緑地や街路樹といった余剰空間に自然物が挿入され、これで人の活動によって排出される熱などが触媒となってその空間に虫の住処が形成されていくことがわかりました。この特徴をもとに建築を立ち上げます。ダイアグラムです。まず小さなボリュームを配置することで、多様な隙間空間を創出します。次に、ボリュームを重ね合わせることで、余剰空間をつくりそこに自然物を挿入し、虫の住処をつくります。ボリュームの内部は人の活動空間となっており、虫と人が表裏一体の関係性で塔の中で共存します。塔の中のプログラムには都市生産としての養蜂場や共同農地、およびその製品を消費する飲食店、自然との密接なつながりが希薄化した都市における居住空間や労働空間、自然教育の場としての保育所など虫との関わりが深いものを想定し、都市と自然の新しい関係性を築いていきます。平面構成です。ボリュームの間に人が入れない虫の住処や庭のような空間が介入することで、虫の住処と人の活動空間は様々な交わりを見せます。交わる場所では、虫の営みと人の新たな活動が新たな関係性を構築していきます。動線に突如現れる隙間空間からコオロギの声が聞こえ、保育所内にいる子どもは蝶を観察します。開けた共同農地ではアゲハ蝶が作物の受粉を助け、養蜂場で人とミツバチは共に働き、蜂蜜を生産します。経年変化についてです。銀座には、「銀ぱちプロジェクト」という屋上養蜂場があります。このプロジェクトによって、屋上緑地を一つの蜜源とするミツバチのために、ビルのオーナーたちが「ビーガーデン」と名付けてビルの屋上を緑化していく動きがあります。このように、飛ぶことのできる虫が1つのシンボルとなってバトンをつないでいくという現象がとても面白いと思いました。そこで、私はこの建築で虫をシンボル化し、それを中心に屋上緑化を街の中に施していくことを考えました。屋上空間の環境が改善されることで、銀座に昆虫たちが戻るようになります。都市におけるかつての虫の動向をもとに、ここでは4つの昆虫種が銀座に戻ることを想定し、それぞれの種の生息空間を塔の中に増築・および改築する計画を立てました。アキアカネが戻ることで水場空間が増築され、塔には秋の彩りが戻ります。モンシロチョウが戻ることで、作物の受粉効率が上がり塔のヴォイドには垂直農場が付加されていきます。セミについては、高木を必要とする種が戻れば、塔には高木を植えるための円筒のコンテナが挿入されます。

Poster Session _ Masao Yahagi

鮫島　私は東京で生まれて、東京で育ったんですけど、その中で人間本位の都市開発が自然空間を淘汰して、虫たちがどんどん減っているなっていう問題意識を持っていて…それって、都市と生態系の共存関係としてどうなのかなっていう疑問を持ち続けてきました。虫は作物の受粉を促したり、季節の訪れを知らせたり、人にとって良い恩恵をもたらす一方で、虫は人がつくり出した空間に適応する形でかろうじて生き残っているという状況があります。そこから、私は人と虫が互いに恩恵を与え合いながら共生共存する、都市型のビルを設計しました。敷地は、日本一都市化した街、銀座なのですが、ここで生態調査を行いまして、都市の中で虫の住処として機能している空間を収集して分析しました。すると、意外にも人の生活に近い路地空間や、建物の隙間といった隙間空間や、建物が建つことで出来る周りの余剰空間に虫たちが生息していることが分かりました。それを元に、このようにダイアグラムを作成し、隙間のような空間をつくりながらヴォリュームを配置し、それを少しずつずらしながら積み重ねていくことで、こういった余剰空間をつくって、屋内農地やそういった空間にして、虫たちの空間としています。機能としましては、蟲の塔を中心として屋上緑化を街の中に増やしていくことで、都市に虫を呼び戻していって、都市に戻る種が増えると、その種に応じた住処を空間として塔の中に挿入していって、生態系のささやかな変化を建築を介して人々が認識するような装置としての機能も持たせてあります。

矢作　機能は何が入っているの?虫以外の。

鮫島　機能はですね、虫と人の関わり合いが生まれるプログラムを用意しています。共同農地や屋上空間には養蜂所がありまして、その他には自然と暮らしのふれあいという意味で住居や、自然教育という意味で保育所や、帰宅途中にコオロギのちょっと心地いい鳴き声を聞いたりといったオフィス空間や、ここで生産されたものを消費する飲食店とか、そういったサイクルを用意しています。

矢作　なぜ銀座なの?ほとんど人は住んでないでしょう銀座って。仕事とか商業とかだよね。

鮫島　そうですね。人が住んでいないんですけど、人はいまして。

矢作　うん、人はいるよね、昼間ね。

鮫島　はい。銀座を調べていくと空き家とかが多くて、ペンシルビルのあり方としても見直されていて、そういった空き家になっちゃうペンシルビルがあって、その空き家を住居にしていくといった発想から住居とか…。

矢作　こういうところってさ、土地は取り合いなんじゃないの?銀座だったら。

鮫島　そうですね。

矢作　坪何百万とかいう話だよね?

鮫島　はい。でも、虫が生産に関わっていくことで、ここの生産力が向上して未来を見ていくという。

矢作　養蜂場は分かるけど、それ以外はあまりお金を生み出さない用途ばかり入っている気がするけど。

鮫島　そうですね…でも、共同農家とかがありまして。

矢作　共同農地ってあまりお金生み出さないでしょ?

鮫島　そうですね。

矢作　なぜ銀座なのかなっていうのがすごい疑問で。

鮫島　日本一都市化した街ということです。

矢作　そこだけだよね?理由はね。

鮫島　そこに住み着いている虫は、人の生活に近いところにいます。

矢作　日本一人工的になっちゃったところにやりたいっていうこと以外の必然性が…なぜ銀座なんだろう?

鮫島　そこで虫の住処を調べることで、より虫が住み着いている、都市に住み着いている極限の空間というものができるかなと思いまして。

矢作　銀座でも、区割りですごい取り残されちゃった場所とかだったら、こういうのは有りな気がするけど。こういう絶対的に売れる場所だと、何か銀座というコンテクストの捉え方みたいなのが、ちょっとずれているような気がするよね。銀座の場所はいいんだけど、もうちょっと区割りで余っちゃっているところとかさ、そういうところにこれが建っているとすごい説得力があるけど。売れそうな土地にこういうのが建っているところの説得力がないんだよね。せんだいデザインリーグでもよく見せてもらいましたけど、そこは納得できない。他のクリティークの人もそう言っていましたね。

Poster Session _ Chie Konno

鮫島　私は人間本位の都市開発により自然が淘汰され虫たちが消えていくのを見て、都市における生態系との共存の在り方について疑問を感じ続けてきました。虫は作物の受粉を促したり、季節の流れを教えたりと人に多くの恩恵をもたらす一方で、虫は人がつくった空間に適応する形で何とか生き長らえています。そこで私は人と虫が相互に作用し合い恩恵を与え合いながら共存共生する都市型のビルを設計しました。敷地は日本一の歴史ある街、銀座なのですが、まずここで生態調査を行い、都市の空間の中で虫の住処として機能している空間を収集し分析しました。

金野　銀座の近くですか?

鮫島　全て銀座の中です。そうすると意外にも路地空間や建物の隙間といった人に近い隙間空間や、建物の周囲に出来る余剰空間といった人に近いところに虫たちが生息していることがわかりました。その関係性をもとにダイアグラムを作成し、まず人の活動空間となる小さなボリュームを多様な隙間空間をつくりながら配置し、それらを余剰空間をつくりながら重ね合わせることで、塔のようなビルをつくりました。加えて、この蟲の塔を中心に屋上緑化を広げていくことで都市に虫たちを呼び戻し、増えた種の住処となる空間を塔に挿入していくことで、装置のように生態系のささやかな変化をプログラムや空間の変化を介して人々に伝えるようなそんな建築を目指しました。

金野　これは人の空間としてはどういう空間が入っているんですか?

鮫島　まず、プログラムは人と虫の関わりが深いものを入れていて、屋上空間には養蜂所を入れて、ハチの動線から得られた煙突というのを挿入しています。他は住居や保育所で、虫との関わりが自然への意識を高めるというのを想定しています。

金野　住居や保育所か…。住居ね…。ここを見たときに銀座のこういう層構成をもつ積層建築の階高と合ってきちゃっているのが、もったいないな。

鮫島　塔の高さがですか?

金野　うん。階高。何となく無意識にも人間スケールに感じられちゃうっていうのが合っていたのかなって。前半のストーリーはほとんど虫の話で、細々とした生き物のサイクルがあるんだろうなと思いきや、パッと見るとテクスチャは緑なんだけど、よくよく見てみると積層建築にちょっとデコレーションがついたみたいにも見えちゃう。そのスケーリングというのはどう考えているのかなと思いました。

鮫島　そうですね、ところどころ吹き抜け空間で、そういった現象を僕がつくって、それはまず空間としては僕はそんなに面白いと思っていなくて、でもこういった虫たちが戻ってくる住処を挿入することで、吹き抜け空間が出来たりして空間が面白くなっていくと思っています。

Poster Session _ Masaya Chiba

鮫島　私は人間本位の都市開発により自然が淘汰され、都市から消えていく虫たちを見て、都市における生態系と共存のあり方に疑問を抱き続けてきました。虫は植物の受粉を促したり、季節の訪れを知らせたり、はちみつを集めたり人にとって不可欠な存在である一方で、虫は人間がつくった環境でかろうじて生き延びています。そこで私は虫と人が相互に作用し合いながら恩恵を与え合い共生共存する都市型のビルを設計しました。敷地は日本一都市化した街、銀座で、そこで生態調査と題しまして都市の空間の中で虫の住処として機能している空間を収集し分析しました。そうすると以外にも路地空間や建物の隙間といった隙間の空間や、屋上空間や建物が建つことで出来る余剰空間に虫たちが住み着いているということが分かりました。そういった特徴を元に建築のダイアグラムを作成し、あのような塔を建築として建てました。加えて蟲の塔を中心に街の中の屋上空間を緑化していくことで、都市に虫たちを呼び戻し、増えた住処を新しく空間として塔に挿入していくことで、建築が装置のような働きをして、ささやかな生態系の変化を建築を介して可視化して、人々に気付きを与えるといった装置のような働きを持たせました。

千葉　なるほど。ある意味隙間、建物と建物の隙間の部分を実体化するみたいなことをやったということですか。隙間が膨らんでそのまま建物になっちゃうみたいな。

鮫島　そうですね。たくさんの隙間空間で、そこが虫の住処で。

千葉　隙間だらけってことなんですね。

鮫島　はい。人が入れない隙間もあったりしてそこは虫の住処になっていて、それが人の生活と混じり合っていて、虫と人が新たなアクティビティを生んでいくみたいな。

千葉　実際虫がたくさん住むわけですか？

鮫島　そうですね。でも、都市なのでたくさん来ることは想定していなくて、ささやかな虫との気付きが得られるような空間をたくさんつくっているという感じですね。例えばドアを開けたらアゲハチョウがいたりとか、そういった虫がいるなとか、壁を一枚隔てて虫の声が聞こえたりとか、日本がかつてそういった暮らしをしていて…。

千葉　でも、それは良い虫ですよね。嫌な虫とかどうするんですか？

鮫島　嫌な虫とかは…。

千葉　嫌な虫という発想がないのかな。

Poster Session _ Toshiyuki Tanaka

鮫島　私は「蟲の塔」と題しまして、まず問題意識として、人間本位の都市開発によって都市から虫が消えていっているのを間近で見てきて、それが果たして生態系と都市の正しい共存の形なのだろうかということを考えました。虫は作物の受粉を促したり、季節の訪れを知らせたりと、人にとって多くの恩恵をもたらせてくれるのですが、一方で虫は人がつくり上げた空間に適応する形でかろうじて生き延びているという現状があります。そこで私は、虫と人が相互に作用しながら、恩恵を与え合う、共存共生する都市型のビルを設計しました。敷地には日本一高密度化した都市の銀座を選びました。そこでまず生態調査と題しまして、都市の中の空間で虫の住処として機能している空間をどんどん収集して分析していったところ、意外にも路地空間や建物の隙間といった、ビルとビルの隙間空間や、屋上空間や建物の周囲の街路樹といった、建物が建つことで出来る余剰空間に虫たちが生息していることがわかりました。それをもとに建築を構築しているのですけども、そこからダイアグラムとしまして、人の活動空間となる小さなヴォリュームを、隙間空間をつくりながら配置していって、その上にまたずらしたヴォリュームをどんどん積み重ねていくことで、余剰空間をたくさんつくって、そこに木とか土を入れていくことで虫の住処と人の活動空間をこの模型のようにつくっていきました。塔の機能として、蟲の塔を中心に街の中の屋上空間を緑化していくことで、虫たちをどんどん都市に呼び戻して、都市に増えた住処を空間として塔の中に入れていくということを考えました。そうすると生態系の些細な変化を、人間が建築を介して理解するようなそういった機能を考えました。

田中　はい、面白い。虫の軍団になりそうだね(笑)。

鮫島　はい(笑)。ありがとうございます。

Poster Session _ Takaharu Tezuka

鮫島　私は東京で生まれ、過ごしてきました。その中で、人間の都市開発によって虫たちがどんどん姿を消していっている問題意識を持っています。都市と生態系の共存としてはどうなのかということに取り組みました。虫は作物の受粉を促したり季節の訪れを知らせたりと、人に多くの恩恵をもたらすのですが、今、都市において虫は人がつくった空間に住み着いて、かろうじて生き延びているという状況です。そこで、私は人と虫が相互に作用しながら、恩恵を与え合い、共存共生する都市型のビルを日本一都市化した銀座に設計しました。日本一都市化した街で虫たちがどのような空間にいるのかを1年間調査しました。そうすると、意外に人の生活に近い路地空間や、建物の隙間、建物が建つことで出来る周りにある空間に虫たちは住み着いていることがわかりました。そこから、人の活動空間となるヴォリュームを、多様な隙間空間をつくりながら配置し、その上にずらしてヴォリュームを重ねることで屋上の余剰空間をつくって、それを塔として積み上げました。それから、蟲の塔を中心として屋上緑化を行うことで都市に虫が戻ってきて、塔の機能として新しい住処をどんどん挿入していき、生態系の変化を建築から人に認識させていく機能を持たせました。

手塚　面白いけど、虫は必ずしも好きな虫ばかり集まらないよね？例えば、都市ではカブトムシじゃなくて、ゴキブリがいっぱい集まったりするかもしれない。どうやったら君の好きな虫だけが集まるの？

鮫島　ああ、そうですね。集め方なんですけど…。

手塚　放っておいてもカブトムシばかりは育たないよ。

鮫島　一年間、論文で虫と都市開発というのをやって、そこで屋上緑化にどのような虫がいるのかをポートフォリオの中で調べました。その特徴に合わせて屋上緑化を行います。

手塚　屋上緑化でカブトムシが来るの？

鮫島　いえ、これは僕の最後の夢です。ここまでは僕が調査したところですね。この先はどのような都市に、虫と都市との可能性があるかというのはわからないので。

手塚　クワガタでもカブトムシでも好きな人がいっぱいあるみたいにね。でも、すごいねこれ。人によって好き嫌いがあるだろうね(笑)。

Finalist
8選
Design Review 2018 Finalist

Exhibitor ID_43

吉川 新之佑 よしかわ しんのすけ

慶應義塾大学 環境情報学部環境情報学科 4年

Questionnaire
1. Illustrator, PhotoShop, Rhinoceros 2. 8万 3. 半年 4. 特になし 5. インド・ラダック地方にあるレー王宮とその周りの建築群 6. たまたま履修した授業が設計スタジオだったから 7. 特になし 8. 時間にルーズ 9. 春雨スープ

Title
家具と建築のあいだ

Concept

ある強い機能を伴った家具に対して、私たちは行為を選択できない。逆にユニバーサルスペースのような強い機能を伴わない建築に対しても、機能の縛りが無く、取りつく島がないので結果的に行為を生み出しにくい。明示的な機能を持つ家具から寸法のみを抽出・Box化し、そこから建築を構築することで事後的に様々な使い方を発見できるようなきっかけに満ちた空間をつくる。また発見された行為を次段階の設計プロセスへと応用するため、再度行為↔寸法の変換を行う。入力と出力を同じ型にすることで、デザインのフィードバックループを狙いたい。

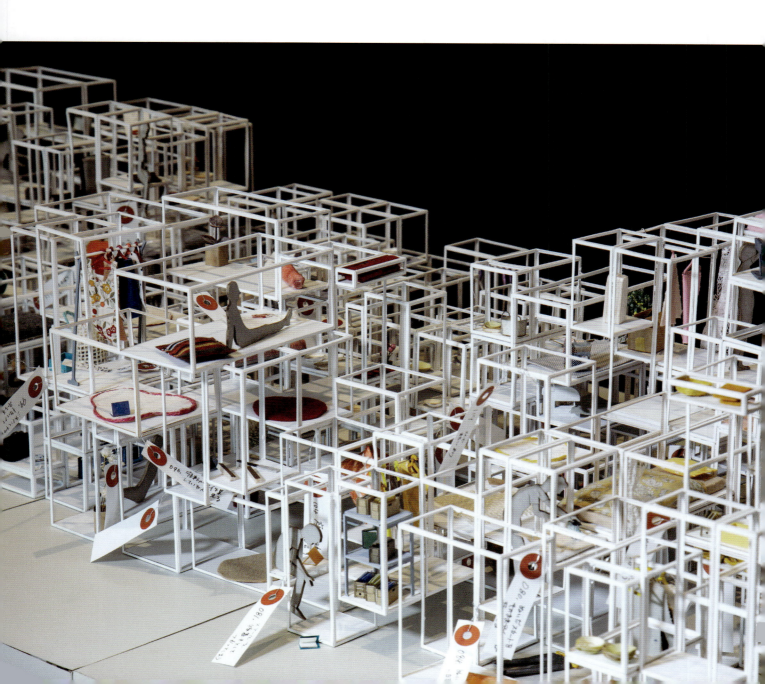

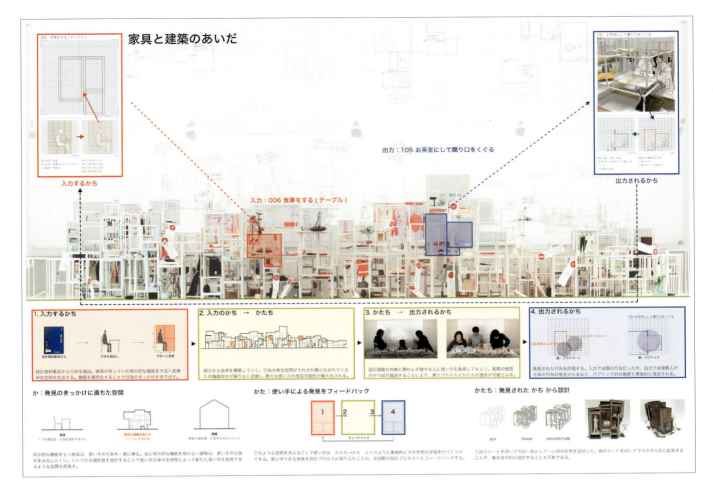

家具と建築のあいだ

Presentation

「家具と建築のあいだ」という一意に用途を決定せず、事後的に様々な使い方を発見できるようなきっかけに満ちた空間をまず構築します。さらにそこから発見された行為を評価することで次の設計へとフィードバックし、使い手である他者を結果的に設計プロセスへ取り込むという提案です。問題提起です。本来のデザインはある要求を事前に想定し、それを満たすようなかたちを設計します。しかしこの場合、かたちには強い明示的な機能を伴うため、使用者の行為を縛り使い方を一意に決定してしまいます。また、逆にどのような要求も満たすように設計された建築は機能の縛りがありません。しかし、縛りがなさすぎても取り付く島がなく、結果的に人間の多様な行為を生み出しにくいのではないでしょうか。1つの選択肢でもなく無数の選択肢でもない、いくつかの選択肢を与えることで、価値の発見のきっかけに満ちた「家具と建築のあいだ」という空間を構築します。さらに、今回このような空間を用いることで、使い手が発見プロセスに参加することができ、自分の思いもよらなかった行為や使われ方が見つかりました。この使い手の発見によって出力される価値は、次の段階の設計へとフィードバックすることで、結果的に様々な発見自体を設計プロセスへと取り込むことを試みます。各設計プロセスについて、入力する価値の段階です。フィードバックループの第一世代の入力として、まずは平均的な身体による様々な行為が掲載されている設計資料集成から行為を抽出します。「食事をする」と「工作をする」という行為を2つ例に挙げながら順番に説明します。まず初めに、家具から寸法を抽出します。そして、行為に必要なゆとり寸法を設けます。このように、家具とそれに対応する行為を寸法へと変換しました。そうすることで、家具の持っていた明示的な機能が暗示化され、行為の発見のきっかけとなるのではないでしょうか。入力のシートでは、行為を寸法へと変換し単位空間化するという一連の過程がまとめられています。計70の生活行為を抽出し、個人の行為を満たす単位空間を列挙しました。入力する価値からかたちの段階です。入力のシートを用いて行為の単位空間から全体のかたちを構築します。単位空間自体がそれぞれ極小化されているため機能同士が限りなく近接し、「〜して〜する」といった新たな使い方の発見の可能性が最大化されることを狙います。かたちから出力される価値の段階です。この空間を用いて様々な人から使い方を発見してもらいます。設計経験の有無に関わらず様々な人に使い方を発見してもらうために、今回発見のワークショップというものを行いました。実際のかたちの中で試行錯誤することにより、素人でも容易に自らが持っている要求と、かたちのマッチングが可能となるのではないでしょうか。それぞれが発見した行為の特徴を表すパースです。出力される価値の段階です。発見された行為に対して、評価を行います。抽出された接続関係が新たに発見された行為にどのようなきっかけを与えていったかを評価することで、寸法を行為へと変換します。発見されたものの例を1つ挙げます。ここでは入力の011にある「あぐらをかく」という行為と、038の「整理ダンスに収納する」という行為のボックスが接続することにより、新たにお茶室にして「躙り口をくぐる」という行為が発見されました。隣接するボックスによって躙り口的な開口と小さな段差が生まれることで、茶室というより特化された機能を持つようになりました。事前に入力されたものは「個・プライベート」な行為であったのに対し、右側の事後的に発見されたものからは「群・パブリック」的な人数が複数人の行為や、更には余白的な空間も発見されます。このように「家具と建築のあいだ」という空間において、使い手が自由に価値の発見を行いました。さらにそれらを評価することで発見された行為を次の段階の設計プロセスへとフィードバックします。今回一例として、出力された価値を用いて、一人が住むことのできる住宅を設計しました。それぞれの単位空間のボックスに軸組を配し、それらに外皮や開口を設けることで建築としての空間化を行います。これが今回空間化したものです。一例として個人使用の住宅ですが、他のシートを用いて他の設計者がフラクタル状に拡張することも可能です。このように、「家具と建築のあいだ」という空間を用いることで、使い手が試行錯誤しながら使い方を発見し、更にその知見自体をシート化することによって設計プロセスに取り込む。そうすることで、作り手と使い手が滑らかにつながるようなシステムをつくることを目指します。

Poster Session _ Masao Yahagi

吉川 家具と建築の間という空間を用いて、使い手をその発見プロセスに用いることによって結果的に設計プロセスに使い手を組み込むという、設計プロセス論の提案をします。まず始めに発見のきっかけに満ちた空間というものを…。

矢作 神奈川でも仙台でも見ているんだよね。せんだいデザインリーグでも出していたでしょ?だからもう質問でいい?家具スケールで建築をつくろうとしている訳でしょ?

吉川 そういう訳ではないです。

矢作 あ、そうなんだ、ごめんね。じゃあちゃんと聞こう。

吉川 これは「設計資料集成」から取ってきた個人単位の…。

矢作 人体寸法の作業のそういうのを拡張させたり組み合わせることで建築化していく…?

吉川 拡張はしていないです。

矢作 拡張というか増殖?

吉川 そうですね。しかも、これは設計のプロセスのスタディの段階でこの形を用いて、実際に30人とか友達とかを呼んで自由に発見をしてもらって、僕が発見できなかったようなこういう価値というものを、この入力と同じ形にすることによってフィードバックさせて、そしてさらに今回入出力のシートを用いて一例としてこの一人用の住宅というものを僕が設計しました。

矢作 方法論の提案なわけ?

吉川 そうです。そのため、他のシートを用いて別の人がフラクタルに拡張して集合住宅的につくることも出来るかもしれないので、これは集合住宅ではなくて、その形を発見する試行錯誤の痕跡になっているんですね。だから、このタグというのは参加者に自由に書いてもらったもので、この図面というものも参加者の人に自由に書いてもらったものです。そして、この建築が自分の設計したものです。

矢作 僕は誤解していたかもしれないね。じゃあ今書いているもの、これは資料集成の資料でそれは最低寸法がこれくらいになりますよ、そして実際に行為をしますってなった時に、こういう寸法体系になりますよというのをつくっていって、それをいろいろな人が組み合わせていくとそれが出力と言っているのが一つの建築になりますよっていうことね。これがつくりたいっていうよりは、この仕組みをつくることによっていろいろな空間、行為が連続されるというか、建築が出来るというか、機能も住宅だけとは限らずいろいろな空間をつくるシステムになっていくんじゃないかっていう提案ね。

吉川 そうですね。第一世代の設計資料集成から抽出したものなので、やっぱり設計資料集成って賄いきれていない部分があって、平均的身体しか列挙されていないので。でもこっちで発見されるものって、こっちは1人だけだったものがこっちは1人だけの使い方ではなくて、自己的なパブリック的な3人の主体的な発見であって…。

矢作 こっちは3人だったよね。

吉川 そうですね、複数人ですね。そうすると抽出されたものから空間化されるときに各個人が発見されたものを用いてつくれるので、ここには2人の使い方もあれば別の使い方をする発見の資料から抽出したものがこの中にあるということです。

矢作 でも、見ると1人の空間に見えちゃうよね?

吉川 これは1人用なんです。

矢作 単純にさ、4人家族で住むってなったときって4人で何かするってこともあるじゃん。そのことはこの中で出来るの?例えば家族でご飯を食べたりってなったときにそういう空間があるの?

吉川 発見された空間としてはありますね。

矢作 発見しないといけないんだ。

吉川 そうですね。あらかじめ設計していなくて…。

矢作 だから、用意してないけど発見してねってこと?

吉川 そうですね。だから僕じゃなくて、実際に子持ちの4人家族の親とかだったら、そういう発見が出来るかもしれないということです。

矢作 ありがとう。

Poster Session _ Chie Konno

吉川 家具と建築の間という提案で、やりたいことは発見に満ちた空間をつくりたいということと、そこで発見された使い手の様々な価値観だったり、発見というものをさらにフィードバックして、次の段階の設計プロセスに応用したいということです。ここで、一回書いたものを設計プロセスとしてお話したいんですけど、まず「設計資料集成」から行為を抽出して、家具が持っていた明示的な機能を全部寸法へと変換して、このような単位空間をつくります。その部分から全体を構築していく中で、行為の単位空間というものがそれぞれのゆとり空間があるものに極小化されているため、機能同士が限りなく近接して新たな使い方の発見、可能性が最大化されている。そこが重要で、その設計プロセスの中で設計権限の有無に関わらず様々な人に使い方を発見してもらう試行錯誤の空間なんですけど、実際の模型として形がある中で、どういう風に使えるかというのを評価できる。そのため、30人ぐらいの人に参加してもらって、僕だけじゃなくていろいろなものを発見してもらおうと。さらに、それを評価することによって初めはこういう風に個のプライベートの組み合わせだったものが、全体としてまとまって、群、パブリックの機能として出てくる。そこでフィードバックされて、ここで発見された価値のシートを用いて実際に空間化したものがこれです。

金野 あなたの言っているこの評価とか、価値っていうのはどういう風に計っているんですか?

吉川 この中で言う価値というものは、行われる行為とそれに対応する寸法と、それをさらに寸法に解体することによってもう一度こっちでやっていたように行為から寸法になっていたので、価値は行為になります。

金野 あるなしということですか?

吉川 あるなしというのはどれのあるなしになりますか?

金野 行為があれば価値になるということ?

吉川 ないということも価値なんですよ。つまりここで計られていなかった価値というものは、例えば071番ではあったけれども、もしかしたら別の使い手の人にとってはここは発見されないかもしれないし、ここにはタグは付けられていないけれども、別の人からしてみると、発見されているかもしれないとなるので、別にここで発見されたものがすべての価値ではなくて、この形から想起されるものはそれぞれの人によって違うので、ない部分が価値のある部分ということではないです。

金野 いや、評価すること自体はその人にとってあるかないかってことだよね。例えばこれが、豊かか豊かじゃないかっていう議論はしていないじゃない。そういう意味での評価と違うので、そこをしっかり定義しないとこの方法論についていけないんです。どういう認識で評価という言葉を使っているのかな?

吉川 評価と言ったときに人間離れしてしまった感じではなくて、そこの抽出したプロセスと同じように次の設計段階で使いたいから、ここの行為のきっかけとなった寸法だったり空間構成だったり、そういうものを調べるために…。

金野 分析している。

吉川 はい、それを評価と呼んでいます。

金野 それを評価というのね。君の定義した評価ね。

吉川 そうです。ありがとうございます。

Poster Session _ Masaya Chiba

吉川　「家具と建築の間」という設計プロセスの提案をします。まず1つ大事なこととして、発見のきっかけに満ちた空間というものを構築します。家具と建築の間ということで、ここを目指したいのですが、家具というのは明示的な機能を持っていて使い手の行為を縛ってしまいます。逆にいろいろな行為をするための明示的な機能を持たない建築というものは、使い手の行為を無数の選択肢があるゆえに生み出しにくいということになっています。そのため、この間としていくつかの選択肢を人間化したものとして家具と建築の間というものを作ります。次の段階ですが、使い手による発見というものをフィードバックしたくてこのような空間が家具と建築の間という空間なんですけど、ここで使い手は実際に発見の試行錯誤をして、自己的にその空間の評価を行います。さらにその使い手の発見をこのようにシート化することによって、次の段階の設計プロセスへとフィードバックしたいと考えています。ではこの具体的な方法についてお話します。ここの入力の部分なんですけど、「設計資料集成」という建築の様々な行為が載っている本から行為を抽出してきて、その家具であったりそのゆとり寸法であったりという明示的な機能を持ったものを全て寸法へと変化させます。そこからこのように単位空間をつくっていって、それを組み合わせることによってこのスタディの空間をつくり出します。これらは行為の単位空間がそれぞれ極小化されているため、機能同士が限りなく近接して「何々して何々する」といった新たな使い方の発見の可能性が最大化されていくことになっています。さらにこの中で試行錯誤として僕の友達30人くらいが、全然建築も設計も携わっていないような素人なのですが、そういう人たちに使い方を発見してもらって、このようなタグをつけてもらいます。

千葉　常に何かしないといけない感じがするよね、これ。

吉川　そうですね。ただこれが集合住宅ではなくて、その中での個々の発見として見つかったものをここのシートにやって、今回その形としてこのシートを用いて僕は1つの住宅を設計したということになっていて、これがスタディでこれが最終的な建築の形になっています。下のベッドの置いてある空間から見た右上の空いた部分が、上の空間の足をつっこむ部分になっていて、この足をつっこむ所の空間を下に…。

千葉　あー、そこが空いているんですね。

吉川　そういうことで、同じボックスだけど、その全ての機能が「ああ使えるこう使える」という別の機能が重なり合っています。

千葉　右側の建築の方のただポカンとしているだけの空間というのは、もうないということになるの？常に何らかの半端な機能体みたいなものが隣接し続ける状態になるということ？

吉川　僕がこの中で想定しているのが、1980年代くらいにユニバーサルスペースとして1つの大きな空間で可動家具とかを用いていろいろな機能をつくって人々の要求を満たせるようにした空間というものが、結局はその世界中に同じようなビルが建ってしまって均質空間となってしまった現状があるので、その部分を僕は無数の選択肢があるがゆえに逆に行為を生み出しにくいと読み取って、そこでいくつかの選択肢を…。

千葉　分かりました。ありがとう。

Poster Session _ Toshiyuki Tanaka

吉川　家具と建築の間という提案をします。これは設計プロセス論の提案です。

田中　何プロセスって言ったの？

吉川　設計プロセスですね。家具と建築という空間を使って設計経験の有無に関わらず、様々な人に使い方を発見してもらって、その発見を用いてこのようにひとつの住宅をつくるという一連のプロジェクトを提案します。まず初めに家具と建築の間という名前についてなんですけど、明示的な機能を持つ家具は使い手の行為を一意に縛るためこっちの極にあって、逆に明示的な機能を持たない建築というのは使い手の行為を縛らないで生み出しにくい。その間として家具と建築の間で行為にいくつかの選択肢を用意してあげるということを考えます。ここで初めに入力するものなんですけど「設計資料集成」から行為を抽出して、家具が持っていた明示的な機能から寸法へと変換してそれを単位空間化して、その機能を暗示化します。この入力からこのように1つ1つ部分から全体を構築していくのですが、行為の単位空間がそれぞれ極小化されているため機能同士がすごく近くなって、新たな使い方を発見する可能性が最大化することです。さらに設計経験の有無に関わらず、様々な使い方を発見してもらって、このようにタグとか図面を書いてもらって、その中で試行錯誤することによって、素人でも新しい価値の発見ができる。そして、この中で発見された行為を次にこのシートのように評価していくんですけど、この部分ではプライベートの一人単位の発見しかなかったのですが、出力の方では複数人が主体の行為も発見されるなど、新しいパブリックな空間が自己的に発見される。このように使い手による発見をフィードバックしていって、その入出力のシートを用いて今回一人が住めるような個人の住宅を設計したということになります。具体的には、この下から見える寝室の右側にある穴の空いた空間は、上の机にある足をつっこむところがその本棚を置くという空間になっていて、同じボックスになっているのですが、機能が重なり合って別の使い方ができるということになっています。ここで発見されたこたつとして複数人で座るという行為もここに入っていて、さらにここでは内々の関係、接続を考えていたんですけど、機能ごとに、例えば収納するであれば開口を開けられないとか、機能によって開口を開ける、開けないということが決まってくると思うので、それも、建築として空間化するとこのような使い方ができるのではないかと考えています。ありがとうございました。

Poster Session _ Takaharu Tezuka

吉川　今回、家具と建築の間という設計プロセス論の提案を行います。この中で建築設計経験の有無に関わらず、様々な人に使い方を発見してもらって、その発見されたシートを用いてアウトプットとしての一人用の住宅をつくるというのが今回の提案となっています。家具と建築の間という言葉なんですけど、明示的な機能を持つ家具は使い手の行為を縛っています。逆に、明示的な機能を持たないような様々な欲求を満たす建築は、使い手の行為を生み出しにくいと考えて、その間としての、建築と家具の間を考えています。その設計プロセスを1つお伝えすると、このように1、2、3、4番というように4つのフェイズに分かれていまして、1番に入力する価値はボトムラインとしての「設計資料集成」から行為を抽出しました。家具が持っていた、明示的な機能も寸法へと変化して、このようにシートをつくります。このシートを組み合わせて、部分から全体を構築していくのですが、行為の単位空間自体がそれぞれ極少化されているため、機能同士の隣接が限りなく近くなり、新たな使い方の発展可能性が最大化されるのではないかと思いました。さらにここから設計経験の有無に関わらず様々な人に、ワークショップとしての形式で使い方を発見してもらいました。素人でも、価値と形のマッチングをこの中で試行錯誤することが出来ます。さらに、発見された行為をこのシートにおいて評価します。入力ではこのプライベートとして、一人だけの行為だったのですが、出力では複数人が主体の行為が発見されるなど、パブリック的な要素もここから出力されます。さらにこのように空間を与えることで、空間の評価を行うことができるので、使い手である他者を設計プロセスに取り込んで、その次の段階の設計プロセスへとフィードバックすることを狙います。そして、このシートを使ってこの空間をつくりました。具体的には、こういうところは二人で使うこたつの空間になっていたりだとか、この下のベッド空間からは、その上の部分の棚として本を置く空間を意識してつくりました。以上が設計プロセスの提案になります。

手塚　これさ、僕はすごく面白いと思うんだけど、ちょっと気になるのは小さいことによって、普通の家にはない何か出来事が起きるよね。何ができるの？何が面白いんだっていうのを聞かせてほしい。資料集成じゃなくて。

吉川　資料集成が面白いのではなくて、この限りなく行為のできる空間が小さくなっているので、いわゆる、「何々をする」という足し算的な空間もできるし、それだけでなく、新たに接続したことによって別の使い方ができます。

手塚　話し方が下手だな。面白いんだけどね。

Prize Winner 矢作賞

Design Review 2018 Prize Winner

Exhibitor ID_35

稲富 凪海 いなとみ なぎ

麻生建築&デザイン専門学校
建築士専攻科愛知産業大学併修コース 4年

Questionnaire
1. Illustrator, Photoshop, ARCHICAD 2. 8万 3. 半年 4. カッターの刃をこまめに折る 5. 建築家・西田司／好きな建物・21_21designsight 6. 幼い頃から建物が好きだったことがきっかけ。 7. 旅先での楽しみが増えた。観光だけでなく建物巡りなど。 8. 出費が多い 9. おにぎりと味噌汁

Title
こどもの声とまちの音色 ― 保育園とまちづくり ―

Concept
近年よく耳にする保育園と近隣とのトラブルのニュース。保育園と地域がうまく打ち解けあえず、保育園は内に内に閉ざして、地域との間に見えない壁を作っている。この壁を取り払うことはできないだろうか。こどもの声が聞こえる、まちに開かれた保育園を作る。保育園をまちの機能で囲み、まちの中心として人が集まる場所を作る。保育園の敷地とまちの境界を曖昧にさせることで、大人が保育園やこどもを目にする機会を増やし、保育園とまちの見えない壁を無くす。こどもと大人、共に、音・姿で互いを感じ、こどもの声、賑わいの姿を通して、まちの色を明るく描く。

Poster Session _ Masao Yahagi

稲富 私は、自分が育った保育園を舞台に、街と地域が関わりを持つ保育園を計画しました。ここから近いところが敷地なんですけど、前面道路が丁度改修工事をしていまして、立ち退きになっている店舗がすごく多くあるんですね。そのなくなってしまった店舗を再集結させて、保育園と一緒に掛け合わせることで、街に彩りであったり賑わいを持たせるようなことができないかと思って計画しています。

矢作 これが店舗？

稲富 はい、そうです。緑が店舗で、黄色が保育園。

矢作 それは道路拡張で立ち退いた店舗たちね？

稲富 はい、そうです。黄色が小学生とか学生、青がここを利用するお客さんたち、緑がここの施設の関係者で、ピンクが保育園の園児を表しています。緑のこの商店と商店の間にテラスを設けて、ここが保育室です。

矢作 これは実際に屋根が緑ってことじゃないでしょ？

稲富 ではないです。

矢作 ダイアグラム的にやっているだけね？

稲富 はい、そうです。保育室と保育室に面してテラスを設けて、こことここをお客さん同士で行き来ができたり、中を通って突き抜けたりすることで、ここでお客さん同士が会話しているのを見て、子どもたちが新しい言葉を覚えたり、ワクワクすることを見つけたりします。

矢作 元々これは敷地に高低差があるの？

稲富 そうです。元々窪地になっているところで、2階レベルからのアクセスをメインにしています。子どもたちは中から覗いたり、保育園の中も小さいところから覗けるようになっているので、子どもたちの姿が見えることが大人の世界でも当たり前になって、子どもたちの声が聞こえたり、子どもは大人の会話が聞こえるのが当たり前になることで、保育園の見えない壁というのがなくなる。今、騒音とかの問題が取り上げられていますが、そういうのがなくなるんじゃないかと思います。

矢作 外側に店舗配置して、音が漏れにくいようにしているってこと？

稲富 それもありますけど、賑わいのあるものを持たせています。

矢作 ああ、かき消しちゃう訳じゃないけど、商店の賑わいで包んじゃうわけね？子どもの声をね。

稲富 そうですね、はい。でも、そこで発信する場所をつくって、街全体にその賑わいが広がっていけば、子どもたちが遊んでいてもうるさいとか言われることもなくなるのではないかと思って。

矢作 その発想はすごくいいよね。

稲富 ありがとうございます。私はこの保育園で育ったんですけど、今実際に建っている園舎がとても暗くて、閉ざされている感じがすごくありました。私の小さな頃の記憶なんですけど、それがとても怖いイメージがあったので、保育園はもっと明るくあるべきじゃないのかっていうのがありました。

矢作 すごくいいんだけど、もうちょっとインパクトが欲しいよね。もう一味欲しい感じだよね。すごく上手に解けているけど、何かとても魅力的だというところがプレゼンからは読み取れない。だけど、覗くと建築的にはすごく面白い空間がいっぱいできているから、プレゼンの問題なのかもしれないね。すごい考え方はしっかりしているし、説得力があると思いますよ。

金野賞

Prize Winner

Exhibitor ID_37

越智 誠 おち まこと

神戸大学 工学部建築学科 4年

Questionnaire
1. Illustrator, Photoshop, Rhinoceros, SAI 2. 15万 3. 4か月 4. 膜を表現するために「サンライン」というメッシュシートを使用しています。 5. SANAA/Snøhetta ルーブル・ランス/オスロオペラハウス 6. 絵を描くことと、総合的に物事を考えることが得意だったからです。 7. 自分の考えたことを作品を通して他人に伝えられること。 8. 運送費かかりすぎ問題。 9. チョコとポテチ。

Title

ぶどう荘

Concept

ニュータウン開発により街から取り残されたぶどう園。高齢化による閉園は、地域のアイデンティティの喪失である。一方、ニュータウンの「一家族」=「一住宅」という式は崩壊し、家族は血縁に留まらない緩やかで複数化した関係性へ変化していく。テクノロジーの発達により仕事形態や農業が激変していく中で、かつての生活システムであった「ぶどう」を介して人々が繋がる、新しい家族・ライフスタイルを許容する集住体を提案する。

Poster Session _ Chie Konno

越智 この計画物のある敷地は奈良県にあるニュータウンなんですけど、ニュータウンの中に元々葡萄畑というのがあって、それが閉園して新たに宅地開発が進められています。そこで、かつての1家族イコール1住戸というものが崩壊されている中で、在宅勤務などが進行していって、また居住空間の充実や他者との交流が必要になる中で、新しく集まって住む可能性を提案しようと思いました。ここに住む人に合わせた4つの居住タイプがありまして、それぞれ異なるライフスタイルの人たちが、この幕の下に生食用のブドウが栽培されているんですけど、それをコミュニケーションツールとして、栽培や収穫を通して交流を図っていくという、異なる4つの居住タイプをこの大きな幕が覆っているという構成になっています。朝起きて、水をやって、この軒下空間でSOHOをして、パソコン片手に仕事をしながら、お昼になったらブドウを育てたり、他人と交流して食堂に行ったりといった、そういうライフスタイルを提案しています。

金野 この幕は日光は通すの？

越智 はい、半透明ですね。元々ここにあった葡萄畑というのが幕で、ずっと雨避けで覆われているような感じで、幕がこうずっと続いているような既存のものがあるので、それを参考に風の通りや熱の通りを考慮して、こういったカテナリー状にワイヤーを釣って、アンカーで通して、広い幕屋根の大きな軒下空間をつくろうとしています。

金野 この幕屋根に覆われた部分はすべて住宅？

越智 そうです。

金野 これはチャーミングで特徴にはなっていると思うけど、なぜ上まで幕をやる必要があったのだろう？

越智 構造的に上から釣った方が広いスパンが取れるというのと、ワイナリーが入居していまして、これはワイン用の物なんですけど、ワインセラーからの冷風と廃棄物を使ったバイオ発電の廃熱を、上にこう通すことで、ここに温室空間ができるので、そういった環境的な意味合いもあってここの2つは閉じてウィンドレースのような形になっています。

金野 でもずっと建築中の仮囲い的な空間にいるような雰囲気になりそうなのだけど、内部の住環境としては本当にいいのかという点についてはどうですか？

越智 ETFE膜でつくって、半屋外空間というのはそれでうまくいっている事例もあるので、こういったバッファーゾーンみたいなものをつくりたかったというのが僕の一番やりたかったことです。

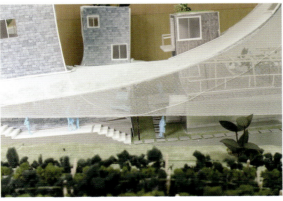

田中賞

Prize Winner

Exhibitor ID_44

林田 大晟 はやしだ たいせい
佐賀大学 理工学部都市工学科 4年

Questionnaire
1. Illustrator, Photoshop, Vectorworks, 愉快な工具たち 2. 原寸大模型：26,400円（税込み）, その他：20,000円 3. 構想：4ヵ月、制作：1ヵ月 4. 俺は大工だと言い張る 5. 隈研吾 6. 小学生の頃、祖母に折り紙を教わり、ものづくりの面白さに気付いたこと 7. 何でも作れるようになった 8. みんなの話を流すスキルが上達した 9. きつねうどん

Title
Folding Shelter

Concept

移動可能なセルフビルド建築の提案です。近年、フラリーマンのような一人で街をさまよう人がいるように、個人の空間を必要としている人が多くいます。そこでそのような人たちのための個人の空間を自ら作り、持ち出すことのできる建築をつくります。このような移動可能なセルフビルド建築は、社会から一時的に避難のできる個人の居場所となり、災害時にも活躍するシェルターとなります。

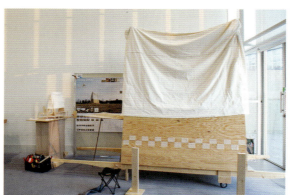

Poster Session _ Toshiyuki Tanaka

林田 私は小さな空間を自らつくって持ち運ぼうというのをやっています。なぜこういうのをやったのかというと、今フラリーマンっていう仕事終わりに嫁さんが怖いからといって、帰らずに夜の街を徘徊しているサラリーマンだとか、便所飯といって便所でご飯を食べる人がいるという問題があります。私は今回folding shelterと名付けているんですけど、このシェルターっていうのは物理的に雨風からしのぐとかじゃなくて、他にも情報だとか社会といったものから人を守る必要があると思ってfolding shelterと名付けました。折り畳める避難所という意味です。このシェルターは移動が可能になっていまして、このように引っ張ったり軽トラックで運んだり、分解することも出来るというシステムになっています。これは小さな日常空間になっていて、本当は実際に中に入ってもらいたいんですけど、覗いていただいてもいいですか？このような日常空間になっていまして、本当に個人のある種のアイデンティティを守る場所になっています。このディテールの部分とかも可変性をつくるために、和紙蝶番という360°回転するものとか、この部分に木工蝶番という伝統工芸を使っているんですけど、こうやって完全に無垢で作ることによって中に温かみのある空間がつくり出せるのではないか、という風にしています。今回このように自分でセルフビルドしまして、3週間で2万6400円でつくったのですが、今の社会において何でもコンピュータでつくれるという中で、あえて自分でつくるというのが大事なのかなと思って今回こういうことをやりました。

田中 これは置く場所とかいろいろ問題は無いのかな？

林田 置く場所について自分が思っているのは、なぜ置く場所が問題だと考える必要があるのかということです。地球って広いじゃないですか。

田中 どこだっていいよな。

林田 どこだっていいはずなんですけど、それが限られてしまっている。こういうものをどんどんつくっていくことによって、もっとその場所に対する柔軟さを引き出す必要があるんじゃないかなと思っています。

田中 でもさ、余計な話だけど、海の側に行って遊んでいるとここは俺の土地だから5000円くれとかいうオヤジがうろうろ出てくるよね。今はこの写真一枚しかないけど、いろいろなところに移動してみたうえでの人の流れとか、賑わいとか住み心地とか、そういうものの体験性はないの？

林田 僕は今回デイキャンプを佐賀の方でしました。夜寝るというのはやっていないんですけど、やはりこれは未完成の部分があって、もちろん断熱性などは全くありません。だけど、これは自分でつくったものだからこそ今後どんどん発展させられる、常に更新し続けられるというところが売りなので、どんどん使っていく中でこういうものが欲しいなと思ったらすぐに取り入れることができます。

田中 もう少し違った環境に依存させた結果として、こういうものがいくつか並んでいたら相当いいものだったと思って。なんだ一個で終わりか、みたいな。ただ、そこの土地がどう使われたらとか、「駐車場に勝手に置くなよ」と言われたりとかいろいろあるだろうけど、そういうことに耐えながら、そう言ってくるおっさんを説得しながらタイプの違う起き方、その場所によって方向性が違えば光が入るとかね。せっかくこれをつくったんだから、トラックを自分で運転してあっちこっち行ったらもっと面白いものになる。そこから自分を発見できるものがあったんじゃないかと思うんだよね。そもそもこのディテールの方に先に行っちゃったっていうのがね。それよりも移動する方が先だったんじゃないか、そこからまずはこういうディテールの構造というか機能みたいなものが発見できたかもしれないし…という意見です。

JIA賞 Prize Winner

Exhibitor ID_04

井藁 大希
いわら たいき
九州工業大学 工学部建設社会工学科 4年

Questionnaire
1. Illustrator, Photoshop 2. 5万 3. 1か月
4. 模型でアクティビティが見えるようにした。
5. 谷口吉生 6. 身近に建築を感じたから
7. 忍耐力がついた 8. ずっといる 9. おむすび

Title
男木さんの一生 ─火葬から華葬へ─

Concept

男木島における火葬場を設計する。男木島の空気や景色を感じながら故人が親しい人々に見送られ、参列者が故人との思い出を語り合い、故人の死を優しく受け入れることができる場。火葬の時以外もハレとケの場として島民が利用する空間を提案することで、火葬までの流れの中で集落や瀬戸内海を望み、行事や日常で使っていたものや気配といった男木島での賑わいに包まれ、島外で無機質に行われていた火葬に彩りを与え、島民に愛され誇りとなる場となる。そこで男木島の火葬は華葬と変化する。

Poster Session _ Masao Yahagi

井藁 今回僕が設計したのは香川県高松市の瀬戸内海に浮かぶ男木島という小さな島で、人口160人あまりで島民同士が大きな家族とか親戚というように捉えています。そのような男木島で育った人は様々な男木島独特の思い出があります。例えば「コウリョク」と呼ばれる文化があって、困った時はみんなが自然に手伝うというもので、みんなで瓦葺きを直したり様々なイベントごとも起こっています。

矢作 ここ出身なの？

井藁 ここではないんですけど、香川県高松市です。実際ここを訪れたときに、おじいちゃんに話を聞くと「わしはこの島に生まれてすごく嬉しい。誇りじゃ。」と言っていました。しかしそんな誇りを持って過ごしてきたのに、火葬は実際島では行われておらず高松で行われています。

矢作 最期の死ぬ場所がここじゃないってことね。

井藁 そうなんです。僕はそこに違和感を持って男木島における新しい火葬場を提案させていただきます。男木島ってすごい人が少なくて近いので、日頃のコミュニティの場として使っていいんじゃないかということで、火葬場を建ててもそこが使われてなかったら島の外でやるのと一緒だなと思ったので使うようにもしています。

矢作 宴会の場所みたいになってるんだっけ？予選でこの作品を見たときに、別に死は悲しいことだけじゃなくて、そういう送り出すある種のお祝いみたいなそんなことが書いてあったような気がしたんだけど。

井藁 書いてますね。使うことでここに使ったという思い出が残るんですね。ここが炉室なんですけど、上るときに「ああ、おばあちゃん盆踊り上手やったな」とか「おじいちゃんと一緒にご飯食べた」とか…。

矢作 棺はここにみんな担いで上っていくわけね？

井藁 はい。この景色のまま集落を見て、今まで見守ってくれた瀬戸内海を見ながら最期を迎える。手法としてはこの一番上が火葬のシーンなんですけど、白い布を貼っています。それは火葬の時だけ全体に貼られるんですけど、その理由としては男木島の伝統として、葬儀の時に故人が亡くなったら親族の方が白い布を巻いて貼るっていうのがあったんですよ。

矢作 そういうのがあるわけね。

井藁 はい。その伝統を今回はこの親しい建築が故人を包むというように転換しています。

矢作 普段はこれは遊び場みたいな感じ？

井藁 はい。それを紅白の布を張り出す形、どこまで張るかどこまで掛けないかを変えることで機能が…。

矢作 ハレとケの場みたいな感じでね。

井藁 同じ場所だけどそこが布によって変化するような提案にしています。

矢作 なるほどね。はい、わかりました。

JIA賞

Prize Winner

Design Review 2018 Prize Winner

Exhibitor ID_42

長家 徹 ながいえ とおる

九州産業大学 工学部建築学科 4年

Questionnaire
1. Illustrator, Photoshop, Jw-cad, SketchUp
2. 5万円程度 3. 4ヶ月程度 4. 同じものを反復して作るときは一つ型を作ること。 5. 藤森照信さん、前川國男邸 6. 自分で決めたのは覚えているが、何がきっかけだったか覚えていない。 7. 「建築」を知れたこと。 8. 提出前、突然起こる大判プリンターの自動クリーニングによる危機的状況。 9. ヨーグルトと野菜ジュース

Title
鳥の栖 ― 人と野鳥のアーケード ―

Concept

これは人と野鳥のためのアーケードの提案。人に対して屋根となり、野鳥に対して居場所・道導となる建築。「九州の陸路交通の要衝」である佐賀県鳥栖市は今もなお、発展途上の街であり開発が続く。その中で、街の中心から消えつつある「鳥の栖（すみか）」の風景。建物の高層化や緑地が減少している街の中心に「生態的回廊」としてこれを提案する。すると、多様な野鳥が緑を縫って街を飛び交う。その風景は多くのものを結びつける。

Poster Session _ Chie Konno

長家 今回のこの敷地は佐賀県鳥栖市ですが、鳥栖市というのは九州の陸路交通の要衝として知られていて、現在も人口が増え続けていて発展している街です。それと同時に街の建物の高層化であったりとか、工業団地が増加したりそれに伴う住宅団地の増加により、街の雰囲気がどんどん変わってきています。それと鳥栖市は鳥の住処というのが地名の由来なのですが、その風景が商業地域など、どんどん密になってきている街の中から消えていってしまっているんじゃないかと思い、自分はその風景を継承するために建築を提案します。商業地域の真ん中にある商店街に、人と野鳥のためにアーケードを提案していまして、それは野鳥にとっては…種類に依るんですけれども営巣する空間であったり、生態的にアイストップとなって飛び交って生態系をつなぐ、生態的繁栄になっているものの3タイプで提案しています。ここは山笠や夜市などイベントとかがよくある商店街で、野鳥と対等に見ることが出来る、登れるようになっていて、ここに野鳥をアイレベルで見られたりだとか、ある時は祭りのイベントのスタンドになったりという風になっています。

金野 鳥って生息する場所が鳥のサイズだとか習性によって違ったりするじゃないですか。そういうことは何か反映してあるんですか？

長家 はい、そうですね。営巣するということは燕の繁殖、四寸勾配の屋根だけで、それ以外の鳥たちについては営巣は基本的に考えていなくて、これは渡り、道しるべのために点在しています。中央公園という公園があって小川とかがつながっているのですが、建物が密集して高層化して埋もれていて、それをこの建物より少し出してあげる。この15mという高さが小鳥たちが飛ぶ上限の高さだったりして、この絶妙な高さでポコッと出ていたら、目印になって寄って行って、そしたらそれが小川につながったり公園につながったりしてという風に考えています。

金野 人のための内部空間のようなものはほとんど設計していないということですか？

長家 そうですね。人のためのアーケードと、野鳥のための塔によるアーケードの空間の変化というのと、佇む場所、歩道だけではなく動の空間の中に静の空間をバス停であったり、イベントのスタンドであったりという風に人のためにもなるようにしています。

金野 鳥の住まいに、人間がすこしスペースを借りている、という雰囲気が面白いですね。

Prize Winner

JIA賞

Exhibitor ID_64

矢加部 翔太 やかべ しょうた
熊本大学 工学部建築学科 4年

Questionnaire
1. Illustrator,Photoshop,Revit 2. 5万円 3. 2ヶ月 4. 伝えたいことに合わせて素材の質感を選ぶ 5. ピーター・ズントー プレゲンツ美術館 6. サッカー選手を諦めたから 7. サッカー選手を諦められたこと 8. 「ちょっと寝る」は6時間睡眠 9. 5つの味のはるさめスープ10食入

Title
129ページの空間

Concept
日常を切り取り、死んでしまうということを考え続ける写真家 川内倫子。本のページをめくる感覚を大切に作品をつくりあげる。本をめくる感覚とは、人によってフォーカスが揺らぐ、さまざまなものが等価な関係を持ちうるものであると考える。ノイズと作品が同居する媒体としての本。感情が動いたり、イメージが喚起されるページをめくるような感覚。本にしかできないニュートラルでオンデマンドな建築空間を模索する。

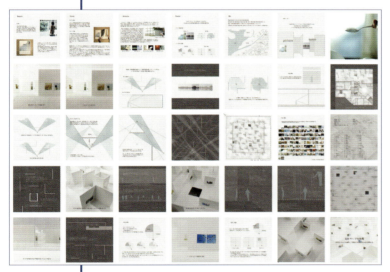

Poster Session _ Takaharu Tezuka

矢加部 私は本という媒体を最大限に生かしたメカニズムを持つ川内倫子さんという写真家の、作品と向き合う空間を建築空間において考えました。本をめくるような感覚というのは、めくりながらも時計を見たり、ふと足元の木目に目が行ったりというのがこの人の作品においてできるものであって、そういうものを建築の中で取り入れるために周辺の風景というのをノイズとして捉えて、それが壁を建てるという単純な行為で、視線、人間の視野をコントロールしながら、正方形に切り取れるように設計しています。それ以外のノイズというのがエレベーター周りだったり、階段の手すりや窓のフレームというのはディテールの処理で排除しています。めくる感覚としてはめくるたびに一度ずつ未知と既知が、フォーカスが人によって入れ替わるというものが必要だと思ったので、壁が動いていくことによってテクスチャの変化であったり、作品の有無とか床とヴォイドであったり、様々な対になるものが等価な存在になるような設計をしています。

手塚 言っていい?僕の提案としてはここから下を捨てて、この模型も捨ててさ、これだけ見せるとすごくいいと思うよ。ここの上はすごくいいんだけどさ、この下がめちゃくちゃいけてない。

矢加部 この下はできるだけ、それ以外のノイズを捉えて…。

手塚 そんなものなくていいじゃん。0からつくるんだから。これだけのほうがいいよ。これを片付けてさ、今から片付けたらどう?

矢加部 そうですね。片づけますね。

手塚 片づけた方がいいよ、悪いこと言わないから。これもこれもすごくいいもん。こういう軽い屋根があってさ、これが浮いていたらすごくいいじゃん。他の審査員が来る前に片づけちゃった方がいいよこれ。これだめだよねこれとこれ。だってこの下って単なるコンクリートの建物じゃん。

矢加部 そうですね。

手塚 これとこれはデリケートで軽くてすごくいいじゃん。下を捨てたら僕推してあげる(笑)。

矢加部 後で捨てます(笑)。

手塚 下を捨てたらすごくいいじゃない。これはいいよね。

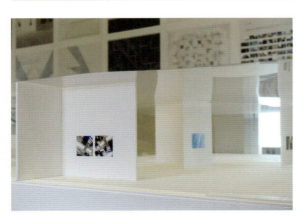

審査過程
Review process

ここ数年デザインレビューの予選審査に関わってきて、いくつか感じることがある。今年は一時期に比べると作品数が少なめだった。全国的に卒業設計関係のイベントがバブル化して、一時期は300以上の応募があったが、今度は数が増えすぎて分散化したようだ。

そもそもデザインレビューは卒計イベントではないし、少数の参加者で議論と交流を深めるのが目的だが、作品を見た印象だと、やはりほとんどが卒業設計だった気がする。しかもそれなりにレベルは高いものの、既知感のあるものが多い。どことなくステレオタイプ化している印象だ。卒計限定ではないし、会の目的からすれば、もっと自由な作品や提案が出てきてしかるべきだと思うが、残念ながらそういう意味で挑戦的なものは、あまり見られなかった。

実は最近の卒計イベントは、箱根駅伝化しているような気もしている。箱根駅伝は、関東学連の大会にもかかわらず、陸上競技では突出して長時間テレビ放映されるので、いきおいそこが最終目標となり、燃え尽きてしまう選手も多い。残念なことに、最近日本の長距離選手は、世界で全く活躍できていないが、その遠因の一つと言われたりもする。卒計イベントも、記録誌が出版されたり、テレビ放映されたりするので、そこが大きな目標になる。そのこと自体は悪くないのだが、そこで燃え尽きて次に挑戦する意欲ある人材が減ってしまうと問題である。建築家を始めとする、専門家の寿命は長距離選手よりは遙かに長い、問題意識と高い理念を持って挑戦し続ける人材が出てきてほしい。

九州大学　末廣香織

予選審査
Review comments

予選の審査員を引き受けてかれこれ5年が経ちました。昨年は本戦の司会も仰せつかり、それ以前の福岡デザインレビューや仙台のイベントも含めると、このようなイベントにエントリーしている過去5年くらいの卒業設計作品はほぼ見ているのではないかと思います。それぞれのテーマは、時代背景によるもの、地域の課題、私的な興味によるもの、モバイル・原寸系、過去の優秀作品の影響が感じられるものなど、あまりカテゴライズしたくはないですが、傾向は見て取れます。本人が認識しているか否かに関わらず、よくあるテーマについては当然ながら独自の視点・切り口・提案などがあるか、また、私的な興味を追求したものはどこかで共有できるようなストーリーや世界観があるのか、モバイル・原寸系は実際につくるというリアリティだけでなく、都市スケールに展開できる可能性があるのか、などを気にして見ています。

予選はA3一枚という限られたフォーマットですが、そこに込められた熱量のようなものは不思議と感じられるもので、抽象的な言い方になってしまいますが、それを一番重要視しています。選ばれた作品は完成度が高い作品から、荒削りだけれど会って話しを聞きたい作品まで様々でした。

矢作昌生建築設計事務所／九州産業大学　矢作昌生

予選審査では全国各地から数多くの作品が一堂に介します。会場内のプレゼンシートからは、学生たちの社会を見つめる批評的目線やそれに対する空間的創造力が溢れており、一つ一つの作品に向き合い選考するにはかなりのエネルギーを要しました。

建築とは何か、それは人の"願い"と言えます。私たちが生きる社会や、人の在り方の理想を形にしたものであるべきです。ここに集まった架空のプロジェクトとしての提案には、個々人の思い描く"願い"が結晶化されていることを求め、選考を行いました。

このような審査に参加するのは初めての経験でしたが、多くの創造的知性に「創遇」し、アドレナリンが噴出する刺激的な時間を過ごすことができました。惜しくも落選してしまった学生も、社会に対して問いを投げかけることをやめず、これからも建築というフィルターを通して、私たちが生きる社会の在り方、あるいは私たち自身の在り方について"願い"続けてもらいたいと思います。

福岡大学工学部建築学科 助教　四ヶ所 髙志

予選審査では評価の視点として、①デザインレビューが目的としている本戦での議論が行える論点があるか、②それを具体的なデザインで応えようとしているか、という眼鏡をかけて見るようにしています。惜しくも本戦に進めなかった人は自分の作品で何を議論してもらいたかったのか、そしてそれが建築やまちづくりのデザインと関係していたかどうか、今一度レビューしてみてください。

①があっても②がない、または②だけあって①がない、という作品も多々見られました。ただ、本戦に進出することができた作品であってもどちらかというと②の表現密度や出来栄えで評価されているものが多いと思います。本来ならば多少表現や完成度は荒削りでも着眼の良さや論点の鋭さと、それを何とか解決しようとする造形、デザインの模索が感じられるものに数多く出会いたいです。

熊本大学　田中智之

決勝選抜議論

Discussion on final selection

DR これから決勝選抜議論を行います。決勝選抜議論では、決勝プレゼンテーションに進むことができる8名を決定するため、クリティークによる投票を行います。クリティークの持ち票は一人15票で、1作品につき2票まで投票が可能です。投票はスクリーンに向かって左手にある作品一覧にシールを貼って行います。集計結果をもとに議論し、決勝進出者8名を決定します。クリティークから出展者に質問がある可能性もあるので必ず会場にいるようにしてください。それでは進行を谷口さん、よろしくお願いします。

谷口 皆さんこんにちは。いよいよですね、緊張の日がやって参りました。まず最初に投票をお願いしたいと思います。よろしくお願いいたします。出展者の皆さん、昨日もおっしゃっていましたけどここはレビューという場です。ここにシールを貼られるということは、もう一度あなたたちの話を聞いてみたいというクリティークの皆さんの意思の表れです。ただそれがシール1枚もしくは2枚に込められているだけです。ですから貼られた数が少なくても強い1枚であれば、それはもう一度聞いてみたいという話になりますよね。その辺のところはクリティークの皆さんから意見を出していただこうと思いますので、票の多い少ないが最終8組に直結しないということをあらかじめ頭においてください。

谷口 それでは投票結果を見てみましょう。6票、5票の5作品についてですが、27番「瞑想の砦」、43番「家具と建築のあいだ」までが5票以上入っています。もしこれら5票以上の作品の中で、これはないなというご意見をお持ちの方がいらっしゃいましたら、挙手をお願いします。

手塚 絶対票を入れたくない作品があるかってこと?そりゃひどい話だ(笑)。私は12番には入れなかったんだけど、別にこれはみんなが入れるだろうからいいかなと思ったからほっといただけで、別に異論はないです。いいんじゃないんですか。彼は頑張っているし。

谷口 そうですね。これで5作品ありますので、ちょっと枠が減ってしまうので。

金野 私も43番は入れていないと思いますが、他の票が集まっているようなので良いと思います。

谷口 58番「URBAN WEAVER」。「URBAN WEAVER」についてはどうでしょうか?4票の作品まで入れてしまいますか?残り枠が減ってしまいますが。

手塚 あの作品みたいに大規模にやっている人って他

作品ページ

ID 27 …	22p
ID 43 …	42p
ID 12 …	26p
ID 58 …	18p
ID 29 …	103p
ID 48 …	30p
ID 01 …	78p
ID 04 …	49p

にいないから、ネタとして残しておいた方がいいんじゃないかな。どうですか?ばらつきがあってもいいかなと。誰もスタジアムなんてこんな無謀なことしないけどね。オリンピックの時期にスタジアムやるなんて無謀ですよね。

谷口 私も問題作だと思いました(笑)。私は意見を言っちゃいけないんですけど(笑)。それでは、そこまで残して1票もしくは2票のみ入っているものについてご意見をいただいていくということでよろしいでしょうか?そうしましたら、「石垣で蘇る」は矢作先生が入れていらっしゃいますね。

千葉 あといくつでしたっけ?

谷口 今6つ選んでいますので、あと2つですね。順当に行けばそのあと3票が3作品あるのかな。29番「漁村スラムノ築キカタ」。それから48番。

手塚 ちょっとこの辺は前から順々に議論していった方がいいんじゃないんですか?

谷口 ですよね。票だけで決まってしまいますので。

手塚 なぜどうしてもこれなのかとか、何でこの石垣がいいかとか、大まかに聞いていこう。

矢作 1票や2票の作品はそういう感じで進めていっていいんですかね。上から順番にコメントつけて。

谷口 そうしましょうかね。

矢作 1番の「石垣で蘇る」は僕しか入れていないんですけども、まずこの案は僕が昨日冒頭で申し上げたように、玉を遠くに投げる力も大事なんだけど、バランス力も大事なんじゃないかなという風に言いましたが、それを体現しているようなプロジェクトです。非常にデザインのセンスもあるし土地の読み解き方も、敷地の見つけ方もすごくいいし、石垣によって暖かいところと冷たいところもできるので、養蜂の環境に合っているとか。プログラムの設定でもですね、養蜂で採れた蜜を塗って染め物をしてそれに柄をつけるとか、いろいろなことがすごくバランス良く考えられていて、建築そのものも美しいなと思いました。多分彼女は設計事務所に進んでほしい人材。即戦力になる有望な人材という感じはしましたが、こういう場で推せるかというとそこまでのインパクトは残念ながらないのかなと思います。ですが僕は総合力としては評価しています。すごくこれを買っています。

谷口 わかりました。4番、金野さん入れていらっしゃいます。

金野 はい。最近死者を弔う空間というのはよく卒業設計で見かけますが、その中でも彼の場合はこういう葬儀というものすらも何か晴れやかさを持つというか、みんなで笑顔で送り出したいという街の雰囲気がよくこの建築に現れています。それだけでなくて日常的に使う拠点をつくっていたり、街の中の居場所としても使えるという想定をしていることである辺りが、好感のある葬儀場だなと思いました。唯一ちょっと硬直した遺体をこの高いところに運ぶのは相当大変だろうなというのは思いましたけれど(笑)。

手塚 あの彼のすごいところというのは笑顔ですよね(笑)。ニコニコしちゃってですね、建物もそれに見合って晴れやかにできているところがすごくいいと思う。みんなも推してくれるんだったらいいかなと思ったんだけど、ストーリーもよくできている。ただ正直な話、一番上がった先にね、越後かどこかのコールテン鋼の塔みたいなのがあってですね、あるいは葬祭場としてはちょっと違うんじゃないかなという気がしています。同じことを言わなくてもいいかなって気もするし、悪くないんだけど、どうしても最後の

056

作品ページ	
ID 10	34p
ID 13	87p
ID 15	91p
ID 18	93p

くて、それを真摯にとらえて、それを逆手に取って外部に対して敷地を目一杯使って壁を膨らまして防音したり、目線の話も保育室を上げてさっきの連続する窓をつくってストリートからの目線と子どもの目線を合わせたりとか。そういったところまで気を使っていて、設計の能力と気づきの能力がすごい高いので、うちの事務所にも来てほしいなという人材だと思ったんですけども(笑)。唯一僕が気になったのは、コンクリートでつくって木を張るとか木質空間がいいとか言っているけど、だったら木の塊を持ってきたほうがいいんじゃないの？そうするともっと音の問題だとか断熱性だとか、木造本体の新しい空間とかできたんじゃないかなというところが一点気になります。でもそれを置いておいてもこれは推したいですね。残したいと思いました。

手塚 とりあえず残していいと思う。

千葉 うん、いいと思います。

谷口 はい、わかりました。そうしましたら次は15番「ヨイトヨイヤマ」ですね。金野さんお願いします。

金野 これはちょっと迷いながら入れた1票ではあるんですけれども、ヨシをどうやって維持・管理するかという部分に提案がほしかったかなと思います。ヨシみたいに1年成長しては刈るというサイクルを建築に組み込む可能性を考えているのは面白いなと思いました。最後に回った時にも少しお話をしましたが、束ねたら壁になるなどヨシの展開可能性を、どんどん試みてほしかったなと。鉄骨で最後緑化というところがやっぱり残念だなという気がしていますので、1票は投じたという事実が残ればいいかなと思います。

谷口 わかりました。覚えておいてください(笑)。そうしましたら、次は18番「町屋の向く方向」ですかね。

手塚 個人的にこれはキャンチレバーでね、建物が突き出してきて木造ででっかい屋根を出してるような暴力的なところが、昔の宮本佳明さんを思い出して、ああいうのって出来てみればすごい力があるんだよね。ただ問題はそれをやるときの理論的なバックアップが弱くて、そういうところが宮本さんは強いんだよね。そこのところをもうちょっと勉強すると残るんじゃないかな。作品としては僕は好きなんだけどね。

金野 私も実は1票入れているんですけど、残してもいいかなと思っています。やっぱり町の裏表というものの意味から問い直してもう一回広場を構築するというときに、それでもこの架構の強さを信じているっていうのは面白いなと。かなり無理しているなというのは私も感じましたけど(笑)。キャンチレバーにすることで、柱に備わる意味的なものを取り除いても、こうした建築の型が人の中心にあるということを信じているのは面白い。もうちょっと話を聞きたいなと思った作品です。

手塚 この伝統的な屋根が重引な構造に乗っているところってかなり変だけど、それがいいんですか？

金野 そこはかなり、かなり違和感を覚えながらも何か思いがあるのかなという期待を込めています。

手塚 とりあえず取っておきたいということで(笑)。

谷口 はい、わかりました。そうしまし

2作品に残せるかというと、いや好きなんだけど、皆さんの同意がなければ厳しいかなという気がしました。だからすごく好きなんだけど、ごめんね。最後までは推せる気はない(笑)。

金野 そうですね。私もあと2つ選べと言われたら、まぁ2つに入るほどの力強さは足りないかなという気がするんですけど、その朗らかさは好感が持てたということを伝えたいですね(笑)。

手塚 笑顔がいい！(笑)

谷口 はい。ありがとうございます(笑)。続いて10番「藍のイエ」。田中さんが2票入れていらっしゃいます。お願いします。

田中 そうですか、僕一人で…なるほどね。自分で自分を振り返るっていうのかな(笑)。この藍のジーンズの素材を最終的に建物にいろいろなコーティングとか、そういった付加する技術要素というのがあると思うんですけど、全然建築するような資材とは思えなくて。だけどジーンズが持っている深さとか、建物の中でそういう風にしているところも、素材としては本人がきっと気に入っているんだろうなと。建築家なしの建築みたいなところがいいと思った。人によっては馬鹿馬鹿しいと思う人もいるかもしれないけれど。

手塚 結構みんな思っているかも(笑)。

田中 でもそこに価値があると思うんですよ、僕は。

手塚 ということは残したい？

田中 残したいですよ、そりゃ。意見が出てもまた反論します。

谷口 はい、わかりました。それでは次は13番「Caved Wall」ですね。

手塚 彼は説明が悪かったんだよね。これは実は、出来上がるとすごい建物です。彼はすごく解説してくれたけど、実はストリートラインに対して建物の窓が開いて、普通のこういう道路から引いて空き地をつくっている保育園も実は街との関わりが強いんじゃないかと思って、街との関わりを強めるために実は道に対して建物を出して、内側にいって音の問題も両方解決していきたいな、そういうことを言えたら良かったんだけどね。惜しいよね。彼は優秀だから、本当はうちに来てもらいたいくらいの人間なんだけど。ただ皆さんはあまり好きじゃないみたいだから。

矢作 これはね、即戦力の話ばっかりして恐縮なんですけれども、すごいちゃんと考えている。保育園は今音の問題で反対されたりとかして、結構頓挫しているケースが多

作品ページ
ID 21 … 95p
ID 22 … 96p
ID 29 … 103p
ID 35 … 46p

たら次は21番「エログロナンセンス」。矢作さん。

矢作　彼は上野ですよね。上野には負の歴史みたいなものがあって、それを今何でもかんでもクリーンなものにしてしまうことに疑問を感じて、もう出版されていない本だとかそういうものを参照したり、遊女の場所があったりという、そういう隠蔽されてしまうものをあえて一つ彼がフィルターをかけて、建築としてそれを記録として継承していくというアプローチはすごく共感を得ました。こういうものはあって然るべきだなとは思うんですけど、なかなかちょっと推しにくいかなというところがあります。それが建築や空間に落とし込まれた時に、エレメントのコラージュで終わってしまっている感がやっぱりあったんですよね。もっと物語だとか歴史を掘り下げて、それを体現できるような空間になっているのかなというところが、ちょっと弱いなと思いました。アプローチはすごくいいんですけど。これは僕も1票投じたということで残していただければいいなと思います。

谷口　はい、わかりました。それでは覚えて帰ってください（笑）。次は22番「舞踊相似建築」。田中さんよろしいでしょうか？

田中　これは祭りの衣装というか、舞踊というのは動きのある芸術で、それを建築空間に仕立てていろいろなことが体験できるようなものというか、楽しめるというところ。そしてコンテクストが単純に設定されていて、岩戸地区の産業というか、言ってみれば岩戸の文化建築という感じですね。私はその点でこの作品に1票を投じました。

手塚　残り2つしかないんですけど、さっきのジーパンとこれを両方残す感じですかね。強く推すのかどうかをはっきり言っていただいた方が…。

谷口　はい、お願いします。どっちを推しますか？（笑）

田中　どっちかってなると、さっきの方を推したいと思います。

谷口　はい、ありがとうございます。だんだん時間も押してきましたので走らないといけないのですけれども、29番「漁村スラムノ築キカタ」になります。千葉さん。

千葉　結構面白いと思いましたね。実際のその場所のリサーチ、水場をどうするかというのはいくつかありましたよね、今回。そこに比較的仮設的なものをいくつかのモジュールに分けてつくる、みたいなのは他にもあった発想なんだけれども。それから、既に現地で活動に関わっているということも僕は面白いなと思っていて、その現実的な発想、必要性からプランを立てているところのリアリティも

いいかなと思ったんですけどね。どうでしょうね。あと2作品ということだとどうなのかしら。他にも入れていた方は…?

金野　はい、私も入れましたけれども、いろいろ現地での失敗とかも含めて弱すぎず、でも強すぎない。これならいちおう持続するという最小限のインフラみたいなものを発見して挿入しているというのは、積み重ねが結実しているのかなと感じます。一方で無闇に現状を肯定している部分もあって、電線とかを見ると、本当にあれを引き回すことがいいのかということとか、もう少し冷静に問いを立てても良かったのかなと思います。評価する一面もあるけれども、残り2選というのには強く推せないと思います。

谷口　どうしましょう千葉さん。

千葉　うーんそうですね。難しいですね。とりあえずペンディングで。

谷口　はい。次は35番「こどもの声とまちの音色」ですね。

手塚　これもさっきのこども園と同じで優秀なんですよね。そして実はこれが実現したら、こういう学校をつくっている建築家の先生たちよりもいいものができるんじゃないかなって感じなんだけど。その一方で卒業設計ということを考えるとどれだけインパクトがあるかって微妙なところだよね。すごいよく考えているんですよね、計画学的にも。こういうのを世の中が評価するかどうかというのは結構審査会として問わないといけない。僕はちょっと悩んでいるんだけどね。だってあと2作品しか残せないから、多分「藍のイエ」を落としたら田中さんから恨まれそうな気もするし（笑）。どうしようかなみたいな。

金野　私もこれに入れまして、非常によくできていて、もう実現に向けて練りに入ってもいいなっていうぐらいよく考えているなと思ったんです。でも、これは卒業設計なのかな？これ課題？卒業設計という場で一生携えていくものとして、もう一歩二歩、何か自分としての在り方というのを投げてほしかったという気持ちはありますね。

手塚　この人も所員としてはすごい買いだなと思う。要はねアイデンティティが弱いんだと思うんだよね。だけど別にアイデンティティが弱いからいけないわけじゃなくて、建築家として競っていくときに、100点満点の試験で120点を取る作品かというと100点の試験で100点を取る作品かなっていう。絶対95点とか90点じゃなくて100点なんだけど、120点の勝負をここではしようとしているから、そこだよねということで。

矢作　これね、票を入れてないから申し訳ないんですけど、ものすごいいいプロジェクトだなと思ったんですよ。外に店舗を配置して、さっきのやつは壁を厚くしたんだけど、店舗を配置して外に八百屋とか駄菓子屋だとか子どもや迎えに来たお母さんとかが立ち寄れるようなものを配置している。そこでまた視線が遠くや奥まで見えるとかすごいいい作品ですぐに建ててもいいんじゃないかと。うちも所員で雇いますよ（笑）。それぐらいなんだけど、ただこういう大会では推しても勝てないかなというところがあって1票入れていないんです。

手塚　何か賞をあげてもいいよね。

矢作　うん、そういう感じがするものですね。

手塚　世の中に一番必要な人だよ。

矢作　うん、そうなんです。これもペンディング可能ならペンディングで（笑）。

金野　私は実はさっきの保育園には入れていないんで

すけど、やっぱり批判を批判のまま、まず壁から始めちゃったというよりも彼女のほうが明るい未来はあるっていうか（笑）。期待をしてしまうところがあります。これはもうクリティーク賞とかの方がいいかもしれないですけれど。

矢作 さっきのあれも残っていますよね。

手塚 だけどどっちかにしておいた方がいいんじゃないですか。こっちを残した方がいいかな私は。

矢作 僕は入れていないけど金野さんと同じようなことを考えていて、壁は建築的なやり方としては面白いんだけどやっぱり窓だけで勝負するのか、こういう商店かというと、こっちかな。

手塚 とりあえず次に行きましょうか。終わんなくなっちゃう。

谷口 それでは36番「ジャバウォックの棲む未完成なあそび園」ですね。千葉さん。

千葉 これ僕だけですか？結構面白いと思いましたよ。形の決定は方角とか等高線とかを使っているという、自然なものなのだけど、それをわざとらしくいかにも自然に溶け込ませたというものよりは、その自然な諸条件を微妙にずらすぐらいの簡潔な操作で、形態的に不思議に無意味な形態をつくり出していて、その無意味な形態の中で勝手に子どもが遊べるようにするっていう。制限がある開放空間みたいなものをつくっているんですよね。その独特な形の無意味さの確保の仕方に僕は魅力を感じました。他とのバランスですよね、残すっていう感じでもないかな。

谷口 はい、ありがとうございます。

千葉 ジーパンと比べると主張したくなってきますけど（笑）。

谷口 では37番「ぶどう荘」。

金野 これは私も2票入れています。茶畑の風景というのと、ニュータウンを背後に抱えているというなかで、こういう自然の一次産業と住まうということとをどう繋げるかというので、ランドスケープにも見え、住まうことにも結構挑戦的にいろいろ技術面でも調査をしているので面白いなという気がしています。困っちゃいますね、あんまり残すっていうのも…。

谷口 そうですね、時間的にはかなり押してきています。

金野 そうですよね。うん、次行きましょうか（笑）。

谷口 次は38番「Windscape Architecture」。手塚さん。

手塚 これはいいかな（笑）。でもこのCGでぐるぐる回るのが好きで、こういうのも世の中に、日本にもあっていいかなと。実は中東の学校で審査をしたことがあって、学生がやるんですこういうCGで。こいつ日本人かなってところがあって、面白くていいねって思いましたけど、いいです。でも好きです僕。

谷口 40番、矢作さん。「取り壊される商店街にスタジアムを挿入する」です。

矢作 一見ね、馬鹿げた案に見えるんですよ（笑）。見えるんだけど、今や商店街の問題なんか、卒計でやり尽くされていた感じがあるけれども、あとは防災的なことですよね。木造の密集地。そこで賑わいをどうやって取り戻すか。商店街を商店街で継続するというのはほぼ成り立たないことが多いんですよね。大型ショッピングモールができちゃうとか。だけどここに違うサッカーのスタジアムという、サッカーというのは地域密着が多いので、そういったプログラムを挿入してあえて突飛なものを持ってきて、それが街に溢れてくるというか、その溢れ方も面白いなと。昔の香港の空港なんかは滑走路が足りないから誘導のラ

イトがビルにくっついていたりとかしていて、そういう溢れ具合もすごく魅力的に見えます。思ったよりも馬鹿げてない（笑）。ちゃんと考えているなと思いましたけど、推すところまではちょっといけないかなと。思ったより良かったということで。

手塚 できるだけ巻いていきましょう。

谷口 矢作さん、すみません引き続き42番。

矢作 これはなしで。後回しでいいです。僕が指導している学生なのでいいです（笑）。

谷口 それでは44番「Folding Shelter」。田中さんかな、お願いします。

田中 唯一実物空間がつくられていて、全てが模型と仮想のプランである中で、一際僕は実感を持った。それからこれはもっと時間があればいろいろなところに築けたと思う。いろいろな環境でどう生きるのか、これはもちろん象徴的かもしれないし、展開がいろいろあったら、やがてこの可動的な小さな日常空間という、要するに日常の蓄積化ですよね。それは建具まで建築している、実際自分の手で現物をつくっていることに僕は実感し、作品というものが仮想じゃなくて、実態、実物、自分自身であるということに感銘を受けたという感じです。

手塚 どうしても残したい？

田中 今はそのつもりです。

矢作 デニムとどっちか？（笑）

谷口 では、引き続き46番「都市に残る酒蔵」についてはいかがでしょうか？

矢作 これ僕ですよね。これは本当に熱量はすごいんだけど、敷地の設定が銀座というところが気になっていて、でもこれは銀座縛りだったんですよね、課題が。だから本当に不利なところがあって。そうは言っても巻いていますからね。買っていますけどこれは推せないかな。

谷口 田中さんどうしましょう？

田中 結構面白いなと思いました。銀座の街並みみたいなところを本人が知っているかどうかはわからないけど、僕の意識の中に印象に残ったから…新しいデザインとか建築とかというところに重点を置いていますから、これは別に残しておいていいと思いますよ。

谷口 はい。そうしましたら次は50番、竹の作品ですね。「竹積ノ郷」。これも田中さんです。

田中 これは竹の素材で建築を考えることと、この土地自体が非常に高低差のある高いところで、如何に自分なりのスタイルでやれるかっていう。そしてその地区に新しい建

作品ページ	
ID 36	107p
ID 37	47p
ID 38	108p
ID 40	112p
ID 44	48p
ID 46	115p

059

築素材を実現できるかということで、コンクリートで建てたりするもの以外にも可能性というか価値を見出しているんじゃないかなということで、僕なりには評価しています。

谷口 そうしましたら52番、矢作さんでしょうか？

矢作 これは他の大会でも結構評価が高かったんです。でも僕は実はあまり他の大会で見たときはいまいち評価は高くなくて。ファサードを展開、反転させてその街によってできた店舗のファサードを、要はサンプリングしてリミックスしてつくるということですよね。でも都市や建築はリアルなものじゃないですか、という問いに対して本人はあまり答えられていないんですよね。本人にも言いましたけど、街の継承というのはたとえば新しい建築でもその様式だとかその土地性とかを読み解いて新しいものをつくって、継承していくということが、あえて実物じゃなくてもいいんじゃないかと。そこをちゃんと言い切れないと、このプロジェクトはサンプリングアンドリミックスで終わっちゃうんじゃないかと。きちんと本人が理解していなかった、答えられなかったということで、ものとしてはいいんですけども、落としていただいていいかなと、その一点で。

谷口 はい、わかりました。次が53番ですね。金野さんいいですか？

金野 障害者の就労の建物の設計でしたけれども、これまで施設型として箱で説かれていたのをここまで明るくできるんだなというのは可能性を感じました。結構難しいテーマには取り組んでいるので、どうやって街に開くかということをいろいろ検討しているのはいいかなと思ったんですが、やはり彼らって本当に籠もらなきゃいけない時間があるとか、一人じゃないといられない空間が結構多いので、単純に天井高を低くすればいいという話じゃないよねというところを、もう少し諦めずにやっていってほしいなと思いました。

谷口 続きまして、57番です。千葉さんです。

千葉 これはよくわからないけどいいなと思ったんですよね（笑）。プラン自体は、リニアでここに来て茶畑で、お茶の施設で、とかっていう話で、全然プランは面白くないんですよ。だけどこの物体として面白い気がしたのね、直感的に。等高線のところに建物が建っているんだけど、その等高線にそのまま馴染ませるっていうものとも違うし、何かある種の物質感みたいなものがあって、なんかよくわからないポテンシャルをこの人は持っているのかもしれないという、神秘的な直感を得たので入れました。残さなくていいですけど。

谷口 はい、ありがとうございます。次は、59番ですね、「積層する記憶」。矢作さん。

矢作 彼は3年生なんですよね。卒計じゃなくてよくここまでの作品をつくったなということで、来年期待したいなと（笑）。来年卒計でもっといいのつくって、帰ってきてください！

谷口 はい、わかりました。60番、これもお願いします。

矢作 これはですね、即戦力系の話ばかりして申し訳ないんですけれど、すごいバランス感覚がいいなと思うんですけど、プレゼンがやっぱり下手ですよね。中の面白い空間をあまり見せられていないなというのと、デザインとしては独創性みたいなのがもうひとつ。酒蔵の木の桶を構造体にして、開き止みたいなのを内部ストラクチャーとしてつくって、スラブをそれに架けるというアイデアはいいんだけど、そこがあまり煮詰まっていない、甘いところがいっぱいなんですね。これも決勝までには残さなくていいと思います。

谷口 はい、ありがとうございます。61番です。金野さん。

金野 はい、錦市場のすぐ近くに水を、京都の水を可視化するというか、その価値を表現していく場ということなんですけど。水が何に紐づけられているか、いろいろなものをたぐり寄せて見せつつ研究題材として扱う、魅力的な施設だなと思いました。一方で、上に乗っているあのフレームがあんなにシステマティックに説かれる必要があったのかというのは疑問が残りました。でも地下から向かって可視化していくという枠組みは評価したいなと思いました。

谷口 はい、ありがとうございます。その次が64番「129ページの空間」です。田中さんお願いします。

田中 本人が本をめくりながら空間の説明をしていたというところに、編集という感覚が空間を構成し、中に入り込んでいる。動線というか視点が変わることによってものの見え方というものも変わってくるし、だから外から見て箱があるかじゃなくて、透明なガラスで覆われていますと、要するに外部から美術館そのものが出ているという。だから、ハードに中を押し出すというのじゃなくて、空気感とか気配というかそういうものが非常に良くできている。だから今回たくさんある作品のなかからこんな空気っぽいプレゼンテーションのつくり方、建築計画というのを推したかったので、これに票を入れました。結構こだわっています（笑）。

手塚 これ実はね、私はちょっとずるしたところがあってですね。最初の頃に見て、さすがにこれは言わないといけないなって、途中で隠せって言ったんですよ。1階をね、途中で隠せって言ったんですよ。1階が実は真っ暗で何も関係ない。この上の方はすごくいいんだけど下がね、やばくて。田中先生以外の人もいっぱい票を入れたら黙っておこうって思っていたんだけど、ばれちゃったかなと思って。気がついていました？ああ、バレていましたか（笑）。

金野 私もこれはなんで1階をつくったのって話をしましたね。やりたいことは2階にあるという中で、違うやり方があったかなと。

手塚 上はいいんだよね。ただちょっと時間がないんで、問題は結局この中から2作品選ばなきゃいけないじゃないですか。ここでどうしてもこれは残したいっていうのを審査員の中で声を上げていただいて、これは残していいとみんなが言えば残すとかそういう風にしたらいいんじゃないかな。討論すると時間がなくなっちゃうので。たとえば田中さんがどうしてもこれはって言ったら、田中さんが言うならしょうがないかって形で残るしね。そしたらそうしましょってなるかもしれないし。

谷口 はい、そうしましたらあと1作品だけ、65番だけ、矢作さんにコメントをいただけたらと思います。

矢作 はい。さっきの「エログロナンセンス」もそうですけど、昔毒ガスをつくっていた島ということで、バランス感覚とか言いながら、一方でこういう蓋をされてしまうようなものを敢えてやる、卒業設計でやるということにすごく意味

作品ページ

ID 50	...	17p
ID 52	...	119p
ID 53	...	122p
ID 57	...	126p
ID 59	...	127p
ID 60	...	128p
ID 61	...	129p
ID 64	...	51p

があるなと思うんですよ。果敢にそこにチャレンジするというのはすごく評価しているんですけれども、まだ建築になっていないんですよ、これがね。だからそこは無理矢理建築にする必要はなくて、やっていることは非常に面白いんだけど、建築という土俵に上げたときにはちょっと推せないかな。

谷口 ごめんなさい一つ抜かしています。23番「五次元パケット」お願いします。

田中 避難生活があてもなく長く続いていってしまうところを、一番最初はコンテナやテントをデザインしながら屋根をかけて仮設で避難することはできる。だけど避難民の変化に追いついていない。そういうところを上手く解決している作品じゃないかなと思って1票投じています。追走する建築というか、変化する建築として、充実していく建築というか…要するに建築自体が"ing"で対応していくっていうところが素晴らしいと思いました。

谷口 ありがとうございます。そうなると、今話の中で残っているのが、10番、13番、18番、22番、23番、29番、37番、44番、64番です。この中から2作品を選ばなければいけません。

ID48 すみません。48番飛ばされています。

谷口 え、はい。申し訳ございません。48番3票で飛ばされています。

手塚 これ3票だから残っていると思っていた、違うの?

谷口 3票はまだ残っているんです。3票入れてしまうと8作品がすぱっと決まってしまうので。

手塚 あぁそういうことね。じゃあこれは僕に言わせていただきたい。これは浮いているやつでしょ?これはすごい面白いと思った。既存の建物を、もう一回レプリカをつくるんじゃなくて、その建物を持ってきてそれを浮きの上にのっけて持っていく。動かしていってフレームの中に入れていく。波の上下に従って建物の上下も変わっていく。かなり強引なんだけど、これはかなり面白いなって。これは議論に残すべきだなと思って、これは票を入れておきました。結構これは真剣に入れたんです。あと誰が入れたっけ?

金野 私もこれに入れました。私も1票入れましたけれど、この外れる部分が右の模型の手前のところだと思うんですけど、あれが付加的でいいのかっていうとそうじゃなくて、生活の一部としていつも機能している部分なんだけどその大事な一部が外れるという仕組みを考えている。生活という営みの中で何か移動するという意味を発見しているのは面白いなと思いましたね。私も残してもいいんじゃないかなと思いました。さっき読み上げた中に保育園が入っていなかったですね。35番ですね。

谷口 35番、読み上げてなかったですね。35番「こどもの声とまちの音色」。35番入ります、それから48番入ります。

手塚 どれが入るかって言い出すと、2選しか残らないから皆さんにどうしても残してほしいというものを聞いたら決まっちゃう。

谷口 そうですね。そうすると64番が残っています。まず田中さんに残したい作品をお願いします。

手塚 田中さんだけじゃなくて皆さんに。たとえば田中さんがどうしてもこれを残したいとしても、私は残す気がないのかもしれないし、しゃべりたいことがいっぱいあると思う。だって田中さんだけ今から突然どうとか言わないで。1階を隠しちゃっているの、審査の途中で。僕が隠した方がいいよって言ったら、彼ね素直に隠しちゃった。だから1階を隠したらいい案。だけど他の人もだまされたら僕は何も言わな

いと思っていたけど、1階がない方が良かったでしょ。

田中 いいと思ったけれど、そういうことを聞いたら…うん。

手塚 とりあえず残したい作品を言っていただいて、どうしてもっていうものあります?じゃあ私から言いますね。私は一個だけ興味あって、2票入れたけど残らなかったから。あの浮くやつ、3票入っている船の作品。

谷口 48番。

手塚 そうそう。これはね僕は残さないわけにはいかないかなって思うんですけど、皆さんどうかなっていう気持ちです。それだけです、言いたいことはさっき言っちゃったから。

谷口 他に「これを残したい」という方。

田中 10番。

谷口 はい、デニムですね。

手塚 これを取り下げたら田中さん帰っちゃうかもしれない(笑)。

谷口 他にいらっしゃいませんか?これを残したいという方。よろしいですか?

金野 個人賞を含めて考えればここでは推さなくてもいいかなと思います。

谷口 そうすると、10番と48番が入りますね。12、16、27、32、43、48、58。10番は決勝へ進出ということでよろしいでしょうかね?はい、8作品ですね。そうしましたら、決勝進出者は10番「藍のイエ」。12番「「往復業」のワークプレイス」。16番「防災地区ターザン計画」。27番「瞑想の砦」。32番「蟲の塔」。43番「家具と建築のあいだ」。48番「季節移住に伴う仮設住居の更新に関する提案」。58番「URBAN WEAVER」。以上の8作品となりました。

DR クリティークの皆さん、谷口さん、ありがとうございました。

作品ページ	
ID 65 …	131p
ID 23 …	97p
ID 48 …	30p
ID 35 …	46p

決勝プレゼンテーション

Final presentation

ID10（プレゼンは34ページ参照）

谷口　各作品についてお言葉をもらいたいと思います。まず最初に「藍のイエ」ですね。挙手でいきます？それとも票を入れた方からお言葉をいただきますか？

田中　さっきのプレゼンテーションにおいて、街にもう住まわなくなってしまった家とかに対して、地方のこのような素材を建築化していくというその考え方は非常に特徴的であり、楽しい街というか都市の中のアイデンティティを示していくことはできるかなと。特に、言って見れば建物の1番小さいのが衣服だと思うんですよね。要するに彼らは自分の衣服でもって住む、それが最小の建築。そこから発想されて素材との密着性が生まれて来たのだろうなという風に受け取りました。なかなか特徴のある提案だと思います。

手塚　私はジーンズの話は面白いかなと思ったんですけど、一つ聞きたいのが、これ構造はどうなってるの？構造の話は何もしてないじゃない。これは何でできてるの？構造は。

ID10　構造は…このスライドで説明したいと思います。デニムだけで構造をつくるというのは難しいと思うので、鋼管を使うことを考えました。

手塚　パイプが入っているの？

ID10　はい、ただ鋼管だけで成りたたせるのは真にデニムの住宅と言えるのかということを考えて、鋼管とデニムがお互い支え合って成り立つような構造を考えたんです。この図が1番かかりやすいと思うんですけど、三角形で構成されていて、三角形2つをつなげていくときに鋼管をつなげなかったら普通バタンと倒れるはずなんですけど、本の表紙が何もしなかったらバタンと倒れるのを、例えば本の表紙に少し小さめのデニムを小さく切って伸ばしてテンションをかけてつないであげることによって、その表紙は落ちなくなります。

手塚　それは聞いたんだけどね、こういう多面体をつくるときには非展開面になっているところが大事で、君のは形態が展開面になっていることに気づいてる？ミウラ折りと同じような状態になっているんだよね。それをちゃんと一体的に整理しているといい。それともう一つ気になったんだけど扉はどうなっているの？

ID10　扉は、入り方はそのまま入ります。

手塚　そのままじゃない、どうやって入るの？扉はないの？

ID10　扉は、付けるとしたらチャックで開けて入ります。

手塚　付けるとしたらじゃなくてさ、チャックってなんで言わなかったの？こっちから引っ張ってチャックを開けるんでしょ？

ID10　はい、そうです。そういうのもデニムの…。

手塚　それをプレゼンしなくちゃだめじゃない、建物にチャックを付けるって。実は建物にチャックを付けて日本建築学会賞を取った佐藤さんという人がいるんだけど。そうやって僕は長いこと、建築がどういうもので作られているかを見てきてるからさ。それに比べるとちょっと君のはそういうところがなりきっていないなと思って。それがちょっと気になってしまった。だからチャックを見せれば良かったのにさ。こうやって入りますとか、なりきっているかどうかってそこなんだよね。ついでに言うと、ポケットがないって知ってる？

ID10　はい、付けるといったらチャックかなというのも、僕たちが提案しているのは住み手によってどんどん変わっていくものでして、それが経年的熟成という…。

手塚　ポケットが付いてる建物知らない？

ID10　はい、知らないです。

手塚　あ、知らない？チャックで開いてポケットに物が入れられる建築もある。だからもう少し頑張ったら良かったかなと。いっぱいいろいろな建物を見ているからどんどん気になっちゃってね。

田中　そういう建具的なところまでディテールを詰めること。また鋼管っていうのも丸出しであるのではなくて、何かカバーを巻いた手すりとかあるじゃないですか？そこまで良くしていくというのもあると思う。今質問された家具というか建具というか、要するにジーンズで提案したときに、逆に機能的・構造的な部分が弱さになって出ちゃっている。僕は発想としてすごく興味を持っているわけだけど、やっぱりそこまで詰めてない。だけどこのデザインレビューの狙いというのが、そこまで完璧に施工性、利用性に優れていないといけないのかというと、僕はそう思ってはいませんけどね。発想があってそこから構造や機能を詰めていく。あともう一段階なんだろうなと僕は評価しているわけだけど、そこまで建築の機能や構造や使い勝手というディテールまで詰められたら、より優れた作品になったと思いますね。

ID10　ありがとうございます。できるだけデニムの技術というのを応用したいという風には考えています。例えばここに表しているリベットというものは、ジーンズに付いているものは小さいんですけど、それをちょっと建築用に大きくしたものをつくって付けていく。リベットを付けることでデニムはもっと強くなるっていう研究結果が出ているので、そういうものも建築に生かしていけるといいなと思います。

手塚　僕はリベット好きだよ。ホックも好きでパチッと開くとかさ。だからそこはもうちょっといかれててもいいかなと思ったよね。すごい真面目なんだよね、そこは気になるな。君もさ、今日の私服がジーンズを使っていないよね。そういう時は上から下まで全部ジーンズで来るんだよ。以前せんだいデザインリーグの審査をしたときに、最後まで議論に残った作品に金魚屋のものがあったんだけど、出展者が金魚屋の格好して出てたんだよ。あそこまでやられるとしょうがないかなと思うんだけどね。

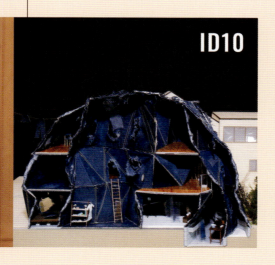

ID12 （プレゼンは27ページ参照）

谷口 はい、ありがとうございます。続いては往復業のワークプレイスについてもコメントをいただきたいのですけれども、これは2票入れている千葉さん。

千葉 はい、今ひとつよく具体性がわからなくて。プレゼンも途中で終わってしまっているし、やろうとしていることは面白いんだけど。軒先とかが重なることによってそこに空間が生まれるっていうことですか？

ID12 はい、そのような増築の仕方で、コワーキングスペースを確保していくということです。ここが給餌通路と言いまして、車の通路になっているんですよ。そことつなげているというような話です。

矢作 プレゼンの順番が悪すぎるよね、時間を無視するのも良くないけど。要は季節労働みたいな、徳之島というところが農閑期のときは出稼ぎに行かなきゃいけない。そして、郷土に対して愛着を持っている人はいっぱいいるけど仕事がないときに、往復業というものをつくってこの中にコワーキングスペースという、自分が持っている仕事をしながら、こういう牛舎の手伝いもできる。そういう働き方の提案だということをまずはちゃんとはっきり言う。そしてそこからディテールの話をしないと。プレゼンが非常によろしくないなと思いました。まぁそれは置いといて、ディテールじゃなくてこの空間をどう使うのかという、空間のコンセプト、そこを全然話せてないから話してください。

ID12 空間においては基本的にワークスペースを小さく取るということを考えています。昼間の方は牛舎の手伝いをして、夜間と雨の日をメインに使っていくことになると思います。夜間においては外に出て、島ではその方が気持ちいいので、かつ、休日、夜間は使われなくなっていくので、そこに尋ねていくようなことを考えていまして、なるべく小さく取るようにしています。かつ書類など濡れてはいけないものがあると思うので、それらを収納することを考えながら空間を取っています。

手塚 君はこういうものを実際に自分がつくる身になったときに、君にしか見えない視点でつくるというのは正しいと思うんだけど。多分他の人とは違うものを見ていると思うんだけど、逆にそうすると、僕は山ほど木造をつくっているから、いろいろなことが気になってくるんだよ。例えばこれは柱が通るだろうかとか、これとここは違うとかそういうのがすごく気になってくるんだよね。やっぱり、君が何をやるかっていうポイントが見えてこないから、実はみんな不安に思っていると思う。こういう理由で街に出た人が戻ってくる、ましてや島に戻ってくるといいでしょという話は、実は君たちの職業にとっては始まりでしかない。そこから先の君にしかつくれないものを、ここをつくりましたっていう部分があまりにも説明が短くて、映画を見ていたら最初のイントロダクションが終わった途端にパッとエンディングになっちゃったみたいにさ。「あれ？メインストーリーはどこにいった？」みたいになっちゃうんだよね。いいんだよ木造で。例えば最小限の木造でやって、「こんな少ない木造でこんな素晴らしい木造ができて牛が幸せそうでしょ？」って言ってそこまでできればいいけどさ。そこのところをちょっと聞かせて欲しいんだよね。今のままだと「人が戻ってくる牛舎を一生懸命つくりました」っていうだけで、君の顔は見えないよね。君のどこが特別なのか。屋根を重ねましたってそれは分かるんだけど、そこで何が起きるのか。そこがもう一つ欲しいんだよね。なんか言うことはないの？難しいよね建築ってさ。例えば、僕だって小児科センターをつくるとか家族で一緒に暮らせるとか、建築をつくる前の大事なことを、そういうのを卒業設計で考えるようになったのはつい最近のことなんだよ。もう10年前ぐらい。それはすごくいいことだと思う。その一方でつくることの楽しさっていうのは、建築でしかつくれない素晴らしいものをつくるっていうのは、卒業設計の中からぽっと抜け落ちちゃったんだよね。今度は逆に施工の方が見えていたと思うんだよ。間のところが抜けている気がする。真ん中のところ。それが伝わるかどうかなんだよ。それができると、君はすごく強くなると思うよ。

田中 本来建築を専門にされている先生からの言葉っていうのはすごくリアリティがあって、僕も聞いていてそう思うんだけど。僕もこの大屋根の牛舎をどう確保したかっていう質問を確かしたと思うんだよね。僕の解釈としては経済や産業やそういうものに建築をする人が携わっていきながら、やっぱり牛が嬉しがっているか喜んでいるかは知らないけど、この大屋根はなかなかいいなと。だから僕は君の話の出だしは経済とか産業とか日常の働きとか、そういうところからこれを詰めていったらこういう建物になった、というのはある種自分の中に持っている特性だっていう風に僕はとらえている。今の手塚先生の話と比べたら甘いかもしれないけど、経済や産業をこうやって設計によって美しいものにしていこうっていうそういう気概が感じられて、僕もこれには一票を投じたという感覚です。頑張ってください。

ID12 はい。

谷口 ありがとうございます。

矢作 プレゼンの時間がもっとあったらね。まぁ援護射撃という形なんですけれども。彼は牛舎なのでこういう建物ってお金をかけられないですよね。補助金が出ているものはミニマムで、出ていなくて建築大工さんがつくったものは木造の合理性がある。それらを両方ともかなりリサーチして、その枠組みの中でつくれる最大限の面白い空間をどうやってつくろうという…。木造は決して地味ではなくて、経済性だとか、現地で調達できる材料なのかとか、そういうことをちゃんと設定してやっているんですよね。元々彼は大工さんで学校に戻ってきて、そういう意味では派手さはないんだけど、建築的な空間がないわけではなくて、むしろかなりのリアリティを持って提案しているということは援護射撃として言っておきます。

ID16（プレゼンは12ページ参照）
ID27（プレゼンは22ページ参照）

谷口 はい、ありがとうございました。それでは最初のターザンの作品から、金野さんお願いしていいですか？

金野 私はこのプレゼンで初めて、ターザンの上り口の拠点がいくつもあるということをさっき理解しました。模型だと1セットだから1セットなのかなと思ってたんですけど、他の拠点というのはどういう場所のイメージですか？これは家を想定していて、だけど街の人みんなが使うという場所なんですよね？他の場所の拠点というのはどういう空間のイメージなどを簡単に聞かせてもらえますか？

ID16 他の場所も同じように住宅兼防災タワーを併設するという計画で、他の場所もピックアップした人の隙に入り込めるような設計をしました。

金野 それは基本的には新築で建てていくんですか？それとも既存のものでたくさん隙のある空間ってありますね。そういうものから何か再利用できるような風景というものもあるんですか？

ID16 私が考えていた中では、谷中にある風景を守るためにこの一部、空間だけは新築にして他の部分は守っていきたいというのがあります。この防災計画では道を広げるために道沿いの建物は建て替えが進められているので、それを少しでも守るために、この一部を新築にすることで守れるのではないかと考えています。

金野 実際の問題を考えると、防災計画のためのプランだと言われると非常に説得力がなくて、わざわざみんなが一点に集まっていてそこから一か所に集まってくる。その混乱をここに想定しているのかなというのはちょっと読めないんですけど、どれくらい本気で防災計画ということを考えているの？

ID16 ターザンと聞いたらそう考えるかなと自分の中でも思っていたんですけど、でもこの場所のポテンシャルを持ちつつ防災計画を行いたいと考えた時に、防災的には下の建物が崩壊してしまう恐れがあって、その場所の細い危険な道を通るよりも、年に3回くらい練習しているターザンを利用して避難する方が意外と安全なのではないかなと私は考えています。

手塚 まともに考えたら有り得ないような計画だけど面白いよね。面白いんだけどさ、模型をつくるときは一個だけつくるんじゃなくていくつか繋いでみて、「ここが行き来できてこんなのがいっぱいありますよ、面白いですよ」くらいがいいと思う。模型でせっかくぶら下げてるんだから、もう一本紐を付けてさ、紐を引っ張ったら動くようにしとくと面白いと思うよ。

矢作 他の設計展でも僕は見ているのですが、ターザンばっかり取り上げられるけど、実はこの作品のプロジェクトの一番面白いところは、吉阪隆正を研究して隙というものを見つけて、それで建築をつくっているところ。ターザンっていう掴みはオッケーで、中の説明をしてもらうと魅力的なんですよね、隙が意図的で。僕も今朝屋根を外して見せてもらって、やっとわかったんだけどそっち側のほうが面白い、ターザンよりも。

谷口 はい、では続いてID27番「瞑想の砦」についてコメントをいただきましょうか。手塚さんと田中さんが2票ずつ入れていらっしゃるのかな。田中さんいかがですか？

田中 非建築的なものに興味を持っているのかなというくらい、だけど驚異の巨大な穴というか影というか、この発想自体が結果的に建物に光を目立たせている。そして太陽を見るところの通路に不安を感じさせる工夫がある。だけど太陽が沈むのを見られる場所から光が入る。深くなるとその太陽の位置も変わるから、俯瞰的に見るといとも簡単なようなその動線が素敵に見えました。「瞑想の砦」だけ？どんな瞑想をするのかな？260mも下げてまた昇ってくるとその達成感は大したもんだと思いますよ。非常に発想としてファンタジックだよね。「驚異の工匠たち」という本があるんだけど、それは本当に人間について建築がなんであるかを自然的に説いていて、驚異的な大工さんみたいな人たちは人間じゃなくて色を見ている。だからこの作品は僕はデザインの発想という意味でとても推しています。僕が全体を見て回るときも一番最初にこれに出会っちゃったんだよね。こういうものの審査を頼まれたのかと思うと全身が固まって（笑）。結局今日も全体を回ってみて、この作品はやっぱり楽しませてくれたな、面白かったなという気持ちを残してくれたことは、僕も嬉しいし感謝していますよ。素晴らしい作品です。

手塚 彼女にも言ったんだけど、生まれる時期を4000年くらい間違えて、生まれる場所を15000kmくらい間違えたかな。エジプトのピラミッドの時代に生まれるとこの人は何か役に立ったんじゃないかなと思うんだけど、日本ではあまり役に立たないよ。だけど、こういうのってポジティブな話をすると純建築で、クロード・ニコラ・ルドゥーとかエティエンヌ・ルイ・ブーレーとか知ってるでしょ？ああいうイメージをつくるという意味ではこの作品は非常にネガティブだと思ってて、あっちから光が入ってこっちから光が出てと、もうかなりいかれてると思うんだけど僕は楽しませてもらいました。

ID27 ありがとうございます（笑）。

ID32（プレゼンは39ページ参照）

谷口　はい、ありがとうございました。それではまずは「蟲の塔」ですね。千葉さん、2票入れていらっしゃいますね。

千葉　はい。面白いと思いました。要するに、ビルとビルの間の隙間をどういう風に使うかという話ですよね。さっきも隙っていう話が出たんですけど、隙間に住んでいる存在の場所というのに注目することで、ある種、虚の空間、凹みの部分を変換していくことなんだろうなと思いました。まぁ、あまり虫がいっぱいいたら嫌だと思うんだけど（笑）。だって嫌な虫だっているとか正直思いますよね。良い虫と嫌な虫を区別するという発想自体が問題あると思うんですけど、その辺りはどうですかね。

ID32　そうですね。良い虫と悪い虫がいるっていうのはごもっともで…人の空間と虫の空間は交わるんですけど、虫の住処は一応人が入れないような隙間とかそういったところにあって、建物の中にがっつり入ってくるようなことはないですね。

千葉　ゴキブリとかムカデとかはどうするんですか？

ID32　ゴキブリは最初から家の中とかにいるのであまり考えてはないんですけど、ムカデは…。

千葉　増やすとか？

ID32　増やすことは考えてはないです（笑）。これをつくるとゴキブリが増えるということではないです。

手塚　君の説明の中で欠けているのは、虫って言った時に植物も付いてくるじゃない。君の絵の中ではいきなりコンクリートの端っこから草が生えてきたりしてるでしょ。あの草と虫とかも全部合わせた生態系として捉えた方がいいと思う。そして、その中に人が入っていく。だから君の場合は、よほど虫が好きなのかもしれないけど、そこをもうちょっと広げてあげると現実的になる。虫は虫だけじゃ生きられないからね。

金野　私も、これを成功させるには水とか土とかのエリアが、かなり必要だと思うのですが、ただやっぱり一番最初の虫が住んでいないファサードを見ると、十分に人間の空間だなって見えちゃうのが…。そこにもっとこういう深い土が入っているとか、こういう水が流れているとかが可視化されても良かったのではないかと思います。本当に生態系がそこに現れてくるともうちょっと説得力が増すなと思いました。

矢作　僕もそれに付け加えてなんですけど、水とか土とかがある種の装置としていっぱいくっついているだけで、虫のための建築という空間になっていない気がするんですよね。エレメントがいっぱい纏わり付いていって、植物が生えていって虫が来るって言っているけど、建築として何もやっていないんじゃないかなという風に見えちゃうんですよ。そういうグッズを付けているだけであって。だから、虫と人間のところも住み分けされていますって言うんだけど、そのために虫がぎゅうぎゅうになって、このエリアには入ってきませんとかなるんじゃないかな。そういうことを受け入れながら、建築として銀座という場所でどうやって成立させるのかっていうところを深いところまで突っ込んでいない気がするですよね。そこがやっぱりちょっと物足りない。力作なんだけど。

ID43 （プレゼンは43ページ参照）

谷口　では次に「家具と建築のあいだ」についてですが、千葉さんと手塚さんが2票ずつ入れていらっしゃいますね。

手塚　僕はこれを見た瞬間に若い時の塚本由晴さんだなと思った。彼が設計した「ミニ・ハウス」を担当していた武井誠君がうちの事務所に来て、その後独立してTNAを設立したんだけど、理論でつくっていく建築というのが面白いところで、しかも完成度も高くていいんだけど、その一方で都市の視点がちょっと気になっていて。これが自立した存在になって、都市とダイアグラムがどう絡むかという話をちょっとしてもらうと強いと思うんだよね。敷地がないじゃない。

ID43　そうですね。今回の設計プロセスの中で、最初の単位で考えたのが「ボックス同士の内々の関係性」から空間を考えていて、今は都市まで広いスケールで考えてはいません。それは敷地が決まっていないということもあるんですけど、でも実際こういう風に外皮を付けたり開口を付けたりすることによって、実際の敷地に入れた時の日の影だとかその変わり方とか、そういうものが出て来たので、都市における大きいスケールというところまでは考えていないですね。

手塚　本当はそういう助け舟を出したつもりだったんだけど。狭いところは劣悪でしかないけれど、塚本さんのは使えそうな気がするんだけどさ。狭いところがあって入り込んでいくと、都市との関係にすごい可能性あるわけよ。

ID43　いえ、この設計プロセスから発見された行為というものは内々の関係なんですけど、実は空間化したときに内と外の関係性がこういう風にどうしても出て来てしまっていうところに面白さを感じていて、ここは自転車を置くスペースになっていたりとか、そういった発見とかもできるので、ここがもし普通の住宅の敷地だとしても、それは都市に対して新しい関係を生み出しているような気がします。

手塚　あのね、悪いこと言わないからさ、もう少し短い言葉で説明するようにした方がいいと思うんだよね。せっかく内容は面白いことをやっているんだから、もう少し楽しげに「ちょっと自転車がこう入るじゃないですか。ここでこう入ってもいいし」とか、もう少し説明の仕方を練習した方がいいと思うよ。

ID43　はい。すいません（笑）。

千葉　僕も面白いと思ったんですよね。だだっ広い空間とは違って、「家具」というものは限定された機能を持っているもので、この作品は、建築と家具の中間をとってある

種の限定性を持っているんだけれども、配合性もある。つまり、様々な使い方というかアフォーダンスを触発するような空間のユニットを複数的に組み合わせるということで、僕の哲学で考えている「有限性」のテーマとかにも関係する話です。無限に「どうにでも自由にここを使っていいですよ」って言われちゃうと逆に人間は行為ができなくなるので、あらかじめある種のプロトタイプみたいなものを伝えることで、その間からいろいろな空間の使い方が触発されるということだと思うんですね。ただ僕がこの作品に対して不満を感じるのは、僕としては息苦しい空間ができていたんです。それはなぜかというと、常に潜在的な別の行為の使用可能性が充満しまくっているんですよね。人がどんどん新しい可能性を発見していくことをすごくポジティブなこととして説明してくれていますけど、常に行為の発見の可能性というのを要求され続けているような感じが僕はするんです。つまり「何もしなくていい」とか「ただただダラッとしている空間」というか、無駄な「隙」っていうのかな？いや、ある種の「隙」だらけは「隙」だらけです。ただ全て行為の可能性につながるという意味で、エクスプロイト可能な「隙」なんですよね。純然な「隙」がないんですよ。さっき手塚さんが周りの空間とどういう関係があるかと尋ねた時、あなたの答えは「今、内部思考的に使用可能性の集合ができているけど、それが外側に向かっても広がりますよ」と説明しているわけ。つまり、外側の空間をどういう風に使えるのかということ。使用可能性の充満がどんどん外に広がっていくっていう話なんですよ。でも僕は、外側への考え方は、だだっ広さとか、「何もしなくていい」というような空間の場所性とか広がりみたいなものとどういう関係にあるのかってことだと思うんです。「何もしなくていいんですよ」ということがこの建築にはない。「何かしなくてはいけない」という潜在性に僕は抵抗がありますね。

ID43　そのことについてお話ししたいんですけど…。

谷口　ごめんなさい、時間ですね。

手塚　大丈夫、頑張っていればチャンスはあるから（笑）。さっきは思いっきり「隙」のある2人だったけど、今度は全く「隙」のない2人だったね（笑）。「隙」がある人と「隙」がない人（笑）。

谷口　それでは入れ替えですか。お願いします。

ID48（プレゼンは31ページ参照）
ID58（プレゼンは18ページ参照）

谷口 ありがとうございました。そうしましたら季節移住の湖の方なんですけど、手塚さんが2票入れていらっしゃいますね。

手塚 これはすごいよくできていると思っていて、唯一気になったのがこの筏って何でできているの？ただ筏に乗ったら多分沈むだろうなと思うんだよね。これはどうして沈まないし、ひっくり返らないの？

ID48 ここの人たちは基本的に竹をひたすら組んで筏をつくっていまして…。

手塚 それだけでいいの？この上に何か乗っかったらひっくり返るじゃん。このくらいの筏の上にこんな物を乗っけて、博多山笠みたいになっているけどひっくり返っちゃわない？

ID48 一応重心が低くなるように材料とかを配置しています。

手塚 本当に？これから考えることだから、まあいいかな（笑）。山笠がひっくり返らないんだから頑張れば大丈夫だよ。それでは駄目？下に重し入れとく？でも面白いからいいか。他に誰かコメント言ってくれませんか？

谷口 あ、金野さんが1票入れてくださっていますね。

金野 そうですね。面白いなと思いました。ここでは小さなスケールの組み合わせで全体がつくられていますが、例えば市場のような大きな空間とか人が集合する場所とかの可能性というのは何か考えていますか？

ID48 そうですね。現状として個人個人がまばらに家を建てて生活している状況なので、これを実際に提案したら多分…多分ですけど、一緒にいるのが嫌でバラバラで建てているのかなって思います。

金野 やっぱり最終的に密度が結構高くなってきていて、床もたくさん入ってくるときに、大空間をつくるっていうのはこの動きに合わないんだと思うんだけど、集合したときのイメージというのが本当にこの村に合っているのかどうかちょっとまだ想像しきれないところがあったので、そういう話があれば聞きたいです。

ID48 移住する前の村の本拠地は綺麗に高床式の住居が並んでいるんですね。そのためこの形態になっても違和感はないかなと思っています。密集するというのはないんですけど、基本的に前面道路に対して村の方が顔を並べるように並んでいるので…そんな感じです。

谷口 よろしいですか？それではURBAN WEAVERの方についての質疑応答をお願いします。手塚さんと、矢作さんも1票入れていらっしゃるかと思います。

矢作 卒業設計ってデカイのをやっちゃうと大味な感じで造形的なことをやりたいんじゃないかって思われがちなんだけど、僕はこれをすごい買っています。僕は実際に事務所に勤めているときに、ドームのコンペをやったことがあるんですよ。ドームって結構プロトタイプ的に決まっていて、今プレゼンで言ったように観客席のレイアウトとか裏のこととかも決まりきっているんですよね。そして、それに対してこれは本当に新しい提案をしているなという気がするんですよ。アウェイとホームをはっきり分けずにうまく交じり合っているとか、こういう動線がいくつもあっていろいろなところから入ってこれるとか、中は人がサーキュレーションを重ねているとか。あとは、すごい大きいボリュームなんだけど、花びらみたいに分散されることによって景観的にも結構いいんじゃないかなとか、すごいよくできているなあと、某工事中のスタジアムよりいいんじゃないかなって思ったりしています（笑）。

手塚 某工事中のスタジアムの2倍くらいの価値があるんじゃないかって思うんだけど、いいじゃんね、やっぱりこういうときってやりきっているのはすごいいいと思うんですよ。ただね、ちょっと気になったのは、この素晴らしいスタジアムの構成とこの屋根にちょっといまいち違和感があってね。なんか引っ張っている構造っていうのがなんとなく既視感があるんだよね。それに対してこの素晴らしい床の構造っていうのが、都市との融合の仕方というのが画期的なところがあって、もちろんレベルとしてはすごくいいと思うんだけど、この屋根が床の話に付いていけてたらもっと良かったなって気がするんだな。ちょっと違和感があって。

ID58 屋根に関しては、既存のスタジアムにすごいでっかい鉄骨トラスがあるじゃないですか？そこを排除したというのが…。

手塚 よく分かるんだ、よく分かるんだよ。花びらのような優雅さと、あとはここに立った瞬間にこれが全部それを消しているような気がして。

ID58 ここに柱が落ちてきちゃうのが嫌で、それを回避するためには…。

手塚 まあ分かるんだけど。綺麗なバラの花が咲いたところに最後にパカッと蓋で押さえちゃったみたいな気がしてさ、それだけが気になる。だけどよくできていると思うよ。それからこの都市との融合の仕方が、ここまでやってこれ以上やると叩かれると思ったかもしれないけど、このランドスケープがここでプツッと切れているのがもったいないよね。

ID58 そこは切れているというよりは、僕が独断的にこのドームの周りまで設計していくんじゃなくて、このスタジアムの内部によって埋まる、例えばここはアウェイのお客さんが使うとか、ここは地元の人が通る道のかっていうことから、周りに事後的にスポーツバーとか…。

手塚 まあ、分かるんだけどさ。多摩川が流れていった先にいきなりこれくらいの水路になっちゃったみたいなのスケール感の異常なトランジションがすごい気になる。分かる？この幅が「絶対狭くなる、ここで詰まるぞ！」みたいな。この融合がうまくいくとわかりやすいじゃん。すごくいいと思うんだけど、あと1年やってみるといいのに…もう1年か（笑）。

谷口 はい、ありがとうございました。いいですか？これで8人全員の発表と質疑応答が終わりました。

DR ありがとうございました。

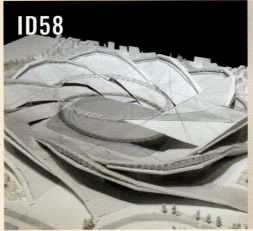

受賞者選抜議論

Discussion on winners selection

序盤から3作品に絞られる

谷口 今から受賞作品を選ぶのですが、クリティークの皆さんとちょっと相談をして、選び方として一番最初に各自最優秀賞候補を1人ずつ挙げていただきます。その後、それに関して議論しまして、まず最優秀賞を決めさせていただければと思います。よろしいでしょうか。それではいよいよ順位決めとなります。それではクリティークの皆さん、今から「これが最優秀賞」と思う方を推してください。それから、順位決めが終わるまでに各自のクリティーク賞を考えていただかないといけませんので、そのことも頭の隅に置きつつよろしくお願いします。それでは年齢の若い順でいきたいと思いますので、最初に金野さん、お願いします。

金野 1点ですよね?そうですね、私は防災地区ターザン計画を1次審査でも推させていただきましたけど、これを推したいと思います。私自身、実は谷中に住んでいたんですけど、あの地域ならハチャメチャなことを、まちの希望として描くことも不可能ではないな、面白いかもなと思いました。現在、建て替え防災のことなど様々に議論されている中で、結構シリアスに解きがちなところをああいうテクスチャのある中に喜びというか、建築の楽しさと、建築だけでなく街をどう楽しむかということを表現してくれたことを評価して、これに票を投じたいと思います。

谷口 ありがとうございます。そうすると年齢順で次は千葉さんです。

千葉 ちょっと飛ばしてもらっていいですか?

谷口 それでは手塚さん。

手塚 私の中では断トツでスタジアム。ここ何十年かの日本の流れの中で、1つもこういった新しいスタジアムが出てきたことがないんですよ。今ね、今度のオリンピックでも建築設計者に頼んでる建物は少なくて、こんなことを日本がしていたら私は沈没してしまうと思っています。隈研吾さんもやっているけど、あれは屋根だけやってもらっているだけだから、やっぱり次の世代の日本にはこういう建築家が必要なんじゃないかということで、彼に1票を投じます。

谷口 はい、ありがとうございます。次はどなたになりますか?千葉さんはもうちょっと待ちますか?それでは矢作さんお願いします。

矢作 僕は迷っていたんですけど…ターザン。ターザンを推したいと思います。これはターザンの方に目が行きがちなんですけど、さっきも言いましたが、実は建築の隙みたいなものを意図的につくっていて、建築っていろいろなことを同時に考える必要があると思うんですよ。このプロジェクトで言うと谷中という密集地に対して既存の建築とか風景を壊さずにいかに防災っていう、その問題と向き合っていくかというのと、子どもの遊び場みたいなところがあまりない、路地裏はあるんだけど、遊び場はあまりないというところだとか、いろいろなことを実は解いているんですよね。粗削りな部分はいっぱいあるんですけど、きっちり解けている。そういう意味で僕は最初に言ったバランス感覚が一番なさそうなプロジェクトに一見見えて、実は同時にいろいろなことを考えてバランスを取っていて、でもそれだけじゃダメなんですよね、建築って。そこにターザンっていうインパクトを持ちつつも、その両方を兼ね備えている彼女のバランス感覚だけじゃなく、今後の能力にも期待したいなと思って、ターザン以外の部分がいいっていうことも含めてターザンで。もう1個迷ったのが手塚さんと同じ意見です。僕はこのURBAN WEAVERは迷いに迷って僕の個人賞にするかいろいろ迷っている状況です。

谷口 はい、ありがとうございます。それでは千葉さんが田中さんのどちらかお決まりの方。

千葉 僕は最後でいいですか?

谷口 それでしたら田中さんお願いします。

田中 余計なことを言わずに、瞑想の砦。

谷口 はい、瞑想の砦。わかりました。

千葉 1つ選べというのはなかなか…何点かを選んでその中からというのが僕は選びやすいんですけど、1つというとそうですね、ターザンかな。うん、ターザンに入れましょう。なんというか、紐にぶら下がってシャーっと行くっていうのはあれは1つの象徴というかアイロニーみたいなもので、別にあれを実現するというのが問題じゃないんですよ。つまり、隙って言っているけど、隙はポイントだけど、ただ隙っていうキーワードで隙のことをもろに言ってしまっているところがちょっと素朴で、もうちょっと建築的な隙をどう考えるかということを、もろに隙をつくりますというのとはちょっと違う一工夫が僕は欲しい気もしたんですが…。いずれにせよ何か都市空間、建築空間の中の余裕や余白みたいなものを問題にしていて、その余裕とか余白というものが紐にぶら下がってシャーっと逃げ延びていくようなああいう逃走作用というか、そういうものによってアイロニーとして示されているということだと思うんですよ。ただやっぱりそういう開放感が多分、様々な建築的要素に展開する可能性があって、きっと今後もっと具体的に考えてくれるようになるんじゃないかなという気がしました。

谷口 ありがとうございます。田中さんと手塚さん、反撃の時です。

手塚 反撃っていうか、やっぱり世の中ってこういう隙のある人たちが最後にかっさらっていくというのが多いんですよね。どう見たって家具の提案とか虫の提案とか、この慶應大学の3人組は優秀だと思うんだけど、どれが可愛いかってなるとターザンの方が可愛いって世の中はなっちゃうんだよね。だけど世の中っていうのは2等賞の方が優秀だったりするんだよね。だから2等賞にするって訳じゃないんだけど、ただ、本当に今学生が建築に対して夢を失くしているんじゃないかとすごく心配している。メディアのせいなのかどうか分からないんだけど、建物改修とか減築とか、ちょっとした木造密集地をどうこうしましたっていう提案がどうしても持て囃されて、美談のように扱われてしまう。建築をつくることがあたかも悪いことのように取り

上げられているんだけど、あれは大変な間違いなんだよね。これは日本だけのかなり自虐的な歴史観じゃないかと思うんだよ。今回のオリンピックで建築家が物をつくれていないというのは大変な国家的損失だと思うんだよね。膨大なお金を使っていながら、同じお金を使っていながら良い物ができていない。ああいうものは国民全体で考えて「日本とはこういう姿であるべきだ」というのを問うべき場所なのに、何も検討せずに物ができているって恐ろしい状況だと思うんですよ。その根本は美談に騙された、豊洲の問題も含めて、あれは嘘ばっかりだったんだけど、建築が悪いものであるかのように思われている。その中で、この提案は真っ向から世の中に叩かれまくるようなことをしている。だけど、彼のこの建物をつくると多分「あ、日本人ってのは凄いことをやっぱりやるんだな」ということに気が付くと思うんだよね。こういう新しいスタジアムを生み出した時代というのはかつての日本にもあった。1960年代のオリンピックの時には丹下健三がそれによって世界に出て、日本の建築家を引っ張ったんですよ。いわゆる東京大学の花の時代です。申し訳ないけど今の東京大学にはそういうところがどうしても無くて、私は歯がゆいんだけど。やっぱりこういうスターというのが本当に育ってほしい。正直言ってね、私の世代の後になかなか大きな建物ができていないっていうのは私たちのせいもあるのかもしれないけど、とにかく夢を描いてほしい。彼には夢を抱き続けて必ず自分の時代が来ると思ってほしい。そういう意味で私は本当に彼に1等賞になってほしい。1等賞になれないと今の日本のメディアに引っ張られた状況が続くのかな、寂しいな、そういう気持ちがあります（笑）。

谷口 田中さん、いかがでしょうか？

田中 今のご意見は現在の建築の状況、現代の日本の国家的行事に携わる建築に危うさを感じたり、不遇の時代に評論的な立場をとられるというのはよくわかります。でも僕は、何千年か前の人間になりかかったようなまだ言葉にできないような、普段ほとんど大地の中に潜り込んでいっちゃうような、「人間の歴史5000年！」みたいなこの感覚が好きだなぁ。

手塚 それは思います。ただ彼女はまだ4000年前からここに来てないような気がするんだよね（笑）。

千葉 いやいや、というよりも確かに古代的なモチーフのものですけど、そこに表れているのはすごく現代人の高度資本主義の中で翻弄される私の不安みたいなもので、すごい漠然とした不安なんですよね。そういう不安を見つめ直して、仕事で忙しくてギターを弾けなくなった人がもう一回ギターを弾くみたいな絵が出ていましたけど、それがああいう古代的な継承と結び付くというのはまあいいんだけど、欲望とか不安という問題に対する考察がまだまだ甘いというか、現代っ子のすごくフワフワーっとした感覚でいっちゃっているなというところに僕は凄く問題を感じるのね。

手塚 最初のコメントと、壮大なエジプトみたいになるっていうギャップって素晴らしいんですよね。

千葉 そこが面白いとも言えるんですよ（笑）。

田中 だから今の1点に絞った時に、ジーンズハウスみたいな全然自分は語らないけど何気にチャックはあるだろう、こういうのあるだろう、そういうのを聞かずにすっ飛ばして、僕はあのジーンズに何を感じたかというと縄文時代の竪穴住居のようなもの（笑）。だから入ったらそこからお這入りなさいっていう部分もできていたっていうぐらい、

あの建物はドアもなければチャックもなければ出たり入ったり、お這入りなさいこんにちはみたいな。そういう自由度を持った説明をしてほしかったよね。そういう自由度があるからいわゆる建築素材じゃないものの可能性というものを語れるわけです。僕としては自分も建築家ではなくミュージアムデザイナーをしているわけですけど、軟化したイメージっていうのかな、そういうものを構築していく。そこに1本の線が見えないんだけど見えてくるという、そういうところに次の世代のデザインというか、あくまでも僕は建築という言葉は使わないけどデザインというものを感じ続けていってほしいと思います。だからいいと思ってもプレゼンテーションで自分自身の思い入れをもっと心に置いてほしい。そういう意味では「瞑想」の提案はとにかく揺るがず、原点を姿勢を正して説明してたからいいんじゃないかと。それとスタジアムについては、サッカーのためのスタジアムにするのではなくその裏側の空間がすごいうまいんだ。それが折り重なっているところは、要するにくだらない複合商業施設とかそういうものを撃破している発想だから、そういう意味では僕はサッカースタジアムとしてではなくて、あの建築の花びらの裏側の複合都市建築みたいなところが好きだなと。だからそういう意味ではこっちにも1票入れたいという気持ちはあります。

現在の建築と
建築家としての将来

手塚 あのね、金野さんね、私が心配なのは建築が元気がなくなっているんじゃないかっていう、そういうところをちょっと挙げたいんですけどどうですか？

金野 私もスタジアムはとてもいいなと思って1回目も票を入れて、違う卒計展でも見ていましたがそこでも票を入れています。非常によく考えられているし裏付けも取っているしスタディもすごくよくしていて、最終的にあの形に着地したのも素晴らしいと思っています。あのスケールに挑戦したことも含めて評価できると思っているんですが、あれだけ大きなものをつくってしまった時に本当に地域とどういう関係にあるのかというのが、今裏の建物の方が魅力的だったとおっしゃいましたけど、実はそこが描かれていない。パースとかでもほとんど裏側のローカルな部分だったりとか、道にどう接続しているのかとか、小さい住宅が本当にすぐ近くに迫っていたけれど、あそこをどういう環境にするのかというのがやっぱり見えてこない。既存のまち

ID16 防災地区ターザン計画

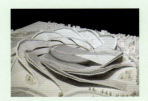

ID58 URBAN WEAVER

ID27 瞑想の砦

ID10 藍のイエ

> 建築というのはものすごい
> 長いレンジで見るべきだということ。
> 日本はまだ戦後が終わっていないんですよ。

に接続するべき、という訳ではなく、まちがどう変わるか、という可能性を描いても良かったかもしれない。単体としては完成度が高いと感じたんですけれど、敷地に着地するということを前提にした計画だとすれば、そこまでやってほしかったなと。そこが引っかかっています。それに比べてというか、ターザンに関してはターザンだけやっていたら多分票は入れないと思うんです。既存の防災センターをどうすればいいのか、話題になっているところをもう少し開かれた建築として、少しコンクリートのマッシブな壁面は気になったんですけど、規模を大きくして、とっかかりや触手を多くしている。最後に谷中の木造の改修とかは考えなかったのかと聞きましたが、あれを考えていたら違うかなとも思ったんですけど、やっぱり生き残っていくためにしっかりした構造体をつくるべきだっていう、つくることに可能性を感じているというところに1票を投じたいなと思っています。そういう地域のコンテクストを踏まえた建築資源のフローという可能性を信じているのかなということでこちらに票を入れました。

手塚 ターザン計画の彼女は将来何やるの？実はね、最近の卒業設計展で1等賞になった人がみんな建築設計やってくれなくてさ。要は脇が甘いまま大学で建築やって、脇が甘いから設計には行かないみたいに、気が付いたら1等賞がみんな設計に行かなくて。君は設計やってくれるの？（笑）

ID16 はい、私は子どもの頃から自分の家をつくるのが夢だったのでつくりたいです。

手塚 住宅しかつくらないの？もっと大きいものはつくらないの？

金野 自分の家しかつくらない人いるんですよ。自分の家をつくったら満足っていう人。それじゃあちょっと困るよね（笑）。

ID16 自分は隙をどんどん考えていきたいので、世の中にないような隙は生み出したいとは思います。

手塚 いやだから心配なのはね、住宅メーカーに行くってこと。

ID16 住宅メーカーに行こうとは思っていません。

手塚 住宅メーカーが悪いわけではないんだけどね（笑）。

ID16 自分の今住んでいる家が住宅メーカーの家で、それに疑問を持ちながらこれまで生きてきたので。だから建築をちゃんと学んで建築をつくりたいです。

手塚 3人がターザンを推してるからなかなか厳しいで

すね。田中さんどうしましょうか？何言っても他の方は揺るがないので難しいんですよね。私は穴開けているのもいいと思うんですけど、元気があるのがいいなと思うんです。

矢作 スタジアムの彼は将来どういう目標なんですか？建築やってくれるんですか？電通とか言わないですよね？（笑）

ID58 さっき手塚さんがおっしゃってくださったように、やっぱり日本のメディアとかを見ていてもしっかり形として提案しているものが少ないなと思います。そこにフラストレーションみたいなものがあって。大学院は海外に行きたいと思っているし、日本で評価されないのならば他のもっと大きい舞台に出て設計を続けていきたいなと思っています。

手塚 うん、いいですね（笑）。

谷口 いいですねというか、答えが100点満点過ぎた気がしますけど（笑）。

手塚 転んでくれたりはしないか…。

矢作 2票あればこれにも入れるんですけどね。ただ僕もやっぱり、やっぱりターザンかなと思うんですよ。その理由はちょっと金野さんと近いんですけど、このスタジアムがここにある場所性みたいなものがちょっとまだ分からないんですよ。先日仙台で阿部仁史さんがつくったスタジアムを見学させてもらって、あそこは山を切り開いてつくっているんですよね。スタジアムといっても40〜50mぐらいの高さになるから、あそこは半分地形に埋めてランドスケープに馴染ませるという、そういうところにすごい力を入れていました。ここもね、花びらで分散しているんだけどやっぱり凄い圧迫感になるので街に対する配慮がないんじゃないかな。建築単体で考えたらこれはいいんだけど、コンテクストや街の風景からするとちょっと…。

近年のスタジアム設計について

ID58 スタジアムってそもそもがコンテクストを無視した景観体であって、僕は元々ある場所性みたいなものからそれを形にするというよりは、もちろんいろいろ地域に対しての提案も説明しましたけど、このスタジアムがあることでそこに場所性が生まれるという、そこの順序を逆にして考えてほしいなと思います。

手塚 それね、彼の言う通りだと思っていて、多分、丹下健三さんは当時の原宿の木造の街並みに合わせてあのスタジアムをつくっていないと思うんですよ。スタジアムができたら変わっていく。やっぱり昔の歴史を見てもですね、コロッセオは周りに合わせてつくった建物ではないと思うんですよ。だから必ずしも今の街に着手するってことが大事なのかと僕は気にしています。谷中とターザンの提案は優れていると思うんだけど、じゃあちょっと待てよと。50年後ターザンでいいの？50年経ったとき、谷中ってあのままの街並みなのかというと、若干疑問があるんですよね。私がよく言っているのは、建築というのはものすごい長いレンジで見るべきだということ。50年後なのか100年後なのか、私は400年って言うんだけど、日本は実はまだ戦後が終わっていないんですよ。本当に世界的に見てもこんなに建築の復興が進んでいない街はないってくらい、日本はひどい街並みのままなんですよね。あれをポジティブに捉える人たちもいるんだけど私はすごいネガティブに捉えていて、隙間があってこんな住宅地があっていいじゃないかと、私はとてもそうは思えない。これからも多分復興に50

年は時間がかかると思う。ちゃんとした街をつくるには100年もかかるだろうし、そういうことを考えていくのが建築家の仕事なんじゃないかなという気がするんですよね。そういう元気が欲しい。
谷口 ターザンに票を入れた3人は動きそうにないですか？千葉さんが「やっぱりターザン」って言えば、どうやらギブアップかもという感じなんですけど。
矢作 ちょっといいですか、敷地はどこでしたっけ？スタジアムの。
ID58 川崎市です。
矢作 川崎市ですよね。そうですよね。
手塚 すごい変わるよ。はっきり言って武蔵小杉なんて田舎の駅だったんですよ。それが今見てくださいよ、超高層が10何本も建っているじゃないですか。それくらい街って変わるんですよね。だから谷中を見たときにあれがずっとあのままっていうのは僕はちょっと変じゃないかなという気がするんですよね。だって谷中の歴史ってそんなにすごい古いわけじゃない。奈良や京都じゃないんですよね。悪いわけじゃないんですよ、できてから20年くらいはいいかもしれないけど、それを根拠にスタジアムを暴力的だって言うのは違うんじゃないかなと思っている。
矢作 確かにね、建築ができてそれに触発されてその街がどんどんいい方向に向かっていくとか、何もなかったところにどんどん建築の文化をという、そういう建築の能力は信じられているんですよね。フランク・ゲーリーのグッゲンハイムビルバオなんかまさにそうだと思います。1960年に代々木体育館ができたときの、あの密度がないところにつくった丹下さんのスタジアムと、川崎のこれだけ密度が上がっているところに対して建てるスタジアムとはちょっと状況が違っていて、別に敷地の選び方は悪くないんだけど、そこに対する何か本人の意向みたいなそういう話がなかったのが少し気になっているんですよ。別にここのコンテクストを大事にしろっていうんじゃなくて、そこに対して何か考えていたのかなっていうのがちょっと伝わってこない。
ID58 敷地の話をすると、川崎フロンターレというチームはJリーグのいろいろなクラブがある中でもすごく地元密着型クラブで、アンケートの統計でいつも地域貢献度が1位になるようなクラブです。周りをあれだけ住宅地に囲まれた場所で住民の人たちに心理的に受け入れられている、そういう場所だなと僕も何回もその場所に行って感じています。ただ航空写真を見てここにスタジアムをつくろうっていうのじゃなくて、何かその地域、その商店街とか周りの人々にどういう心境でそのチームが受け入れられているのかというのも踏まえたうえで、ああいう設計をしました。
手塚 最近のスタジアム批判ってどこから生まれているかというと、まさしく今度の東京オリンピックのスタジアムだと思うんですよ。ただね、あの発端となった槇文彦さんの発言は、ザハ・ハディドをクビにしろって言ったんじゃないんですよ。あそこにつくるのは間違いだって。私もそう思う。だってあれだけ立派な緑が街の中にあって、本当だったら今のスタジアムを壊して緑に戻してもいいくらいの場所にもっと大きいものつくっていいのか。だから「よく見てみると、すぐそばの湾岸にあんな立派な敷地がたくさんあるじゃん、あそこに動かしてザハ・ハディドにつくらせたらどうなの」っていう話を、誰かが曲げていつの間にか槇さんがザハ・ハディドをクビにしたって話になったのよ。だ

からね、あそことパラレルに見ちゃいけないと私は思っています。先ほど彼が言った川崎という場所の地域密着とか、川崎ってこれからガンガン変わる場所だと思うんですよ。そういう都市の変遷のビジョンを考えていくとあれはアリなんじゃないかと。全然暴力的だとは思わなかったんですよね。なかなかこれ平行線なんだけど、どうですかね？（笑）

最終決議の時間

谷口 そうですね、そろそろ決めないといけない時間になりました。千葉さん、いかがでしょうか？
千葉 決め方の原理がよくわからなくて。そもそも多数決なのか、それとも議論という形だとどうなのか？
谷口 今3名の方が同じものを推していらっしゃるので…
手塚 千葉さんが転ぶと話が変わって面白いんですが（笑）。
千葉 うーん、でも確かに手塚さんのあのスタジアムに対する批評はすごく説得的でその通りだし、彼の志も高いものだと思うし…。悩ましいですね（笑）。僕は建築業界の人間ではないので、建築界の責任を持っているわけではなくて、これが哲学学会の賞だったらもっと真剣に考えるんですけど（笑）。難しいなぁ。
田中 だけど、僕は隣で分野が違うなりに話を聞いていますけど、あまり建築のコンペとか建築学会賞とか、そういう意識を持たず審査してほしいということで、僕は依頼されたんだろうなと思ってここに来ています。スタジアムの話は、結局そういう風に言い出したら、それじゃあ第二次世界大戦に東京大空襲に遭った東京が復興してきて、そこから万博やオリンピックの10年があって、そこからまた2020年に向かっているわけだけど、結局そういう中で地震でもって高速道路も崩れたということを考えていくと、既に東京オリンピック時代に構築された東京や都市だって災害やなんかで一気に潰される。だから今スタジアムのことからそういう都市の変化といった話になっていくと、僕はこの建築の審査はデザインという視点で考えてほしいなと思うから、今やっている議論がそういった戦後、オリンピック当時、そして今と同じように繰り返されていくことだろうから、そういう視点に置かなくてもいいんじゃないかなという風に思います。このコンペ自体が建築を成しうるか、建築化するか、建築を実現するための理念を構築

建築のコンペとか建築学会賞とか、そういう意識を持たず審査してほしいという考えで依頼されたと思っています。

> この作品は学内ではあまり評価は得られていない。だけど、自分の中から埋没的に生まれる建築を考える姿勢というのはいいと思っています。

してるんじゃないかなと思って、もっと大きな視点で考えてほしいなと思います。

千葉 今の話は大変なるほどと思いました。そうですね、やっぱり今のスタジアムの話に関しては、非常に建築の状況に対する危機感として説得的だと思ったんだけど、それはそれでわかるんだけど僕自身が考えていたことはまたそれとは違う筋なので、自分が最初に挙げた「防災地区ターザン計画」の提案で動かさなくてもいいのかなという気になりました。やっぱり意見は変えません。

谷口 そうしましたら、ターザンが最優秀賞でよろしいでしょうか？最優秀賞は「防災地区ターザン計画」としたいと思います。それでは、次に優秀賞2つを決めなければならないのですが、1位候補に挙がっている2つの中からピックアップするという形でよろしいでしょうか？それとも別の候補を挙げたいという方はいらっしゃいますか？

最優秀賞と優秀賞の決定

千葉 今の議論だったらスタジアムが2位でいいんじゃないですか？どうですか？
手塚 穴掘っているのは3位？(笑)
千葉 いや、それはちょっとどうなんでしょうか(笑)。
矢作 いやそれはさすがに…(笑)。
手塚 いやそれもいいかもしれない(笑)。
田中 よく掘ったよ。
手塚 いいなぁ。
矢作 僕も2位はスタジアムでいいと思うんですけど、3位がちょっと気になっていて。さっきも千葉さんと話していたんですけど、あの空間に落ち込んでいる状態で行ったら飛び込んじゃうんじゃないか、マイナスの、負の気持ちを助長するような空間になっていないかとすごい気になっています。
手塚 思いっきり助長しているんじゃないですか？それでいいんじゃないのかな。
矢作 いや、それ聞きたいですよ。思いっ切り泣きたいとき泣いてすっとすることもあるから。そこで希望の光みたいな夕日の光が入ってきたりするんだけど、本人としてもね、あの空間の説明があまりなかったような気がするんですよ。こういう空間をつくりたかったという、その一言を聞きたいんですよ。
ID32 私はずっと卒業設計がうまくいかなくて落ち込んでいる時期があったんですけど、その時期の心境を作品

に見出していまして、そのときにみんなの作品がすごく良く見えて羨ましいなっていう気持ちになって、すごいマイナスなイメージの中にいました。マイナスなイメージが強いのは確かです。
手塚 この彼女を許している福岡大学もすごいと思うんだけど、福岡大学の先生はここにいないですか？責任取って先生からちょっと一言もらえませんか？この彼女を放し飼いにしている先生はどういう気持ちなのか、その意図を聞いたら面白いと思うんだけど(笑)。
四ヶ所 福岡大学の助教をやっています四ヶ所と申します。彼女は私と一緒にやっている太記先生の研究室の学生で、よく私も指導していたんですけど、今「すごく卒業設計に悩みを抱えていた」と言ったように、なかなか指導していてもうまく前に進まなかったということもあるんですね。彼女は掘るのが好きで、その前の課題も掘っていたんですよ。それでいろいろ悩みを抱えている中で、旅に立って島にたどり着いて。その島の景色の中で何か考えたいというのもあったんですけど、何かそこで物をつくるということ自体にはあまり積極的な姿勢は見せずに、自然に埋没したいという個人的な思いみたいなことを語っていました。ちなみにこの作品は学内ではあまり評価は得られていないです。だけどその思いでものを考えるというか、取り組む姿勢というのは、今日も社会的なコンテクストの中でものをつくらなければいけないという説明をされていた作品が多かったと思うんですけど、そうではなく、自分の中から埋没的に生まれる建築を考える姿勢というのは結構ポジティブに捉えていいんじゃないかと考えています。放し飼いにするとともに、もっとどんどんやれというような指導をしました。
手塚 田中さん、何か一言言ってやってもらえませんか？僕はいいと思うんだよね。
田中 でもさ、自分には悩みがあってなんて言っているけど、そんな悩みがあってとかそういうことではなくて、地球の中に自分でもって這いずり込むとか、地球の中に手を突っ込んで金塊でも掴むとか、悩んだから穴を掘ったではなくて、要するにストロー1本の穴からこうやって世界を見ると、いつも自分が通っていた道とか街とは違うビルのファサードとか照明が見える、そういうのをやってみると分かるけど、こんな狭いこんなところに、こんな空間とか空気とか気配とかが詰まっているのが地球だろう、みたいに、そこまででもっとポジティブにとってほしいなと思いますよ。そしてさっきも言ったように、建築といえども発想はボー

ダーレスである。隣に哲学者さんがいらっしゃいますけど、考えるのは医者でもいいしサッカー選手でもいいわけです。だからやっぱりそれぞれボーダーレスに文化というものに対面してみてほしい。その象徴として僕はあの穴に対面させてもらったということですよ。

谷口　スタジアムの優秀賞については皆さんOKですか？「瞑想の砦」の優秀賞についても皆さんOKですか？それでは今回のデザインレビューの上位3作品は以上のように決まりました。クリティークの皆さん、それを踏まえたうえで各個人賞の選定をお願いしたいと思います。皆さんクリティーク賞は決定でよろしいでしょうか？金野さんOKですか？

金野　ちょっと待ってください。

谷口　もし密談が必要でしたらそこでしていただいて構いませんよ（笑）。それでは各クリティーク賞の発表をお願いしたいと思います。まず矢作さんからお願いしてもよろしいでしょうか？

クリティーク賞の発表

矢作　ちょっと待ってもらえますか？他の方からで。
谷口　では金野さんからお願いしてよろしいでしょうか？
金野　はい。私は最後8選に選ばれなかったものから選びたいと思うのですが、1次の審査でも推した37番「ぶどう荘」。
谷口　はい、ありがとうございます。それでは田中さん。
田中　私も8選に入っていなかった「Folding Shelter」、44番です。
谷口　おめでとうございます。千葉さんは？
千葉　ちょっと悩んでいるところです。
谷口　ではその間に手塚さんお願いします。
手塚　はい、私は季節移住に伴う仮説住居の更新に関する提案。浮いているやつ。ひっくり返っちゃう筏の。
谷口　はい。では千葉さんどうぞ。
千葉　僕は12番「「往復業」のワークプレイス」の彼にしましょう。いろいろポテンシャルがある感じがします。頑張ってください。
矢作　僕は「URBAN WEAVER」を最初から個人賞に決めていたんですけど、優秀賞に選ばれたので悩んでいました。あとは「エログロナンセンス」。こういうものは無視しちゃいけないんじゃないかなって、そういう気がしているんですよ。しているんだけど、もうちょっと頑張ってくれないと推せないというのがあって…すみません、勿体ぶって。僕のクリティーク賞は35番「こどもの声とまちの音色」。彼女は専門学校生なんですよね。大学の教育とはいろいろ違う中でここに参戦してですね、やっぱりすごいいいものをつくっているなと。飛躍的なテーマじゃないんだけどしっかりと良い建築をつくっているというところに将来性を感じました。すみません、「エログロナンセンス」の方。でもすごい良かったということを言いたかったので、この場で名前を挙げさせてもらいました。
金野　「エログロナンセンス」の彼は3年生ですよね？来年もありますからぜひがんばって下さい！
矢作　あ、そうか、じゃあ来年待ってます！
谷口　おめでとうございます。
DR　皆さん、ありがとうございました。

ID21 エログロナンセンス

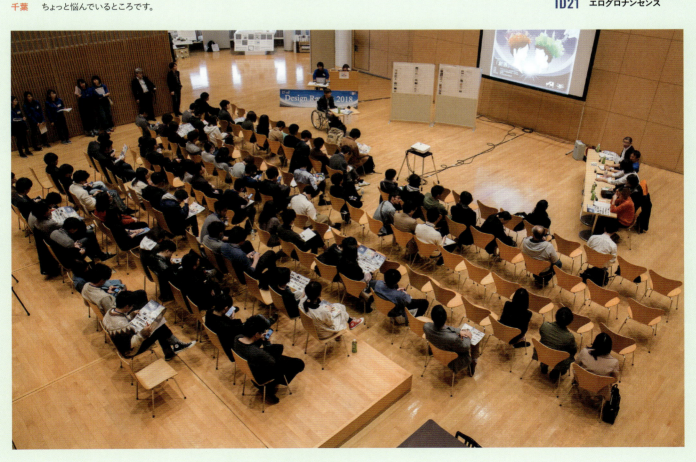

防災地区ターザン計画

この度は、このような偉大なる賞に選んでいただき本当にありがとうございました。私はターザンという防災に対してある意味、反逆的な提案をしたことで、せんだいデザインリーグでもこのデザインレビューでも、人の目に止まったのではないかと思っています。しかし本大会では、ターザンより他の建築的提案部分にも「スキ」は多く存在し、ターザンはその中の一部であることに気づきました。そして「スキ」を建築的に解くにはさらなる研究が必要だと思っています。トレンドとしては時代に左右されない建築とは何なのかが問われる時だと思いますが、私は人に愛されるような「スキ」のある建築が、感性を持つ人間にとって今の合理的な社会に不可欠であると考えています。

URBAN WEAVER

デザインレビューを通して建築に対する多様な価値観を肌で感じることができたと思います。他の卒業設計展に比べて作品数も絞られていたし、スケジュールも余裕があったので他の出展者やクリティークの方と直接議論できたのはとても有意義だったと感じています。これからも、いろいろな角度から建築の未来を考えていきたいと思いました。

受賞者後日談

ID_27　谷口徳望【優秀賞/JIA賞】
瞑想の砦

学内であまり評価の高くなかった私の作品が、デザインレビューの決勝戦に残り、優秀賞（3位）に選ばれるとは思ってもおらず、今でも夢だったのではないかと思います。あの会場の作品の中で、私の作品（模型のクオリティやポスターの密度）は決して優れているものではありませんでした。魅力的な作品が溢れる中で、なぜ私の作品が評価されたのかわからないまま決勝プレゼンに挑みました。発表が終わり、クリティークの方々に言われたことや他の方に話していたことを思い返すと、私は誰かのためではなく、自分のためにただただ穴を掘り、自分の欲求が満たされる作品をつくりました。"世のため人のため"という考えも大事だけれ

ID_12　豊康範【千葉賞/JIA賞】
「往復業」のワークプレイス

「数多くの情熱的な出展作品がある中で自分がどういった立ち位置にあるのか？」。それが今大会に出す意義だと感じて、そこを目指して一年間やってきました。そうして迎えた本番の日、出展者それぞれの向き合う課題が違う中で、自分自身がどのようにして社会と向き合おうとしているのかを、より鮮明に映し出してくれたと感じています。そして、ファイナルの場のマイクに自分の声を乗せることは、ある種の社会活動であるという思いが次第に募り、身が引き締まる思いでした。「自分が卒業設計に込めたメッセージを誰に届けようとしているのか」をより明快に示してくれた場となったと感じています。建築という学術として「より普遍的なものを探る場」というのも、もちろん大切な価値であると思いますが、もう一つ、これだけの舞台であるからして、これからに対して多少なりとも影響力を持つ「いち学生の声を届ける社会活動の場」

ID_48　百家祐生【手塚賞/JIA賞】
季節移住に伴う仮設住居の更新に関する提案

今回のデザインレビューで最も印象に残ったのは、クリティークの千葉さんが学生に語りかけた「道徳的な思想は正しいのか」という言葉です。当たり前かのように「これが良い」という考えが設計の可能性を狭めているかもしれません。もちろん建築が人にとって良いものであるべきと思いますが、「皮肉っぽさ」が思想の幅を広げるようにも感じました。今回8選に選んでいただきましたが、予選を通過した65作品の中に様々なベクトルで素晴らしい作品が多くありました。その中で私の1アイデア勝負の作品が評価いただけたのは、時の運が大きく影響したように感じます。今回の結果に一喜一憂せず、これから建築をつくっていく立場として、前述の千葉さんの言葉や他のクリティークの方々の言葉の真意を掴んでいけるよう歩んでいきます。

藍のイエ

私たちは修士2年生という立場から参加させていただきました。2年前、卒業設計を出展した時と変わらず、デザインレビューは学生コンペの中でも出展者とクリティーク、出展者同士の距離の近さが魅力的に感じました。また、私たちは修士の学生として、卒業設計以降、コンセプトに対し構造・環境面まで新しい提案を盛り込むことを考えてきましたが、今回多くの卒業設計を見る中で、純粋に魅力的なコンセプトから形態を追い求める力強さのようなものを改めて感じることができ、出展して本当に良かったと感じることができました。デザインレビューが、これからも多くの学生のために、懐が広くかつ密な関係の築けるコンペであることを願います。誠にありがとうございました。

デザインレビューを振り返って

ID_32　鮫島卓臣【8選】
蟲の塔

今回私が出展しました「蟲の塔」は卒業制作として取り組んだ作品です。大会中はクリティークの方と短い時間ながらも多くの議論を交わし、とても有意義な経験となりました。クリティークの方との議論の中では、特に「嫌な虫とはどう同居するのか？建築としてどう解決しているのか？」といった内容が中心となりました。大会を終えてこれらの議論を振り返ってみると、虫の目線から新しい建築の在り方を考えるという試みをする中で、その過程のどこかで一度振り返って、そこに生まれる困難や人にとってのデメリットをもう一度見つめ直し、もっと人の目線に客観的に立って設計を行う姿勢が必要だったのかなと今は感じています。今後はアイデアで終わらない、人のための建築を突き詰めていきたいと大会を終えて強く感じています。ありがとうございました。

ID_43　吉川新之佑【8選】
家具と建築のあいだ

2月2日の学内講評会が終わってからJIA神奈川、せんだい、そして福岡と3つのコンペに出してきました。コンペで審査員から受ける評価が全てではないけれど、多様な評価に晒される場に身を置けたことは、とてもいい経験になりました。特に審査員含め様々な人との対話の中でたくさんの言葉を得られたことは貴重でした。中でもファイナルプレゼンの質疑の際に、「(良い意味でなく)隙がない」と言われたことが心に残っています。他の解釈の余地がないという意味なのか、はたまた設計者としての態度がおおらかではないという意味なのか…。まだまだその「隙」についてしっくりくる解答はできないのだけれど、それでも自案に対する評価として新たに「隙」という言葉を獲得することができました。いつかその意味についてひらめく瞬間が来るのかもしれません。

出展作品
Exhibited works

Exhibitor ID_01

辻 ちなみ　つじちなみ

京都工芸繊維大学　工芸科学部デザイン建築学科　4年

Questionnaire
1. Illustrator,Photoshop　2. 10万　3. 6ヶ月　4. スチボを使うときはスプレーやジェッソを使って表面の質感を変えるようにしています。チップボールをよく使います。　5. 乾久美子・リボンチャペル　6. 中学生の時に実家をリフォームしてもらい、その過程がおもしろかったから。　7. 建築だけでなく、プレゼンボードなどのデザインを考える機会が多いので、デザインもできるようになったこと。　8. 何か切る時にハサミよりもカッターの方が先に出て来る　9. 春雨スープ

Title

石垣で紡ぐ ─みつばちによる輪中活性化計画─

Concept

敷地は岐阜県大垣市、川に囲まれたこの土地は堤防で囲う輪中により村を守った。ここに住む人にとって輪中堤は生きる価値そのものだった。しかし、治水技術の高まりから水害が減った現在、輪中の存在価値は薄まり、川と人を遮るものとなった。これではこの場所に生きる価値、記憶が継承されないと感じ輪中を再び「オモテ」の空間とすることをテーマに設計を行った。養蜂という新しい要素を持ちこみ、これまでになかった新しい輪中のあり方を提案する。

Poster Session _ Takaharu Tezuka

辻　敷地は岐阜県大垣市です。大垣市というのは川に囲まれた街で、堤防を築くことで村を守ってきた街です。石垣が水害から守るために街のいたるところに残っているので、それを生かしながら、また石垣もだんだん減ってきているのでそれをもう一度街に作り直して、街の衰退している産業とともに復活させようというのをテーマにしています。形としては石垣の構成を再解釈してつくっています。用途は、岐阜県の大垣市に今まで残っている繊維業のために、近代養蜂の発祥の地なので、蜂の要素を加えることで今まで衰退していたものをもう一度復活させようということで、一番奥が養蜂場の拠点になっている場所です。蜂の特性を生かして、ここから蜂が出てくるようになっています。こう蜂が出てきて、堤防を歩く人から蜂がいる様子が見えるようになっています。

手塚　ここから蜂が出てくるわけ？

辻　蜂は狭くて光がある方に向かっていくので、ここのレベルのところに蜂の巣箱を置く場所があって、蜂が光に向かってわ〜っと出るようになっています。

手塚　すごいね。でも蜂見えないよ。断面はないの？蜂の巣箱はどこにあるの？

辻　断面は低いところにあるんですけど、ちょっと変なところで切っちゃってて、見えないんです。

手塚　蜂いないじゃん（笑）。巣箱はどこ？

辻　一応パースに書いています。

手塚　あ、これ蜂？

辻　実際の大きさで書いたらこんな感じです。

手塚　じゃあ、この周りの蜂の巣箱はどこに行っちゃったの？

辻　巣箱はこのレベルのところに置いています。

手塚　巣箱見えないじゃん。

辻　そうですね、巣箱は一応模型の中にあるんですけど…。

手塚　あるの？小さいな、巣箱はもっといっぱい並べたほうがいい。

辻　はい。ありがとうございます。

Exhibitor ID_02

伊藤 公人　いとう きみひと
明治大学　理工学部建築学科　3年

Questionnaire
1. Illustrator,Photoshop,Excel　2. 出展料5000円/送料10000円/模型費15000円　3. サーヴェイ2ヶ月＋設計2ヶ月＝4ヶ月　4. 自分の設計意図に即した材料選択とスケール選択、ディティール　5. 決めれないけど強いて言うなら今はスカルパ　6. モノづくりが好きだったから　7. 好きなことを存分にやれていること　8. 徹夜してなんぼな悪しき風習　8. カロリーメイト「一歩を信じる」

Title
風景の再構築 ─ 空き家をつなぐ送りいえアートプロジェクトと時間的変遷 ─

Concept
敷地調査において、地域の印象や雰囲気の感じ方について考え、その土地らしさとは何かを考えた。地域全体の空間体験は、道が作り、木々が作り、家々が作り、人々が作る。それら部分の積み重ねによって「らしさ」というものを感じる。部分が全体を作るという観点から「らしさ」を構成する要素を取り出し、再解釈し、拡張することで空き家をデザインする。点としての役割、線としての関係、群としての表象。昔を羨み取り返すのではなく空き家を建築へと昇華させ、時間軸の中で風景を再構築する。

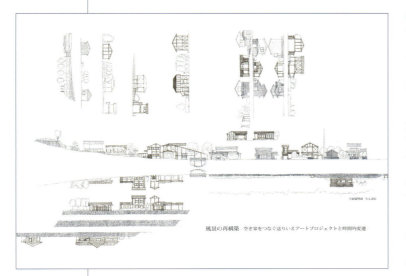

Poster Session _ Chie Konno

伊藤　これは、東京都の八王子市の上恩方町という中山間部に位置する地域に対して、この地域を調査してコミュニティを活性化させようという大学の課題です。僕は、この広域の地域の中でこの川を挟んで密集する住宅に注目しました。この太線で囲まれている部分が空き家で、この地域の中でも非常に住宅が密集して空き家が多いということに魅力を感じて調査を進めていきました。調査を進めていく中で、このように街の中を宿泊して歩きながら、自分がその街らしさを感じるものの要素を抽出しました。それとは別に、客観的に見られる屋根とか仕上げとか瓦礫とかの部分でどのようなものが多く使われているのかという、主観と客観を両方交えながら、そのボキャブラリーを抽出しました。それを用いて最後に、空き家になってしまったところに一旦空き家掃除を施した後、この街一帯でアートプロジェクトにするという提案です。

金野　どれが既存でどれが提案ですか？

伊藤　白が既存で人が在住している場所で、色がついている部分は全て空き家となっていたので、それに一旦空き家掃除を施して、かつデザインし、アートのプロジェクトに活用しようという提案です。

金野　模型でいうと具体的にどの部分が自分のエクステンションになるんですか？

伊藤　そうですね、基本こういうポリカーボネート屋根であったりとか、パンチングメタルの外壁であったりといった部分で、屋根は基本そのままで、外壁部分に施してあって…。

金野　これも屋根が既存であったの？

伊藤　これは、存在するボキャブラリーとは別でここに馴染むような外的な印象もあってもいいんじゃないかということで、屋根とかこういう部分は新しく新築した部分で、それ以外は既存です。このようなスロープも新築で建てています。

金野　これを全部巡るとどういう経験ができるというストーリーですか？

伊藤　僕が個人的に感じた街らしさというものと、住んでいる人が思う街らしさというものがあって、それが1人1人違っていいんじゃないかっていうのが僕の解釈で、巡った人が巡った上で何か感じるものがあればいいかなということです。

金野　アート作品はどんな人が手がけるんですか？

伊藤　それによって街おこしが起きるのではないかという提案です。

金野　こういうボキャブラリーを取り出したのは良いとして、そういう断片がどう想像されているのかっていうストーリーがビジュアライズされると、より良かったような気もしますね。

Exhibitor ID_03

田中 勇気 たなか ゆうき
立命館大学　理工学部建築都市デザイン学科　4年

Questionnaire
1. Illustrator,Photoshop,ARCHICAD　2. 20万円　3. 1年　4. どうしたら上手くいくか考えながらやること、スチペ、バルサ、黄ボール　5. 伊東豊雄、みんなの森ぎふメディアコスモス　6. 父が建築に携わる仕事をしていたため　7. 手先が器用になった　8. 徹夜を数えだす　9. カップラーメン

Title
一石の祈り ― 子どもたちが紡ぐ未来 ―

Concept
私は7人兄弟に生まれた境遇より大家族の力を強く感じ生きてきました。そしてこの大家族の力が、社会的養護が必要な子どもたちが、自身の境遇を乗り越える力になると考え、孤児院などに入る子どものための大家族住宅を提案します。この地では古くから石が子どもの象徴とされており、子どもたちの未来を祈願し作られた石積みがあります。その中で子どもが集まる居場所の一つ一つを、一つの石としそれが集まり、積まれることで未来を祈願しているのです。

Poster Session _ Takaharu Tezuka

田中　私は7人兄弟に産まれた境遇より、大家族の力というものを感じて生きてきました。その中で、力というものが社会的擁護を必要としている子どもたちが自分の境遇を乗り越えていくために必要なのではないかと考え、孤児院などに入る子どもたちが集まって住む、大家族住宅というのを提案します。敷地は嵐山から始まる愛宕街道の途中、三差路に計画します。この敷地は子どもを思いやる風土であったり、また多様な他者との関わり、そして古くから石が子どもの象徴とされてきました。石を積むことで子どもの未来を祈願したものもあります。そこで私はこの石積みというのを形態のモチーフとして石のくぼみやでっぱりを地形の凹凸、また子どもの集まり場所の1つ1つを一つの石ととらえて、石を積むことでの建築的操作、そしてこれらに産まれた様々な隙間というのが0歳から20歳までの子どもたちが集まる居場所をつくるのではないかと考えました。配置計画としましては、まず子どもを年齢ごとのレイヤー上に並べ、次に子守をする層を入れ込んでいきます。そして最後に京都では産育の神としても知られる愛宕山に対して軸を取りました。これらによって、出会いの街道では年齢の異なる様々なアクティビティーが溢れ出し、子どもは自分の居場所を見つけます。そして、くぼみの中では秘密基地や洞窟などが広がります。最後に、育ちの街道で子どもたちは成長を実感しながらこの施設を飛び立っていきます。

手塚　石はいいと思うんだけど、このコンクリートの屋根はなんで平らなの？
田中　それに関しましては、切妻屋根であったり片流れというのを想定はしたんですけど、一番石というのがストレートにわかる石の例えとして、フラットルーフというか陸屋根が適切なのかなと考えました。
手塚　石の建物って意外とフラットルーフじゃないよね。例えば切妻だったり入母屋だったりしてさ、むしろ石の上に載っかっているものって軽いじゃない。そこでコンクリートを載せるというのは、ピーター・ズントーのテルメバルスみたいなのはわかるけど…。なぜこれがコンクリートなのかというのを考えた方がいいんじゃないかなって思うよね。石はいいんだけどこの屋根がちょっと重いんじゃないかな。
田中　そうですね…。
手塚　美術館みたいだよね。
田中　一応子どもたちが集まる集合住宅的な施設になります。
手塚　屋根が重いよね。
田中　石の一番わかりやすい、自然の豊かな場所として愛宕山という…。
手塚　だからこれが自然じゃない、屋根が自然じゃないよね。これをこう取ってきてさ、ここに乗っけたらいいんじゃない。これ取れないの？
田中　いや、取れません（笑）。

Exhibitor ID_05

立石 愛理沙　たていし ありさ
大阪市立大学　工学部建築学科　4年

Questionnaire
1. Illustrator, Photoshop, SketchUp　2. 5万　3. 3か月　4. スプレー、スチペ　5. 青木淳、青山県立美術館　6. 大学合格　7. 多分野を知れる　8. 睡眠不足　9. さけるチーズ

Title

street weaving

Concept

徳山の新幹線の線路は大きく湾曲し、フェリーターミナルを迎えに行っている形状にある。しかし、新幹線とフェリーターミナルの間は閑静としている。その陸路と海路の間を「道」でつなぐ。江戸時代のような、道と屋内のプログラムが一体の空間を作り、徳山のポテンシャルを生かすための提案である。

Poster Session _ Masao Yahagi

立石　現代の道は建物と建物をつなぐのみで、建物に対して従属的であまり豊かな空間ではありません。そこで、プログラムと道が一体の豊かな空間をつくろうと思いました。敷地は山口県の徳山という場所です。新幹線の線路がかなり湾曲して、陸路と海路の境界にある場所です。そこで、それらをつなげて降り立つ人口を増やして徳山について身近に感じられるような建築をつくろうと思いました。ダイアグラムです。駅とフェリーターミナルを線でつないで添えていき、敷地に拡げて横の道も同じようにします。

矢作　どこに駅があるの？

立石　駅はこちら側で、こっちがフェリーターミナルです。

矢作　それを繋げるってことね。

立石　はい。フェリーターミナルとか駅を利用する人にあたるプログラムを縦に入れていて、横は地域のプログラム、例えば会議室とか職業訓練室とか…。

矢作　色で分けているわけね。素材というか。

立石　いや、違います。

矢作　違うの？黒っぽいのがそれで、じゃなくて、それは関係ない？

立石　関係ないですね。

矢作　縦方向と横方向のプログラムが絡み合っているのね。

立石　はい。1つ1つの帯にボリュームをつけたり、高さや開口、それ同士の距離だったりを調節して空間をつくります。帯の素材も変えていきます。機能を分散させることで人々は回遊します。グリッドや放射状とは異なる空間の質があります。

矢作　具体的にどんな機能が入っているの？

立石　例えば、縦方向は駅から降り立ってもらうので徳山について知ってもらうために、徳山はフグが名産品なのでレストランだったり、フェリーターミナルで釣りをしたり。

矢作　ここの動線は行き止まり…あ、ここで行けるのか。

立石　はい。通過の空間になっています。

矢作　じゃあ横方向の機能は？

立石　横方向は会議室だったり…。

矢作　会議室？

立石　はい。オフィスと多目的室とか職業訓練室、近くに工場とかがあるのでその人々が行けるものも機能として入れています。

矢作　これは結構タイトだけどこの幅はどうやって決めたの？

立石　ここはなるべく道を利用してもらいたいというのがコンセプトなので、なるべく細くて溢れ出しやすいような空間としてつくりました。

081

Exhibitor ID_06

森 伽原 もり かはら
早稲田大学 創造理工学部建築学科 4年

Questionnaire
1. Illustrator, Photoshop, Vectorworks, Sketchup, InDesign 2. 旅費、運送費7万 3. 2ヶ月 4. テクスチャ 5. Jørn Utzon、マラパルテ邸（リベラ） 6. 人間と、人間が生み出すものに興味があり、また、総合芸術であるから。 7. 建築という目的を持って世界を見る旅することができる。 8. 即断即決が求められる（難しい）、電車にプリンターなど生で持ち込む 9. カップ麺

Title

沈黙の保存 ― 潜在キリシタンのモニュメントへの漁村景観と﨑津教会保存計画 ―

Concept

天草市﨑津集落にある﨑津教会は、かつて潜伏キリシタン摘発のための絵踏みが行われていた庄屋跡に建てられた。このカトリックの教会はキリシタンの復活の象徴であると同時に潜伏キリシタンの終焉を意味する。そこで時間を止めない保存と創造を融合し、教会の衰退の表現の中に潜伏キリシタンの世界観の再現を行う。﨑津集落が抱える景観、歴史、環境の保存の問題を、新たに計画した船着場、漁協関連施設、資料館の形態で解決する。

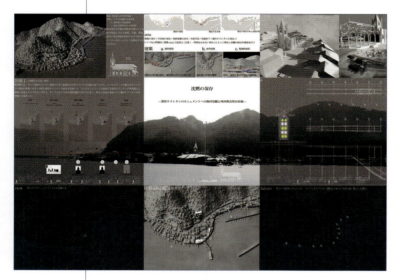

Poster Session _ Toshiyuki Tanaka

森　敷地は熊本県の天草市の﨑津集落というところです。今、潜伏キリシタン関連遺産として長崎市のものなども含めて12資産が世界遺産登録を目指しているところで、そのうちの1つです。この場所の景観的特徴は、まず漁村ですが漁業を営むためのスペースがないので、「カケ」という海側にせり出した簡易的な木の構造があったり、もう1つは…。

田中　これ？

森　いえ、ここら辺に出てくるんですが、短冊状の地割の路地だったりします。ただこの教会の現状を凍結するような保存ではなくて、教会の衰退の表現で潜伏キリシタンの世界観、モニュメントをつくれないか、と考えました。それを集落全体の景観の再編で行おうと考えています。1つ目の建築は線的建築でこのような路地に対して入れていこうと思います。機能はこの路地に対する雨どいと船に対する灯台、あとは観光客を分散的に入村させるための船着き場です。次がこの面的建築です。ここは短冊状に割れていなかったので、ここもきれいに短冊状のグリッドをつくろうということでこのような形にしました。最後が複層的建築で、禁教期、解禁期、現在と時代別で仏教、神教、キリスト教などいろいろな時代別と、あとは場所を分けてきちんと展示しないと伝わりにくいことが多いので、伝えるために新たな「カケ」をつくって展示するというものをあちらの建築で行います。

田中　新たな「カケ」って何？

森　新たな簡易的な構築物です。この壁面が段階的な解体によって取れたら、ステンドグラスがこちらに配置されます。かつて教会だけにあった光が集落全体の路地に配置されることで、教会の不在と集落全体に潜むキリスト教的な世界観というものを集落全体で表現することができるのではないかというふうに考えています。

田中　現況をそういうふうに区分して解体していくっていうことなの？

森　そうですね。集落には他にも課題がたくさんあるので、その環境的な課題とかを他のもので改善していきたいですね。

田中　わかりました。

Exhibitor ID_07

塩真 光 しおま ひかる
九州産業大学 工学部建築学科 4年

Questionnaire
1. Illustrator,Photoshop,Jw-cad 2. 10万円 3. 1年 4. ― 5. 三分一博志 SANAA ロレックスラーニングセンター 6. ABC建築道場 7. いろんなことに興味がわくようになった 8. いろんな場所に行くと建物を見るために上をよく見る 9. カップラーメン

Title

影の領域 〜沖縄原風景との対話〜

Concept

沖縄の建築は影をつくることである。建築により閉じられている通りから解放される影をつくり、無限に多様な場を形成する提案。対象敷地は沖縄県の国際通り。国際通りのコンクリート造の建築が立ち並ぶ街並みは、同じようなプログラム・建築が並び、生活の場が建築により均質化している。影によりできた場は、日付や時間帯により絶えず拡大・縮小し、人のアクティビティが影とともに拡大・縮小する。

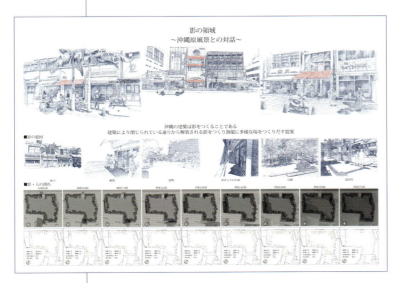

Poster Session _ Masaya Chiba

塩真 沖縄の建築は影をつくることである。建築により生活の場が閉ざされている通りから解放される影をつくり、無限で多様な場をつくる提案です。敷地は沖縄県の観光地である国際通りで、ここでは近代にできたコンクリート造の建築群が並び、同じような建物、同じようなプログラムが並び人々のアクティビティが表に出てきておらず、ただ人が通るだけの場となっていて、通りが均質化しています。そこで影をつくる屋根を建物へと寄生、集合していき、場をつくることで人々のアクティビティが建物から滲み出し、街並みをつくっていくことを考えました。形をつくるにあたって、敷地周辺の建物の影の流れや、一定のボリュームの角度や高さを変えていき、影の大きさを見ていきました。影によりできた場が繋がっていく限り人々のアクティビティは無限に生産、持続、解体されていきます。影によりできた場に人々のアクティビティが生まれていくことが沖縄の建築のあり方だと考えました。

千葉 これはこういう屋根みたいなものをいっぱいつくるわけですか？
塩真 はい。
千葉 国際通りのあの場所に？
塩真 はい。屋根がかかっていないところの全体につけていきます。
千葉 あーそういうことか。つまり国際通りの、あそこにああいう屋根をつけて新しいファサードにするってことなんだ。
塩真 つくって、その影で人々のアクティビティを誘発させてそこに流れをつくっていく。
千葉 沖縄の建築は影をつくることだっていうのは、あなたの考えってことですか？
塩真 僕の考えですけど、沖縄の古民家、もともとの古い住宅の分析もしたところ、そこは軒下空間だったり、庇をかけて影をつくっていて、そこを意識的につくっていて、ユイマールだったりユンタクーっていう沖縄の文化的なものもそこで生まれています。
千葉 なんでだろうね。暑いから日陰ってこと？
塩真 はい。もうとても暑くって外に出たくないんですよ沖縄の人たちは正直言って。だからそういう影をつくることで…。
千葉 庇ね。はいはい。

083

Exhibitor ID_08

赤塚 芳晴 あかつか よしはる

千葉工業大学 工学部建築都市環境学科 4年

Questionnaire
1. Illustrator, Photoshop, Rhinoceros, V-Ray
2. 10万円 3. 10ヶ月 4. 百均で代用できるものを粗探しする。高級感を出すがお金をかけないように工夫する。 5. 遠藤政樹 ナチュラル・エリップス 6. 父の背中に憧れて 7. 先輩、後輩を通じ建築を学べること 8. 製図室自炊生活。(一ヶ月近く泊まっている友達を見て) 9. おうどん

Title
弔うための建築

Concept
未来の都市空間において、「死」はどのように扱われ記憶されていくのか強く意識した。都市においていかに「死」を取り込むかは、アーバンデザインの重要な課題とされてきた。価値観が混沌とする現代社会において様々な宗教観、地域や信仰、時代によって多種多様に変化してきている。現代において排他的に扱われる墓地空間が存在する町並みを一掃するのではなく、新たな祈りの空間のオルタナティブとして構想し「死者の記憶」を 後世に継承することが困難となってきている今、新たな祈りの空間へと提案する。

Poster Session _ Chie Konno

赤塚 残された遺族のために、亡くなられた愛する人のために建築という器を通し、都市における死の空間を新たに提案します。都市の中に埋もれた六本木墓苑、薄気味悪く荒廃した空地、多くの人は土地の値段が高いのだから、もっとこうした方がいい、薄気味悪いけど高層ビルが建つよりは…と思うでしょう。しかし、私はそこに哀愁を感じました。死に対する哀愁です。これをどう残していくのか、と考えた時にM・デュシャンの言葉のInframinceを考えました。生と死、生と俗、深層と表層、相反するものの境界がボーダーレスのように届き擦れ合うその様は、私たちに勇気や希望を与えてくれます。葬いのための建築、Inframince Cemeteryの建築を計画します。

金野 建築の説明をしてください。

赤塚 既存の墓地空間があるのですが、それがほとんど無縁化の状態になっていて、4割から5割が無縁化になっています。それに着目してこの死の空間をアーバンデザインとしてどう都市を計画していくかというときに、僕は哀愁さを感じたので、まずは植栽から一本一本無縁箱を回収しながらもそこをランドスケープ化していき、時間が経つごとにつれて徐々にこの広場が大きくなっていくような計画をしました。

金野 お墓を全部さらって、すごい穴を開けないとこれが建たないんだよね？そこはどういうプロセスで考えてますか？

赤塚 かなり長い年月をかけて、20年30年、もっとそれこそ100年200年の単位でそれを考えているんです。その中で僕は、地下というものを提案したんですけど、それは僕の独りよがりなものなのかもしれない。だけど、この墓が変わっていくことで、周りに住んでいる人々や都市のために、なにかこう哀愁が漂うような広場を持つことは、沢山の人々にとって必要なことなのではないかと考えています。

金野 100年200年後に本当に100パーセント無縁になったときにこれが建つの？

赤塚 一応、お墓も残っている状態なんですけど、生と死をなにかこう…。

金野 そこまでつくるんだったら、この辺も模索しなくちゃいけないよね。その辺のリアリスティックとファンタジーがやっぱり肝じゃない？魂っていうか、そこに眠っているっていうのが肝なだけに、それをさらっちゃっていいのかっていう。もちろん、卒業設計ではファンタジーな部分もあると思うんだけど。

赤塚 哀愁を感じるような空間を都市の中でデザインしていけたらなという感じです。ありがとうございました。

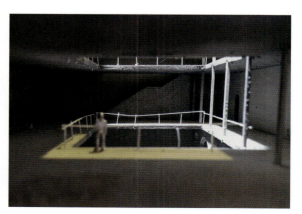

Exhibitor ID_09

齋藤 裕 さいとう ゆたか
信州大学 工学部建築学科 4年

Questionnaire
1. Illustrator, Photoshop 2. 模型制作費10万、移動費6万 3. 5ヶ月 4. 現場施工 5. SANAA・日立駅 6. なんとなく 7. 寝袋生活に強くなった 8. 徹夜自慢 9. 二郎系ラーメン

Title
MoSA, Omachi ― サイトスペシフィックアートによる分散型美術都市構想 ―

Concept
現代アートに関する環境は今、変革の時期を迎えている。従来の保存を目的としてきた環境は芸術祭によってアートを消費するようになり、それに伴い芸術祭開催地と開催側との齟齬が生じている。そこで主に芸術祭で製作されるサイトスペシフィックアートの分析からアートを街に還元する提案を行う。

Poster Session _ Masaya Chiba

齋藤 この作品はサイトスペシフィックアートのドローイングを通して、街にアートを還元する提案です。敷地は長野県大町市といって、サイトスペシフィックアートが多く生まれて多く死んでいく場所なんですけど、そのサイトスペシフィックアートをドローイングして分析を行いました。その分析というのが作品相互の類似性の分析で、この大町で作られるアート作品の傾向を使いました。傾向を空間化することで、これまでに作られた作品から、これから作られてくるサイトスペシフィックなアート作品を、ここで展示するような施設を考えました。それがこの分析の結果で、場所性と形態とスケールと鑑賞公園の4つの分類ができました。それらを組み合わせて、そちらのポコポコした空間に落とし込んでます。これが展示室なんですけど、美術館というのは展示室だけじゃなくて、アーカイブだったりインスタレーションとか、あとエントランスホールというのがあるんですけど、それをこの街の既存の美術施設に担保します。この施設がここの緑の部分で、他のエントランスホール、ワークショップ、インスタレーションホールというのをここで軸線で担保していって、芸術祭が開催された時に街にアートが展開することで美術都市が形成されるような提案です。

千葉 この街はそういう野外インスタレーションみたいなのが色々作られて、そういうのをやっているところなんですか？

齋藤 そうです。最近では、2017年に北アルプス国際芸術祭がありました。

千葉 あーそういう地域アートのね。

齋藤 はい、そうです。

千葉 今まで作られた作品の傾向を分析して、ある意味最大公約数を使った建築を作っちゃったら、サイトスペシフィックアートって、その場所に新たな驚きとか発見を呼び込むために作るのに、その最大公約数的傾向をその土地のアートインフラとして固定しちゃったら、全くアートに反していることになりませんか？

齋藤 それが、芸術祭で壊されてしまうアートを救うようなかたちをとるので…。

千葉 でもさ、救うようなかたちってこれまでの20人だか30人だか知らないけど、任意の人間が作ったアートなわけでしょ？それを固定化するってどういうことなの？

齋藤 芸術祭の会期が終わってしまうと、この作品たちが壊されてしまう、大町のことを考えた作品が壊されてしまうというのが、自分にとってはありえないことだと思ったので、その延命措置と捉えていただきたいです。

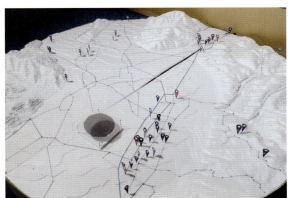

Exhibitor ID_11

吉田 充希　よしだ あつき
九州大学　工学部建築学科　4年

Questionnaire
1. Illustrator,Photoshop,AutoCAD,SketchUp 2. 30000円 3. 6か月 4. — 5. — 6. — 7. — 8. — 9. —

Title
生と働と海の縁

Concept
長崎県壱岐市の瀬戸浦という漁村に漁業の学び舎（研修所）をつくる。研修中、漁師志望者は空き家を活用した宿舎で漁民として生活し、瀬戸浦の漁師から漁を、学び舎の運営者（企業）からICT活用方法を学ぶ。志望者と漁師の間に師弟関係を構築することを目的とし、空間を瀬戸浦や漁業の技術から形成する。都市の労働が地方へ分散しつつある現代に生活と労働、移住者と地元住民、ICTと第一次産業、それらの関わりあい方の一つを提案する。

Poster Session _ Takaharu Tezuka

吉田　僕が設計したのは、漁師になりたい人のための漁業の研修所、学び舎です。敷地が長崎県の壱岐市の瀬戸浦という漁村です。

手塚　壱岐対馬の壱岐かな？

吉田　はい、そうです。空き家を利用した研修所に泊まりながら、ここの漁師と一緒に漁に行き、漁師としての生活を通して漁を学びます。そしてこの研修所では通信機器に関することの扱いを学びます。そうすることで、漁師からは経験だとか知識、技能だとかを学ぶのですが、研修生は通信機器によって新たな販路を築くなどして、お互いに共生関係を築くというのがこの施設の目的です。この漁村のこの道の部分が僕はとても面白いと思っていて、それが住民の生活と漁師の労働が混ざり合う空間です。この部分の道のかつての姿というのが、竹で組んだタナと呼ばれる船着き場で、船着き場というのは各住戸につながっていて、住宅の延長線上であり、漁業の働く場所という特性がありました。そういったところで、タナだとか漁業の網とかを使って空間を構成しました。海側から見える漁業の空間と研修生が通信機器を使っているのが見えるスペースで、この一体に住んでいる人や、漁師、研修生が使う食堂で、次に生活するところの、その生活の延長であるような倉庫だったり、物干し場所だったりというのをタナで構成します。そのあとに住宅が来て、そこが宿舎であるといった構成になっています。

手塚　これって日陰をつくるためにあるの？

吉田　この網の意味としては、地元の漁師さんが未知の部分で労働していたというのが、こっち側に移ってしまったらただの道になってしまうと考えたので、それだとこの道の魅力が半減しちゃうと思っていて…。

手塚　飾り？

吉田　飾りというか、生活の場所という提案と、日差しを遮るっていう、生活の場所として使ってほしいという意味があります。

手塚　うーん。これの説明がうまくできるといいんだけどね。これが君の中で大事なんだと思うんだよ。なぜこれが網なのか、しかもこの網ってここにしかない網だったりするんじゃないの？例えば氷見だったら定置網だったりするんだけど。これはどういう網か調べた？網ってみんな違うよ、刺し網とかみんな違うでしょ、どういう網なの？

吉田　延縄のやつを使っていて、一本釣りとかも有名なんです。

手塚　だってこれ一本釣りじゃないよ(笑)。

吉田　いや、違いますけど(笑)。編み自体に関してはそんなに調べていないです。

Exhibitor ID_13

永山 貴規 ながやま たかのり
佐賀大学 理工学部都市工学科 4年

Questionnaire
1. Photoshop,Vectorworks,SketchUp 2. 約10万円 3. 約半年 4. スタイロフォーム、ヒノキ、ベニア 5. 手塚貴晴+手塚由比、屋根の家、ふじようちえん 6. 親が建築関係の仕事をしていたから。 7. Photoshopなど普通触らないものを使えるようになったこと。 8. 最初のうちはルーバーを使いたがる。 9. ギャバ、pringles サワークリームオニオン

Title

Caved Wall ― 子供を包む保育園 ―

Concept

地域と子供たちを分け隔てる壁を肥大化させ、そのボリュームを穿つように空間を創り出していく。防音壁としてその場に存在してきた巨大な『図』は子供たちのスケールに合わせ、空間化されることで『地』へと変化し、子供たちの活動を包み込む建築となる。外から見るとその孔そのものが『図』として認識されるが、中から見ると『地』として機能するような空間である。『地』と『図』のいずれかに注視するかで空間の見え方は変化し、地域との関係性も多様に変化する。

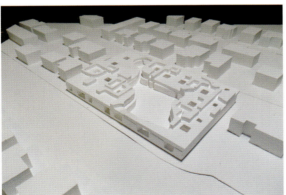

Poster Session _ Masao Yahagi

永山 今回保育園を設計しました。背景として保育園が近年迷惑な施設として扱われ始めています。対象敷地ですが、建設の時に地域住民から反対されて、許可が出たんですけども地域住民側に…。

矢作 これ実際に反対された場所なわけね。

永山 そうです。地域住民側に高さ3mの幅60mの防音壁を建てることになってしまいました。

矢作 高さ3mで60mの防音壁。すごいね。

永山 今回その防音壁を取り払うのではなくその防音壁を利用します。

矢作 もう建っちゃってるんでしょ。建っちゃってるやつをリノベするの?それとも建っちゃったことは一旦置いといて、自分だったらこういうものを建てるっていう提案でしょ?

永山 はい。反対されてこういうのを建てたいという提案です。

矢作 反対された時にそこに普通に防音壁を建てるんじゃなくて、こういうのを建てましょうねっていう提案でしょ。建物が防音になるわけでしょ。

永山 建物を壁として使います。

矢作 そうだよね。そういう提案ね。わかりました。

永山 その壁から空間を穿つように操作をしていまして、最初に園庭を中心の方にとってその周りに保育室だったり遊技場を穿つように操作しています。ダイアグラムとしてもう1つあるのが、地と図の反転として最初に穿った空間が保育園では資質のある空間となっているんですけど、その反転として壁の中に子どもたちの空間を計画していくように穿つ操作をしています。

矢作 そこに存在しているってことだよね。ポシェっていうんだけど、ポシェの部分に子供の空間があるんだよね。黒いところに。

永山 そうです。

矢作 色んなスケールのね。

永山 はい。空間として壁としての心も一緒に地域と保育園の心理的な壁をうまく利用してつなげるような保育園にしたかったので、地域住民側にあまり開口を開けずに視線が保育園に通るように、保育室の高さを上げて視線がつながるように計画をしてみました。

矢作 子どもの高さを上げて見えるってことね。

永山 子どもの遊んでいる様子だったり動きが垣間見えることによって地域住民が…。

矢作 窓から見せるってことね。あまりにも閉じるんじゃなくてこういうところから少しずつ見えるようにしているってことね。

永山 はい。地域とつなげられたらいいなっていう計画をしています。

矢作 これコンクリート造だよね。仕上げは?

永山 仕上げは木になって、外はコンクリートです。

矢作 外は打ち放し?

永山 はい、打ち放しです。

矢作 見ると柔らかい感じじゃない。

永山 一応園庭の方は木が貼ってあります。

矢作 コンクリートに細かい木を貼るの?

永山 はい。

矢作 それは何で?勝手に土壁なのかなと思って見ていたんだけど。木を細かくして貼っていくってことね。造りはRCね。

永山 はい、RCです。

矢作 じゃあこういうところは全部木と思っていたらいいですね。わかりました。

087

1日目講評
Review of day 1

谷口　出展者の皆さま、お疲れ様でした。そしてクリティークの皆さま、初めての方もいらっしゃったかと思いますが、大変お疲れ様でした。出展者の作品を見た上でクリティークの方から少しお言葉をいただけたらと思います。最初に田中さん、よろしいでしょうか？

田中俊行の1日目講評

田中　昔、東京芸術大学などでデザインの講師をしてきましたけど、その頃と比べて、今の学生諸君はみんな自分のコンセプトがすごいしっかりしていて立派だなと感じました。ただ、僕の方も一生懸命話を伺って、いくつか質問もしながら、ちょっと意外だなと思ったのが、建築というのは確かに地域の上に建っているわけだから、すべてにどこかの街、どこかの地域という具体的設定のもとに展開されていることにリアリティがあると思いました。だけど、そのリアリティを実際の公共事業とか産業とか、適用部材とか環境とか、そういうところに食い込んで提案できるのか。それは社会的には「学生の分際で」と言われるかもしれないけど（笑）。そんなことは関係なく、学生だからこそ踏み込んでいけるという。それとは逆にもっとそういったリアリティのあるところを追求しないならば、もっと物語性のある、産業にアプローチするんだけどそれを文化にして変換するのだろうなという片鱗を覗かせてもらえた作品がいくつかありまして、僕の方も勉強になりました。ありがとうございました。

谷口　ありがとうございました。それでは次は、千葉さんお願いします。

千葉雅也の1日目講評

千葉　皆さん、お疲れ様でした。2分間でプレゼンテーションと質問で説明するのは難しかったと思います。僕も普段あまりこういった建築の提案というものを見てコメントすることを仕事としてやっていないので、どういう風に見たらいいのか最初はよくわからなかったんですけど、これくらい多くの作品をババーっと見させられると、途中からある程度自分なりに気になる点が出てきました。ただ今日の1日目は、今この講評を頼まれたので何か言わざるを得ないんですけど、明日もう一回見ないと何とも難しいなという感じです。いくつか思ったことを言うですね、今その土地のコンテクストをよく読まれてつくられているとご指摘がありましたけど、本当にその通りで、そのことにはちょっと驚いたというか、それがお作法になっているのかなという感じは少ししました。やや皮肉な言い方をすると、それから例えば、昔はこの土地にはこういう建物やこういう文脈や歴史があったけど、最近の生活はそうじゃなくなっているから、それをどうやって取り戻すか、その変形したかたちをどう取り戻すかというアプローチとか、しかもそれによってコミュニティの再生を図るとか街おこし的なものにつなげるという作品がすごく多かった。歴史を再活性化することはすごくいいことだ、共同性はいいことだ、シェアすることはいいことだというような、ある種の善意の前提みたいなものがすごくあって、そのことに対する根本的な疑いみたいなものが、もうちょっと欲しいかなという気はするんですよね。なんというか、とてもよくプレゼンは出来てるし、まだある種のシミュレーションとしてやっているわけですけど、このままこのプレゼンを持っていって官公庁に対してなど、そういう交渉をする立場になったらそれなりに法整備とか出てくるんじゃないのかなという気はするんですけど、そこで「いやこの街の歴史をもう一回見直しましょうよ」みたいな歴史に対する態度より先に進めるんだろうかという不安は感じます。だから、歴史を見直すってそんなにいいことなんですかね？昔の歴史を完璧に抹消して完全に人工的な新しい建物をバンバンつくっていくことは、まあ確かに悪いことのような気はしますよ。それで何かが失われることはわかりますし、僕もそういうことは思うけれど、一応哲学をやっている者としては「良さ」という前提、道徳的前提を感じがするんですよね。すごく道徳的なんですよ、仲良くしましょうとかそういうことが。僕は昔建築家の門脇耕三さんと対談したことがあって、「シェア」の思想をテーマに話したんですけど、僕もオープンスペース的なものとか、みんなでシェアしてそれぞれの生活の活力を高めて、みたいな善意溢れる道徳的建築思想の大前提みたいなものに対する疑問というのをやっていました。「悪いことをする建築」っていうタイトルなんですよ。悪って言っても抽象的ですけど、疑問であるとかアイロニーであるとかというものがもうちょっと欲しいかなっていう風に僕は思ったんですよね。そうじゃないと、こうすればみんな喜びますよねっていうようなものをそれなりにコミカルに大人びた表現で、それで仕事をこなしちゃうようになっていくんじゃないかなという気がするし、そういうものを僕は感じました。それから、もう一つつまらない指摘なんですが、皆さんパネルをつくっていて、そこに自分のつくった建築物のちょっとおしゃれなキャッチコピーみたいなタイトルをつけていたんですけど、それがことごとくマンションポエムそっくりなんですよね。僕はそれを「マンションポエムだね」って言って笑って指摘したんですけど、マンションポエムという言葉すら知らないんですよ。僕はその自意識のなさにびっくりして。「この地に何々誕生」みたいな大げさな高級マンションのキャッチコピーのことをマンションポエムというんですけど、広告屋さんじゃなくて、建築に携わっている人もこういうポエムを書くことに少しびっくりしました。僕なんかはそういうのをちょっとやや嫌味に捉えて面白がるところはあるんですけど、自分のやっていることの道徳性や善意というものを引いた視点で意地悪く捉えることが、アイロニカルな自意識みたいなものが大丈夫なのかなと不安になったということが、そのマンションポエムでの自覚の無さに現れているのかなという気がしました。

谷口　私も薄々感じていたことだったので、非常に気分がいいです（笑）。では、手塚さんお願いします。

手塚貴晴の1日目講評

手塚　今日の審査の話をしてはつまらないので違う話を。私は笑いを引き起こすくらい楽しいプレゼンが良いと思っていて、例えばターザン計画という糸にぶら下がって端っこから端っこまで行くっていう、あれをつくらせた学校の先生も先生だけど、どこの大学？千葉工業大学の遠藤政樹さん？ああ、やっぱりいかれてるね（笑）。でもね、いかれてるものを彼女

は一生懸命説明していて、すごいのはね、彼女はよく人の話を聞くんですよ。だけど説明すると結局自分の好きなことしかしない（笑）。でも、よく人の話を聞いて自分の好きなことをするっていうのは建築家の資質の一つだと思っていて、そのくらい意志力があるんだよね。それが終わった後、レモンスカッシュを飲んだかのようなすごくスッキリした気持ちになるんだよね。あれって大事じゃないかと思うんですよ。まあ、それだから審査に投票するというわけではないんだけど、それから他の作品では、「穴だけ掘って楽しかったです」っていう出展者がいて、どれくらい掘ったのか聞いたら260mありましたって。260m穴を掘ったらおかしいですよね。超高層くらい掘っているんですよ。何がいいんですかって聞いたら、「ここから光が入るんです」とか言うんだけど、「いやこれ入んないと思うな」とか、「君はエジプトに生まれれば良かったね、4000年前に」とか言ったんですけど。そういうのの作品だとなかなかいいかな。それから「蟲の塔」っていう面白いのがあったね。虫を3つ重ねた気持ち悪い漢字があるでしょ？あれって常用漢字なんですか？宮崎駿さんの「風の谷のナウシカ」とかに使われているんですよね。それがすごく気持ち悪くて、中に虫がいっぱい湧いているんじゃないかとか。説明が終わった後に、近くにいた女性にこの建物住みたいか聞いてみたら、嫌ですって言われた（笑）。思いっきり嫌われているんだけど、嫌われてもやり続けるというあの態度ってすごいと思うんですよね。その3人に共通しているのは、自分がやっているのを馬鹿だと思っているんだけど、それを最後までやり尽くす意志力があること。さっきのキャッチコピーみたいなものは、もうそういうのは建築家は飽きちゃっているんだよね、審査員として。実際に世の中でも普通の話をして、それでキャッチコピーみたいな話をしても、そういうのってありふれているから必要ないんだけど、そういう無茶なことを言っている中で、よく聞いていると実は良いことを言っていることもあるんですよ。例えばロープで渡っていたら火事になっても生き残るかもなとか思うしね。それから、あと一つおかしいのがありましたね。建物が浮いてどこかに引っ越すみたいな作品。引っ越すわけないじゃないですか、ねえ（笑）。引っ越すわけないと思うんだけど、ああやって真面目な顔して説明されると、そうかなって気になっちゃいますよね。卒業設計というのは、卒業設計に限らず、お祭りなんでね。学生がやるんだから、そのくらい面白くやってくれると私たちも二日間楽しいかな。すみません、そういう話です。

谷口　同じノリで言いますと、デニムの作品がありましたよね。1つ目、2つ目、3つ目とデニムでノリ良く来ていて、最後に構造素材がスチールパイプと聞いてがっくり来ました（笑）。同じことです。次に、金野さんよろしくお願いします。

金野千恵の1日目講評

金野　皆さんお疲れ様でした。私は頭が痛くなるくらい集中して聞いたので楽しめましたけど（笑）。全体の印象としては、やっぱり他の方がおっしゃっていたように、社会的背景というのを皆さんすごい丁寧に、スケッチに始まり、マッピングがあって、ストーリー仕立てされていて本当に丁寧にやられているなと思ったんです。でも2分という時間でコミュニケーションする際に、模型を見る方がよっぽど伝わってくるとか、空間の方がその先を行っているとか、雄弁に語っているとか、結構そういう作品が多くて、何か皆さん、最終的にその空間が何なのかっていうのが語りきれていないなという印象がありました。その辺りを明日はもっと聞いてみたいなという人が何人かいました。コンテクストというのはパネルをパーっと見ると大体わかるんです。深い話まではわからないかもしれないけど。だけど、そこで発見された空間とか、それを進める中でドライブしていってもう止まらなくなっちゃった想像の世界をもっと聞かせて欲しいし、それがプレゼンテーションに表れている人が少なかったなという印象があります。だから、結局ここはどういう場所なのと聞くと、なかなか答えられない人がいたり、よっぽどこの空間、模型を見ている方が魅力的だよという人がいたり、その辺りを自分の作品をもう一回眺めてみるという時間を今晩持ってほしい。明日までにもう一回言葉を用意してほしいという気がするし、私も明日はそういうつもりで臨みたいと思っています。また明日楽しみにしております。

谷口　それでは締めです。矢作さん、お願いします。

矢作昌生の1日目講評

矢作　締めのような話はできないんですけど（笑）。実際に僕は建築をつくりながら教員という立場で、福岡デザインレビューとか、せんだいデザインリーグとかいろいろなところで、全国レベルで戦えるような卒業設計をやろうよと言って建築道場みたいなものをつくってですね、日々やり続けて7年間。その成果もあって、知っている人も多いかもしれませんけど、一昨年せんだいデザインリーグで日本二位になった金魚の作品とか、そういう作品をつくる学生が出て来ました。最近少し振り返ると、こういう大会では「より遠くに球を投げろ」という話がよく出るんですよね。要は自分がやりたい興味に対して速い球を投げ切れと。それがやっぱり学生らしいし、そういった力がないと世の中でやっていけないんじゃないかと。そこを掘り下げて「より遠くに投げろ」というコメントが多いんですけど、僕は最近本当にそうなのかなと思い始めています。というのは遠くに投げた学生たちが「それからどうするの？」っていう。掘り下げた結果、建築をやめて広告代理店に行ったり、大手の事務所に行っちゃって、本当に建築をやっていこうという人材を育てているのかなと疑問を持ち始めています。ここにいる人たち（クリティークの方々）は遠くにも投げられるんだけど、ちゃんとコーナーにも投げられたり、相手を見たり、ある種のバランス感覚を持った上で速い球を投げられたり遠くに投げられたりする人たちだと思うんですよ。建築はやっぱりコンテクストの話もあるし、構法的な話もあるし、社会に出ればクライアントがいろいろなことを言うし、公共的な建築になるとたくさんの人がいろいろなこと言うし。そういったものにある種のバランス感覚を持ちながらも、強い球や遠くに投げられる球を持っていないと、結局世の中に出て建築はできないんじゃないかなという疑問が湧いてきたんですよね。今回僕はそこを一つの評価軸にしたいなと思っていて、強い球を遠くに投げられるんだけど、ちゃんとしたバランス感覚を持って社会でやっていけるのか、建築というもので社会で戦えるのか、そこはちゃんと見たいなと思って今回の審査に挑んでいます。そういう中で、2分間という限られた時間でまだわからなかったところもあったり、もうちょっと聞きたいというところがあったりします。懇親会とか明日、いろいろ話を聞いてまたその辺を参考にさせていただきたいという風に思っています。

谷口　ありがとうございました。

Exhibitor ID_14

谷上 豪 たにがみ ごう
京都工芸繊維大学　工芸科学部デザイン建築学科　4年

Questionnaire
1. Illustrator,Photoshop,ARCHICAD　2. 約10万円　3. 約一ヶ月半　4. コンタに照明を仕込み、乳白PET樹脂で光を透過させました。　5. 特にありません。　6. 大学受験で学部を悩んでいるときに、たまたま選びました。　7. 勉強に励むという点では、とても充実した4年間でした。　8. 徹夜徹夜と言ってる人の多くは朝から昼までしっかりと寝ていて、結局徹夜ではなくただの昼夜逆転。　9. 甘いものとコーヒー

Title

2040 隠居白タク構想

Concept

公共交通空白地である京丹後では、ライドシェアを活用し町の交通インフラを支えている。それによって多くの高齢者や観光客が快適に交通インフラを利用できているが、現在の登録ドライバーは全員が65歳以上である。丹後町の人口推移では今後ドライバー不足になり、この唯一の公共インフラさえも成り立たない可能性が高い。クルマ社会であるがゆえに地方の交通空白地が抱えるであろう共通の問題を解決するための建築を提案する。

Poster Session _ Toshiyuki Tanaka

谷上　舞台は京丹後で白タクが交通インフラを支えているんですよ、公共交通空白地なので。その白タクですが、実際にUberっていうアプリを使ってしっかりとドライバー管理はしているんですけど、年齢層がみんな高めなんで、今後その維持を考えるとここにドライバーを補填しないと成り立たないんじゃないかということで京丹後に集合住宅をつくりました。集合住宅の機能というのは、ガレージ集合住宅で、必然的に車を運転できる人がここに移り住んでくるのかなあと。同時に、電気自動車の充電インフラもこの地方の都市で機能するように考えました。それだけでは自立しない充電ステーションを民間の個人の所有物である住宅に負荷させることによって、住宅がこの地において公共的な建築として機能してくれたらいいんじゃないかなと思って今回これをつくりました。一応こっちは、住んでいる人が通る用の車路。この間、向こうから入ってきて、一通なんですけど、この間がボンネルフみたいになっていて、この間が充電ステーションとして機能します。こっちの模型でこういう方向にはなるんですけど、ガレージシェアで村側に置かれたスペースが充電ステーションとして機能するんじゃないかなと。

田中　その人っていうのはみんな隠居白タクで、うーん、隠居白タクタウンなのかな？

谷上　高齢者だけじゃないっていうのが僕の求めているものなんですよ。週末住宅的に扱う人もここにはいてもいいとは思います。

田中　ではこの場所を設定したのは、車を置くところもないからっていうことなの？

谷上　いえ、ここが公共交通の空白地で困っているから、それを成立させるために人を補填させようという取り組みです。

田中　俺みたいにねえ、公共交通を使わない人もいる。今日は久しぶりに使ったけど(笑)。

谷上　ありがとうございます。

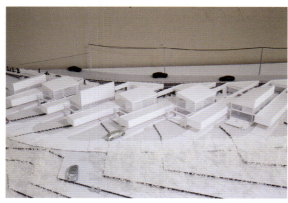

Exhibitor ID_15

木嶋 耕平　きじま こうへい
九州工業大学　工学部建設社会工学科　4年

Questionnaire
1. Illustrator,Photoshop,AutoCAD　2. 約70,000円（人件費込み）　3. 2ヶ月くらい　4. 陸地に生えているヨシは計10,000本ほどで、すべて友人の三宅海生くんが植えてくれました。本当にありがとう。　5. 片島魚雷発射試験場跡。設計者は分かりませんが、廃墟感がたまらないです。　6. 小さいころ、レゴで建物を作ることにハマっていたことから。　7. いまの人間関係に巡りあえたこと。　8. ソファーは寝具。ダンボールも寝具。スタイロはちょっと硬い。　9. セブンイレブンのサラダチキン（ハーブ）

Title

ヨイトヨイヤマ ― 湖上建築による郊外型都市とヨシ群落の再編 ―

Concept

都市：滋賀県近江八幡市は、未だ郊外化が進行している現代日本では稀有な都市だ。郊外化の影響は、時間経過と共に表出する。つまり、都市の希薄化・空洞化に代表される典型的な地方都市問題は郊外化に起因している。ヨシ：イネ科の多年草。琵琶湖水系の美しい風景を象るヨシは「刈り子」の減少に伴い、管理が手薄になった群落から湖風に晒され、荒廃の一途を辿っている。本設計案では、都市とヨシが相補することで一つの地域循環が湖上に立ち現れるのだ。

Poster Session _ Takaharu Tezuka

木嶋　僕は滋賀県の近江八幡市の2面性に着目しました。一つ目の側面ですが、まずこちらです。このヨシという水生の植物、イネ科の植物で琵琶湖をかたどる美しい風景の1要因となっているんですけども、地域住民の減少に伴って管理放棄が進んでいるというのが現状です。一方でもう一つの側面としては、実はここの地域住民は減少しているんですけど、近江八幡市全体で見るとなんと人口が増えている。この対極した現状を複合的に解決するのがこの建築となります。1つの都市の人口増減に伴う、都市の郊外化の問題に着目した上で今回は水上建築を提案しました。そしてその水上建築の在り処となるのが、ヨシが生えている水辺空間、琵琶湖水系の一部となりました。その中で人は暮らしとヨシ産業の再興の活動の1つ1つを行っていくという形としています。

手塚　ヨシと建築ってどういう関係があるの？ヨシは使ってないの？これでこう…葺いたりなんかするの？

木嶋　葺くのはちょっと防火構造上無理なんですけど、断熱材としては使えます。実際にこの建物がヨシにどのような影響を与えるのかというと、地域が抱えているもう1つの恒常的な問題として、琵琶湖が生む風というものがあって、それが北東からよく吹いてくる風なんです。

手塚　これとこれがあんまり関係ないじゃん。

木嶋　実際にこの建築がヨシをなぎ倒すような強風から守るというのを定性的に分析しました。

手塚　この建物自体、面白い形をしていいなと思うんだけどさ、ヨシと結びつけるのがかなり無理があるんじゃないかな。船とか、何か構造とかそういう感じだよね。しかもこれは木でできているの？

木嶋　いえ、これは鉄骨です。

手塚　鉄骨なんだ。

木嶋　実際にヨシというのはかなりデリケートな植物なので、基礎の大きさをなるべく少なくするために鉄骨を今回提案しました。

手塚　だけどこれ大きな鉄骨だよ。木造のプロポーションだよね？

木嶋　そうですね、表面上ではあるんですけれども…。

手塚　この上に緑が載っているの？なんで緑が載っているの？

木嶋　これは減風効果の1つとして、風の摩擦に伴う減風効果を期待した上で、水辺空間の回遊性の悪さというものを、屋並を連続させることで改善させようということで提案しました。

手塚　ちょっとやり過ぎだよね。

091

Exhibitor ID_17

原 昌平　はら しょうへい
福岡大学　工学部建築学科　4年

Questionnaire
1. Illustrator, Photoshop, Vectorworks　2. 3万円程　3. 8ヶ月程　4. スチレンボード、スチレンペーパー。　5. 田根剛・エストニア国立博物館　6. インテリアデザイナーを志したこと。　7. 文章を書く能力が少し上がった。　8. カブトムシとバズーカ。　9. 麺

Title
継ぎ橋

Concept
阿蘇大橋が崩落した熊本の立野を計画対象地とし、立野が持つ記憶を継承する建築を目指した。震災による被害も立野が持つ記憶の一つであり、以前まで立野が果たしていた阿蘇への玄関口という役割もまた同じである。震災によって失われた記憶と震災によってもたらされた記憶を、建築を通して後世に継承することを目的とし設計した。震災復興というテーマに対して、一時的な応急復旧のための建築ではなく、もっと長期的な時間軸の中で建築に何ができるかを考えた。

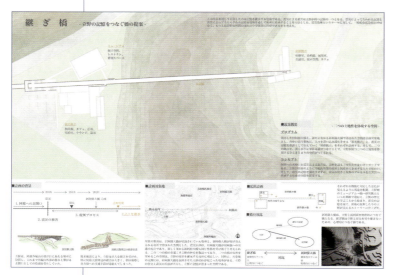

Poster Session _ Chie Konno

原　私は熊本地震で阿蘇大橋が崩落するなどの被害を受けた立野という場所を計画対象地としました。時期はもうちょっと先なんですけど、新しく阿蘇大橋も完成して震災の記憶というのが少しずつ薄れていっている状況のところに、震災の記憶をつなぎとめるための橋を設計します。橋は何かと何かをつなぐものだと思うんですけど、私が提案する継ぎ橋というのは物理的に人を渡すってこともあるんですけど、それよりも心理的に物をつなぐ橋を考えていて、立野の場所と震災の記憶をつなぎとめるための橋を設計しています。新阿蘇大橋というのが立野と南阿蘇を物理的につなぐ都市的なスケールだと思うんですけど、それと対比的に私の橋は震災の記憶と立野をつなぐ心理的な橋で対比というものを表しています。

金野　模型で説明して下さい。

原　はい。一番見てほしいのは断面なんですけど、橋が水平にかかっていることに対してその上側に震災の被害にあった側面に関する機能を、こちらが研修棟なんですけど、配置していて、その下側に阿蘇への玄関口としての機能を集めたものを配置しています。断面で見ると震災というものと阿蘇への玄関口という観光面というものが隣り合わせにあるよということを表していて、この立野という場所がこれから観光の街として栄えていってほしいという思いと同時に、震災の怖さというものを忘れないでほしいという願いで設計しています。

金野　これもあなたによる計画ですか？

原　はい、全部計画しています。

金野　軸の設定の仕方や配置はどういうことを考えていますか？

原　こっちの観光拠点は阿蘇山への軸を意識していて、どの場所に居ても阿蘇山が見えるんですよね。ここに来たら阿蘇に来たなと感じづけるようにしていて、ここをずらしているのは、こっち側を見るともっと崩落した阿蘇大橋の方が見える。こっちを見ると新しくかかった阿蘇大橋が見えるように設計していて、橋の変遷から立野という場所の歴史を学んでいってもらいたいということでこういう設計をしています。

金野　でもこれ平面的にはすごい大きいね。これがミュージアム？

原　はい、平面図がこちらにあるんですけど、レストラン側と展示空間とに分けています。

金野　すごく巨大な積層の、同じような階高の空間なんだけど、ミュージアムってもっと色んな可能性があるよね。1つ1つの空間が、比較的機能的に捉えられているような気がするんだけど。もっと、本当にやるなら1つ1つがどういう気積であるべきかとか、ということのスタディが必要そうな気がしますね。橋は構造的には何か工夫しているんですか？

原　薄く、小さくっていうのを考えていて、儚く危うく建つことが震災の記憶の留め方としていいんじゃないかと思って計画しています。

Exhibitor ID_18

樺 浩太 かんば こうた
麻生建築&デザイン専門学校　建築士専攻科愛知産業大学併修コース　4年

Questionnaire
1. Illustrator,Photoshop,AutoCAD,ARCHICAD,手書き　2. 12万円　3. 発案から三か月　4. 味のある正確な模型を作るために、レーザーカッターとパステルを用いた。　5. 建築家　シーザーペリ　建物　横浜大さん橋。6. 東日本大震災。　7. ものづくりに没頭する楽しさを深められたこと。　8. うっかりカッターをバッグに入れっぱなしにして、空港で没収される。　9. モンスターM3。

Title

町屋の向く方向 ― 一町一寺の再構築 ―

Concept

熊本城下町、古町。この町の町並みは、「400年も続く一町一寺の骨格」「築100年を超える町屋」＝"風景"、そして「人が作る町並み」＝"情緒"によって彩られている。町屋の店先で生まれ、古町中にあふれていた情緒は、町屋の減少とともに失われつつある。そこで、一町一寺に着目し、お寺があった内側の空間と町屋の向く方向に焦点を当てた、一町一寺の再構築を行う。"風景"だけでなく"情緒"も守るための、建築の提案である。

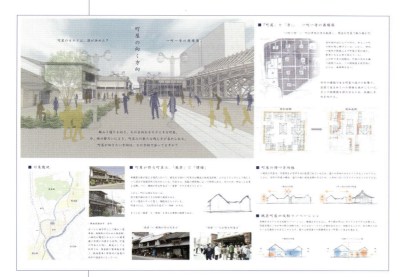

Poster Session _ Masaya Chiba

樺　計画地は熊本の城下町の古町という場所で、ここは400年前から、真ん中にお寺、周りに町屋という一町一寺という形が広がっているような場所です。そういった歴史的な街並みがありまして、加えてここの街の人たちの距離感というのがものすごく魅力的で、情緒というのもあると考えました。そういったものが昔は連続性があったのですが、今では外側がもうバラバラになっているので内側の連続性というものに注目して、街全体を内側に向けるということを考えました。内側に向けるために、まず町屋の向きを考えることで中の間を中心に反転リノベーションをします。そして内側に向いた賑わいの受け皿となるような施設、ここは元々寺があったような場所で、シンボリック空間を設計して、街全体の再構築を行いました。

千葉　外は考えないんですか？

樺　外は元々の風景を残すということで、実際模型も作り込んではいなくて、風景としては変わらないようにします。

千葉　内側のコミュニティを活性化するということですよね？

樺　そうです。

千葉　外側との関係はどうなるんですか？

樺　外側との関係は、実際に今もう、少しずつお店が閉まっていて住宅化してしまっているので、そういった部分では今とあまり変わらない状況にはなります。

千葉　そうすると例えばこういうプランがあちこちにできると、それぞれのまとまったものが複数別々にあるってことになるわけですか？

樺　そうですね、今は実際道路になっていて、昔は多分人しか通らなかったんですけど、道路になったことで遮断されてきたという部分で、はい。

千葉　そうねえ。

樺　現代としての再構築を考えるとこういうものもありかなと。

千葉　一町一寺というのは面白いですね。

樺　そうですね。この町独特のもので、徹底されているので。

千葉　はい。ありがとうございます。

Exhibitor ID_19

藤井 健大　ふじい けんた
近畿大学　建築学部建築学科　3年

Questionnaire
1. Illustrator,Photoshop,AutoCAD　2. 3万　3. 二週間　4. ひとのスケールを常に意識して風景を想像しながら作ること　5. 堀部安嗣、西田司　6. ドラマの中で建築家が模型を作ってプレゼンしているのを見て憧れた。きっかけはそれだけ。　7. 読書が好きになった。　8. 定期試験が楽　9. 甘栗

Title
移り住むという選択

Concept
震災後、地方や超郊外には様々な用途を持った公共空間が生まれ、これらは一時的な人口移動によって成立するものが多い。変わらずを得ない状況になってから"絆"が生まれ街の居場所が変わった。日本の動きを受けて、私は日本人の住居観に疑問を感じた。一時的な人口移動によって成り立つ公共空間がたくさんあるということは、人は場所を移し複数の生活拠点を持つことが必要ではないのか。日本独特の"休んではいけないオーラ"を否定的に捉え、都市からのサバティカルの受け皿になるような、地域住民とサバティカルを混在させた集合住宅としての新しいパブリックのかたを提案する。

Poster Session _ Toshiyuki Tanaka

藤井　震災後の日本人の定住という住居観に違和感を感じて、縮退の時代で人は場所を移して複数の生活所定を持つことが大事だと考えました。それがコミュニケーションにおいても大事だと思って、都市のサラリーマンをターゲットにサバティカルというヨーロッパでは当たり前の長期有給休暇に注目しました。敷地を地方の山梨県に設定しました。都市のサラリーマンという顔も知らない人物と地方の人々がともに生活し、サラリーマンは都市の生活で満たされない心の余白を求めて自らの生活を見直す…いっぱいにします。構成としては地域の人が工房の家だったりレストランの家というのを持っていて自分の得意分野だったり、書斎とかランドリーを開放して機能を拡大させてサバティカルだったり、そのほか周辺の地域住民がそこを使う仕組みになっています。

田中　じゃあここはみんな、ただ住まう人じゃないわけね？レストランを経営していたり、そういう人たちの生活をともにするような街なわけ？

藤井　サラリーマンが来てサラリーマンが都市の生活を否定的にとらえて…。

田中　都会の人がこんないろんな、ペンションではないけどミュージアムでもないけど、生活の中の楽しい部分をここで満喫するわけ？春時期に。

藤井　そうですね、短期間…サバティカルな期間で、ただ都市だったらサラリーマンはやっぱりマンションに住んでいると思うんですけど。マンションから降りて一旦外に出て遠くのカフェとかに行くわけで、ここだったら家を一歩出たらもうパブリックがあります。

田中　集積されているってことね。

藤井　そうですね。小さなパブリックが集まっているという感じですね。

田中　隣では地域住民…その土地の住民と交換するっていう機能は？

藤井　交換っていうのは？

田中　交流っていうか…。

藤井　あ、交流。ランドリーやカフェだったりレストランっていうのは地域の人にばっと開放させて、そこを使うという形です。

田中　地域の人が経営している部分もあるっていうことね。

藤井　ありがとうございました。

Exhibitor ID_21

水沢 綸志 みずさわ いとし
千葉工業大学　工学部建築都市環境学科　3年

| Questionnaire | 1. 紙とペン　2. 4万　3. 5秒　4. 安くてどこにでも手に入る材料で作る　5. 建築家はいません。映画監督のデビッドリンチが好きです　6. まだわかりません　7. まだわかりません　8. 提出前日に可愛い人が泊まり込みで、すっぴんを見て驚くこと。　9. 酒 |

Title

エログロナンセンス

Concept

舞台は下町、上野。戦時中の人々は非現実的な快楽を求めた。そんな中でも人々は力強く生き抜いた。故郷を捨て、名前を捨て、就職列車に乗って彼らはこの地に降り、身を粉にして働いた。掘っ建て小屋が連なり出来た下町はそんな人々を支えた。時代は移り変わり巨大建築が立ち並び始めた。建築は故郷を奪い取る恐ろしい物になってしまった。いかにも日本的な物を世界に発信し、汚いモノはスクラップして行く。僕はそんな下町に違和感を持った。このような風俗を見せる為のメモリアル空間を提案すると共に下町にあった元々のスケールを呼び起こす空間を提案する。これによってアンダーグラウンドに眠ってしまった文化を掘り起こし、後世に伝わること、名を捨て生き抜いた人々の故郷になることを願う。

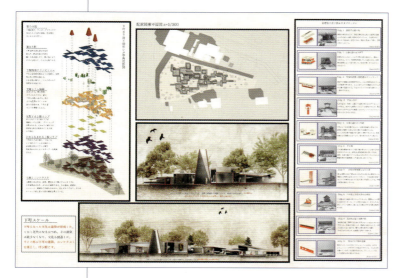

Poster Session _ Masao Yahagi

水沢　建築が先行して人々の記憶を上書きをすることは如何なものかということで、私が提案するのは、上野に昔あった桜が丘、ホームレスが住んでいるところに今ではもうなくなった風景とかを抽出して国によって隠されてしまった芸術文化みたいなのがあるんですけど、それを展示する美術館と、上野の就職列車とかに乗ってきた人々や娼婦の女性とかには墓がないので弔う空間を設計します。設計方法なんですけど、あそこには今の時代にもう無くなってしまったもの、例えば高架下で娼婦の女性たちが誘ったりしていたんですけど、地盤工事で無くなってしまったりという空間を、今は閲覧禁止になっているんですけどこれ発売禁止で、僕だけたまたま持っていたんですけど、こういう芸術分野ってあるんですよね、エログロナンセンスっていう、戦後にあったそういうものをコラージュします。

矢作　それ発売禁止なんだ？

水沢　はい、もう見れないですね。そういうものをコラージュして空間をつくります。例えば、江戸川乱歩の「芋虫」という作品の最後のシーンで井戸の空間があって、戦争で五体不満足になってしまった人が自殺するシーンがあるんですよ。そういうのと実際に無くなった旧制管理棟の立ちんぼエリアと言われるところをコラージュして人々を弔う空間をつくったりとか、線路の高架下の細長い通路をここら辺にして、こういうのをつくったり。スケールは今、建物がどんどん高くなってきているんですけど、そういうのじゃなくて昔あったスケールをもう一回呼び戻してあげて、この見世物小屋とかをやってあげることによって、今コンテクストがどんどん入れ替わっちゃっているところを下町らしさというのじゃなくて、こういう人々がいたから今があるし、そういう人たちに感謝してほしい、この美術館を体験することによって今僕がどれだけ幸せに生きられているのだろう、というのを感謝してほしい空間をつくります。

矢作　これ美術館なわけね？

水沢　はい、設計しました。

矢作　60個？これはまた別の場所にあるの？

水沢　はい、ここの構造体だけとってこういうところに。

矢作　昔こういうのがあったよっていうのを持ってきているわけね。

水沢　今はもう無いです。

矢作　あ、もう無いんだ、存在してないんだね。

水沢　バーチャルにあった空間をくっつけています。

矢作　なるほどなるほど、じゃあバラでつくっているやつは昔あったよっていうものをつくっていて、存在してないのもあるから、そのエッセンスを主に全部再編成している感じ？

水沢　今にない空間っていうか、下町らしさっていうのが断片的になって誤想されちゃうので、そうするとコンテクストがどんどん無くなって渋谷も上野も原宿も全部同じになっちゃう。それを阻止するためにこの空間を設計しました。

矢作　そこが一番の目的？そのまちまちのコンテクストっていう、歴史を持ったコンテクストが全部塗り替えられちゃうから、そうじゃないようなものをこれをつくることで残したいという意味。はい、わかりました。

水沢　ありがとうございます。

Exhibitor ID_22

甲斐 健太 かい けんた

佐賀大学大学院 工学系研究科都市工学専攻 2年

Questionnaire
1. Illustrator,Photoshop,Jw-cad,SketchUp 2. 3万円 3. 4か月 4. 断面でも空間構成が分かるように工夫しました。/スチレンボード、バルサ 5. 中村拓志/東京カテドラル 6. 祖父の家のリフォームを見て、自分もやってみたいと思ったことがきっかけです。 7. 改修中等で一般の人では入れないところを見学できたこと。 8. 研究室や製図室に生活感があふれている。 9. 焼きそば一平ちゃん

Title
舞踊相似建築 ―「高千穂の夜神楽」の類推変換概念を用いた資料館―

Concept
舞踊と空間の関係性に着目した。舞踊が持つ特性と祭事における空間が生み出す特性にはアナロジックな関係にあることを見出した。このことから舞踊が表現を獲得し、人々に伝達するメカニズムを空間に変換することで舞踊と相似した建築を創ることができると考えた。本提案では「高千穂の夜神楽」を対象に舞を「動き」「リズム」「型」の観点から分析し、無形である夜神楽を有形である建築に変換する設計手法を確立するとともに資料館を計画する。

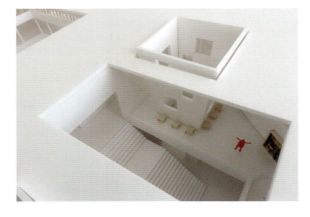

Poster Session _ Masaya Chiba

甲斐 今回提案するに当たって、舞踊と空間の関係性に着目しました。舞踊が持つ特性と、祭事空間が生み出す特性には、アナロジックな関係があることを見出しまして、このことから、舞踊が表現を獲得して、人々に伝達するメカニズムというのを、建築空間に変換することで、舞踊と相似した建築をつくることができるのではないかと考えました。本提案では、宮崎県の高千穂町で行われる高千穂の夜神楽の中から、対象地である岩戸地区に根付いている神話を題材としたこちらの三演目を分析対象としてそれぞれの舞を一秒ごとに切り取っていって動きとリズム、型の観点から分析をしていきました。これらを元に独自の設計思想や設計概念である変換を確立して、これから資料館の提案と無形である高千穂の夜神楽というものを、有形である建築に具現化するという提案を今回行います。

千葉 これは具体的にどういう型に変換されてるんですか?例えば何か例をとって。

甲斐 まずこちら、手力雄の舞というものから空間がつくられていて、この舞の題材となった話というのは日本書紀にあります。

千葉 まあそれはいいや、動きが形態にどう変換されたかだけ教えて。

甲斐 これは、まず同じような型があって、その次に同じような動きの反復で全体が構成されていて、探すというようなイメージを内包させた舞になっています。こちらの空間もこちらと同じように、ものを探すというような設えの高さを変えたりして、視線を複雑にすることによって探すというようなイメージを強調した空間をつくっています。

千葉 なるほどね。ダンスと建築的空間の関係というのは面白いと思います。

Exhibitor ID_23

安永 彩乃 やすなが あやの
崇城大学 工学部建築学科 4年

Questionnaire
1. Illustrator, Photoshop, ArchiCAD 2. 5万 3. 1年間 4. 毎日ちゃんと掃除する 5. アルベロベッロのトゥルッリ 6. 好きな椅子の作者が建築家だと知って 7. 体力がついた 8. 丸メガネ 9. 蒙古タンメン

Title
五次元パケット

Concept

災害・紛争等により発生する避難民は住環境に多くの問題を抱える。避難生活という不安定な状況下において建築は包括的な支援システムと避難民スケールの可変性をもつ必要がある。そこで避難民の状況に呼応して形を変えてゆく建築システム「五次元パケット」を提案する。「パケット」は居住空間を作るために避難民に送られる建築素材で国際海上コンテナとETFEフィルムから成る。Phase1〜4に区分した避難民の時間軸の中で「パケット」の形態・構成は少しずつ変化してゆく。やがて避難生活が終結しても「パケット」は人々の生活と共に変化を続け、新しい次元へと流転する。

Poster Session _ Takaharu Tezuka

安永 これは、五次元パケットという避難民とともに変化し続ける建築システムの提案です。対象地を熊本地震の被害を受けた益城町としています。私も熊本地震で被災して避難生活を送ったんですけど、その中で感じたのが、避難民の状況が変動していくのに対して、建築がついていけていないという問題で、ここでもっと建築が柔らかく避難民に寄り添って柔軟に変化していけたら、避難生活の負担が減らせるんじゃないかと思ってこの提案をしました。このタイトルにあるパケットというのが、フッ素樹脂フィルムの膜と国際海上コンテナの2つからなるんですけど、これが避難生活の中でどんどん変化していきます。このパースで番号を振ってまして、フェーズ1から2、3、4という風にどんどん変化をしていって、大きいメインパースがフェーズ4から50年後の風景なんですけど、仮設のものから常設的なものへとこの建築は変化を遂げます。フェーズ1が膜だけで、膜に空気を入れてテントを作ります。フェーズ2ではテントの中にコンテナを入れます。フェーズ3から常設の敷地に移って、コンテナを構造体と住居として仮設的な集合住宅を作ります。最後のフェーズ4では、構造体のコンテナのみを残して、コンテナとコンテナの間にできた余白に壁を建てて常設的な家をつくります。この模型はそのフェーズ4からフェーズ5へと移行する間の状態です。

手塚 コンテナをつくっているところまでは話が分かるんだけどさ、この間のコンクリートが、これが膨大な存在なんだよね。これは支木を買って、全部型をとって、ダーって打つの？ものすごく重たいんだけどこれ。建物としてはすごく面白くてさ、可能性があると思うし、こういう都市開発ってあると思うんだけど、これはフェーズでつくっていくというものではないんじゃないかな。例えばショッピングとか、いろいろな豪勢な建物だと分かると思うんだけど、住宅だとちょっと窓から遠すぎるよね。

安永 ちょっとスラブを広げているのは、コンテナに水とか土を最後に入れて環境体というものにするんですよ。

手塚 分かるんだけどさ。そうするとね、こう暗いじゃない。それが気になるんだよね。建物としては好きなんだけどね。似たようなのを伊東豊雄さんが台湾でやっていたけどなかなか良い建物だよ。

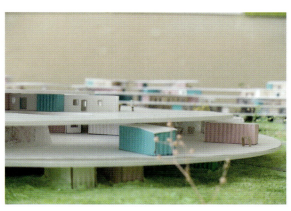

Exhibitor ID_25

大塚 将貴 おおつか まさき
九州大学 工学部建築学科 4年

1. Illustrator,Photoshop,AutoCAD,SketchUp,Rhinoceros 2. 5万 3. 一か月 4. 無駄な材料出さない。できるだけ白くならないようにする。 5. ズントー、テルメルバード・ヴァルス 6. 正しい解答を出すだけの勉強につまらなさを感じた事 7. 街歩くだけで楽しいと思えるようになった 8. 深夜テンションで作った作品だいたい失敗する。朝見るとショック受ける。 9. 魚肉ソーセージ

Title
門前町の表裏と「祭」

Concept
技術が発達し無害となっても、葬祭場は忌み嫌われている。モノに対する人のイメージは更新可能なのだろうか。祭りの時には寺院の求心力により盛り上がるが、日常的には住人すら見られない、屋根のかかる狭い通りを持つ門前町に、日常の求心力として再び葬祭場を計画する。通りからは隠れ、道をのぼりきって初めてその姿を上から把握できる。日常にまぎれこみ、祭りの時には死について考えさせるアイコンとなる建築を提案する。

Poster Session _ Toshiyuki Tanaka

大塚 物のネットワークが速く遠くなっている現代において少し違和感を覚えたことがあったので、あえて昔のしきたりによって街を変えるという提案をします。葬祭場を作りました。敷地は岡山市にある日本3大稲荷とも呼ばれている最上稲荷の妙教寺、お寺の門前町です。正月三ヶ日は60万人ほどが訪れてイベントの時には盛り上がるんですけど、日常はとても廃れていて差が激しいです。そこでそこの日常をつくる住民と観光客それぞれに向けて提案をします。日常の風景をつくる住民に向けての提案がまずここに昔、もとからある公住のコミュニティ活動というのが今現実では衰退しているんですけど、唯一葬式の準備などは親族とかじゃなくて町の人が行うというしきたりだけ残っています。さらに仏のところへ行けるめでたいこととしてとらえている方も結構多いのです。そこでその公住の活動を再び行うきっかけとして葬祭場をこの町に作ります。日常において葬祭を儀礼化する場所をつくって、それをきっかけとして他の活動のお日待ちだったりというものの再開を促します。観光客に対しては近く…通りは既存でして、この参道のある表側はかなり暗くて閉じているんですけど、ここは少し高さがついていて、進んでいくと、最後に登った時に後ろを振り返ると町が把握できるような場所になっています。それを利用して近くを利用するんですけど、気づかなかったこの葬祭場を上から見下ろして初めて突きつけることで、必ずいつか使うのに遠ざけがちな葬祭場というものが忌み嫌われていることに関して問いを促すという風な提案です。

田中 門前町？門前通りか。

大塚 そうです、通りです。

田中 これが提案している部分？

大塚 そうです。火葬場があってこちらが葬祭場。きっかけとして葬式をするところをつくるんですけど、日常の毎月12日に祈願したり、お日待ちの時に集まって太鼓をたたいたりとかしていたらしくて、そういうものを行う場所として祭場みたいなものをこっち側に計画しています。

田中 この計画しようとしているところにはちゃんとそれなりの広場なりスペースがあるの？

大塚 最初から場所が空いています。対して縫うように、どういう風にして葬祭場というかなり死に対する要素を持っているものを埋もれさせるかというのを考えて、通り沿いと…。

田中 通り沿いをつくり上げるものには滞在しないの？

大塚 日常的な活動として葬式の時に集まったりだとかいうのがあるので。

田中 集まる。

大塚 そうです。伝統としてあったんですよね。葬式をみんなで集まってやろうみたいなものが。人によってはどんちゃん騒ぎという人もいたので、そういう場所にしかできないようなつくりかなという風に…。

田中 帰ってくる人がいないんだからいいところだっていう噂はあるよね。ありがとう。

Exhibitor ID_26

永友 裕子 ながとも ゆうこ
近畿大学 産業理工学部建築デザイン学科 4年

Questionnaire
1. Illustrator,Photoshop,Jw-cad 2. 4万円 3. 10ヶ月 4. 私の中の作品の雰囲気が、見る人に、模型で全部が伝わるといいなと思いながら作っていました。スチレンペーパー/ジェッソ/段ボール 5. グンナール・アスプルンド/ストックホルム私立図書館 6. ビフォーアフターをテレビで見て。 7. 特にないです。 8. 徹夜 9. ちくわ/さきいか

Title
わらわら ─ 分断された都市の再生 ─

Concept
現在、高架事業の行われている西鉄鉄道が福岡県大野城市の中心を分断するように通っている。そこで、都市から取り残され、空きスペースとなってしまうであろう高架下を対象に、鉄道により分断された都市を再生するためのきっかけとなる提案を行います。

Poster Session _ Masao Yahagi

永友 計画地は福岡県大野城市の中心を分断するように通る西鉄鉄道大牟田線の一部250mです。この場所は50年間平であった場所なんですが、現在高架事業を行っている最中で、それをきっかけとして分断された都市を再生する提案を行いました。まず、この細長い敷地は山と山に挟まれるように位置していて、つまり山から細長い敷地に向かって直角に力が加わっていると考えます。そこで、二方向からの地形のプレートがぶつかり合うようなイメージで高架下の大地を形作ります。具体的には、力が押しあってぶつかるところや盛り上がるところ、重なるところです。これらの手法を高架下の大地に用いて様々な空間を生み、その空間を既にある現在の周辺状況と混ぜ合わせながら計画しました。

矢作 ここは今高架なの？今この高さ？

永友 今はこのGLのレベルで鉄道があります。

矢作 今は普通の鉄道なのね。それを高架にしようという計画があるわけ？

永友 はい、柱がずっと立っていて。

矢作 あ、今建てていて高架にして交通を下に通せるようにしましょうとやっているわけね、実際は。でもこれをつくっちゃうとせっかく西鉄がそうやって繋げようとしているのが分断されないの？

永友 そうですが、元々は高架にして騒音を減らそうという計画です。

矢作 騒音のためにやっているの？ほら、開かずの踏切みたいになっちゃうとかじゃないの？

永友 騒音が一番で、でも交通もあります。

矢作 開かずの踏切みたいなのを止めましょうっていう話だけど、これをまたつくっちゃうと分断されちゃうんじゃないの？だから、主要なところはちゃんと行き来できて、メインの道路があるところはちゃんと行けるんだけど、例えばこういうところはちゃんと車も行けるんだけど、そうじゃないところはこういう高架下ってさ、なんかすごいイメージ悪いじゃん。そこを賑わいの場にするけど、メインの道路はやっぱり通しますってしてないと開かずの踏切になって、せっかく解消してあげたのに結局通れないじゃん、みたいになっちゃうんじゃない？

永友 そうなんです、そこをもっとちゃんとやらないとなって思っています。ありがとうございました。

懇親会
Social gathering

DR　皆さま、一通り乾杯はお済みですかね。注目してください。
さて、閉会式でも案内がありましたが、スケジュールにありました「企画」を懇親会にて行うことになりましたので、そちらの説明をしたいと思います。テーマは「創遇プロジェクト」です。
ヘリオスホールにて行う予定だったので、ちょっと堅苦しいんですけど、企画の趣旨をざっくり言うと、「もっと創遇しよう！」というものです。今日は午後から、ポスターセッションにて自分の作品について皆さん議論を深めてきたと思いますが、「創遇」というのは自分の作品に隠されているわけではなく、どこに潜んでいるかわからないものなんですね。そこでもっと幅広いお話をして、盛り上がっていただきたいなと思います。具体的には、皆さんに書いていただいた質問シートがあちらの箱の中に入っています。それをクリティークの方に引いていただいて、その中に書いてある質問に答えていただくというコーナーです。
では、誰からいきますか？こちらを引いていただきたいのですが、金野さんから、お願いします。

金野　そういうことですね。誰ですか？この「1年間休みが取れるとしたら」という質問。
手塚　「1年間の休みが取れたら」って書いた人、誰？
DR　それはわからないんです。
手塚　一般人かもしれないの？
DR　そうかもしれないですし、懇親会にはどうしても来れなかったという出展者もいますよね。

DR　では、千葉さんよろしいですか？質問にお答えいただければと思います。
千葉　これは誰宛というわけではないの？
DR　はい、そうですね。
千葉　「好きなご飯のお伴は何ですか？」。こんなこと聞いて、だからなんだっていうんだろうね。ご飯のお伴って意味が分からないんだけど、ご飯のお伴っておかずのこと？
DR　まあ、福岡で言ったら明太子みたいな。
千葉　ご飯のお伴っておかず未満みたいなものを指すじゃん。佃煮とか明太子とか。僕、そういうもの食べないんだよ。
DR　そうなんですか。それは貴重なご意見ですね。
千葉　好きな食べ物はとんかつです。とんかつをご飯のお伴とは言わないけど。
DR　そうですね。ありがとうございます。では、次に参りましょうか。

金野　はい。「もし1年間の…」、えっ1年間？「1年間の休みが取れるとしたらその時間で何をしますか？」。そうですね、1年間の休み。うーん、そもそも休みっていう概念があまり無いので、今日も半分休みのような気分でここに来ていて、休みかもしれないし仕事かもしれないみたいな日がずっと続いているので、「休み」とパキっと切るのが難しいんですけど…。本当に建築の仕事がストップしたら、先ほど控室ですごい盛り上がっていたんですけど、「ロッジア」という空間を見に世界中を旅します。はい、世界中旅します！
DR　日頃、建築家として充実した日々を送っているから休みはいらないけれど、休みがあるとしたら旅をすると。
金野　それでも仕事の一部なんじゃないかという噂もありますけど、はい。
DR　好きなことが仕事になっている。

手塚　あ、これすごい真面目。「建築の施工には時間がかかりますが、最先端や流行を意識してつくらないといけないと思います。何年先まで見据えるのがベストなんでしょうか？」。そうだね、だいたい400年くらいじゃないですかね。
DR　400年ですか。コンクリートの寿命が100年と言われていますが？
手塚　400年というのが大体ね、日本の災害のサイクルなんですよ。400年おきに実はマントルが活性化して大地震が起きて、災害が起きる。だからなぜ戦乱が起きたかっていうと、戦国時代に、あれは実は天変地異が原因なんです。貧しくなるとみんなやる。だから戦国時代が来て、あの時代は大騒ぎになった。1600年ですので、今がだからほら、火山活動が活性化しているでしょう。そういう時代なんです。だから、400年のサイクルを超えて残ると建築って次に残るの。だから400年。
DR　今ちょうど400年先という感覚が必要なのかもしれないですね。
手塚　そうです。今から400年もつ建物をつくると、だいたい流行に左右されないものができますね。400年です。
DR　長いですね。想像より長かったです。ありがとうございます。

DR　では、次は矢作先生ですね。
矢作　あー、これ戻していいですか？「好きな色は何ですか？」って書いてあるんですけど、手塚さんの隣で「ブルーです」とは言えないので。
DR　青なんですね。ちなみに手塚さんは好きな色は何ですか？
手塚　…赤です。
DR　愛の色ですね。
矢作　これはみんなあれでしょ？パパッと書いた感じの質問なんですよね？「面白いデザインを考える時、何を参考にしていますか？」。
DR　なかなかざっくりとした、でも答え甲斐のある質問ですね。
矢作　そうですね。基本は参考にしません。基本的に今、情報が溢れているので、何か設計をする時はできる限り情報を遮断する時間を設けて考えるようにしています。うちの学生もそうだけど、学生はみんな机で有名な建築家の本をざーっと見ながらエスキスしがちじゃない。いろいろな情報が入って来ると、自分の中から生まれてくるデザインみたいなものが抜きん出にくくなるので。プレゼンテーションの日程が組めると、そこからあまり他の人の建築とか見ないように、自分と向き合うようにしています。
DR　今日の講評でもみんながお利口になっているというか、型にはまっていっているというのがありましたけど、参考にするばかりでなくて、もっと自分の中で模索して

いくのが大切ということですね。
矢作　そうそう。自分と向き合った方がいいですよ。そのためには、情報過多な時代に少し情報をカットしてみるとそういうことが浮かび上がって来るというか。瞑想したりすると、いろいろ自分の頭に浮かび上がってくることがあるじゃないですか。

DR　そう考えてみますと、千葉さんの本にありました接続と切断の話が、建築と近いですよね。
矢作　そうそう。そういう質問を本当は千葉さんにすべきですよね。おかずの話とか本当どうでもよかったですよ。
DR　ありがとうございます。みなさん、千葉さんにお話することがありましたら、情報過多な時代の切断と接続について聞いてみると面白いかなと思います。

DR　では、順番にクリティークの方にお伺いしておりまして、今4名終わりました。次は田中さんにお願いしたいのですがよろしいでしょうか？
田中　（質問シートを引く）
DR　読み上げますね。質問が2つあります。1つ目は、「田中さんが空間デザインをする上で大事にしていることは何ですか？」ということです。
田中　自分自身が「創遇」を引き起こせるかということですよね。建築を考えることとは自分を考えることだし。
DR　矢作先生も先ほど自分と向き合うことを話していましたが、同じように自分と向き合うことが大事ということですね。ありがとうございます。それでは続いて2つ目は「迷走した時の抜け出し方は？」。

田中　できるだけ抜け出さない。迷走をし続ける。
DR　迷走し続けた先には何があるのでしょうか？
田中　その先にはとんでもない、考えてもなかったものを生み出すかもしれない。
DR　自分と向き合って、迷走しても向き合い続けることが大切ということですね。ありがとうございます。

DR　それでは、クリティーク5名の方に順に質問をしていきました。1周回りましたので企画は終了いたします。今回自分の書いた質問が選ばれずに出てこなかったよという方は、直接クリティークの方に聞いていただけたらなと思います。

Exhibitor ID_28

八木 佑平　やぎ ゆうへい
明治大学　理工学部建築学科　3年

Questionnaire
1. Illustrator　2. 五万弱（交通費含め）　3. 1ヶ月半　4. 特にない　5. 豊島美術館　6. サグラダファミリア　7. 作るのが楽しい　8. スチノリが衣服につく　9. カロリーメイト

Title
暮らし合うなかで ― 趣味を拡張した浴場と酒屋のある住宅 ―

Concept
施主はある事情により家族4人で住んでいたこの家に1人で住むことになった中年女性。酒、風呂という彼女の趣味は周りに還元できるレベルまで肥大化しており、それを職として周りに開放することで新しい生活を始める。核家族向けの住宅に単身者が住むこと、浴場（＝家の中の物）を他者も使うこと。この2つの主体の変化によって既存の家は時間的接続をしながらも新しい文脈が読み込まれる。周りと暮らしを分け合いながら暮らしあっていく未来を想像する。

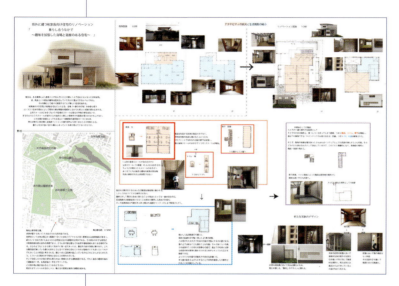

Poster Session _ Chie Konno

八木　これは郊外に立つ核家族向け住宅のリノベーション課題で3年後期にやった設計です。敷地は吉祥寺駅から歩いて15分くらいの住宅街で、井の頭公園とか運動施設がたくさんあって自然が多くある場所です。施主はある事情で4人で住んでいた家に1人で住むことになって、そこで趣味だったお風呂とお酒が肥大化して、それはまた周りに還元できるレベルで肥大化しているので、それを周りに開放しながら暮らしていこうという提案です。

金野　これは実話ですか？

八木　いえ、施主は設定です。4人で住んでいるところに1人で住むというのと、家の中のものを他人も使うという2つの主体の変化がこの設計の主軸になってきます。ここが赤いところでお風呂が公共性を持ったことによって、廊下やトイレも増えるという主体の増加と、主体が減少したことによって生活空間がここに減少するという主体の変化があってこういう住宅になりました。新しいデザインの文脈も出てきていて、例えば車を使わない暮らしなので車庫を避けて売店にしたりだとか、一番光が入らなかったキッチンを光がいらないお酒の保存場所としています。ここの大きな和室があった場所は象徴的だった床の間が外に対して象徴的な場所として、待合室になっていたり、床脇という棚の文脈をお風呂の靴箱の棚の文脈に置き換えたりというのが、そのディテールの詳細な部分です。

金野　これはこの家族の生活を営む住居として成立しているのかどうか、これだけだとわからないですね。

八木　はい、ここを可能にしているのが畳の存在で、畳の場合椅子がなくなる生活というか、家具が可動になるのでその場合そこの空間としての狭さの中にフレキシビリティがあり、ここでの生活を可能にしています。また、趣味については周りとその価値を共有できるということにより、生活空間は縮小したかもしれないんですけど、生活は豊かになったかもしれないという…。

金野　この外観を大きく変えているのはどうゆう意図があるんですか？

八木　これは家に似つかない素材だなと思って、これくらいスケールの大きなお風呂がここにあるという解放というメッセージ性を持ったものにしました。

金野　軸組には手をつけていないのですか？

八木　いじってないです。

金野　あれ、でもこの辺は壁がないのを内部化してる？増築というか増床はしてるのですか？

八木　はい。

金野　これ吹き抜けなのか。これ陸屋根っぽく表現しているんだけど、銭湯にするならどうやって湯気を抜くかとか、銭湯空間の持っている形って意味があるから、それをもう一回現代的に翻訳していくと、これがただのボックスではなくて、現代的で機能的だけどノスタルジックだけではなくなる。そういう読み込みがあるといいね。

八木　そうですね、冬は暖房とかにも使えるかなって…。

Exhibitor ID_29

筒井 伸 つつい しん
信州大学 工学部建築学科 4年

Questionnaire
1. Word,Excel 2. 7万円 3. 事前調査3ヶ月、設計・製作1ヶ月 4. 器用な後輩に頼む 5. リナ・ポパルディ SESCポンペイア文化センター 6. ─ 7. ─ 8. あるあるをドヤ顔でいうやつは大抵インキャ 9. ─

Title

漁村スラムノ築キカタ

Concept

エクアドルのchamanga地区は、2016年エクアドル地震被災地の漁村スラムである。犯罪の温床とされているスラム地区にはこれまで見たことのない生業と建築の生々しい関わりがあるように感じた。今残さなければ失われてしまう彼らの生業と生活風景。政府の高台移転に対抗するように、沿岸部に住み続ける人々に着目し、生業と共にある再建を考える。

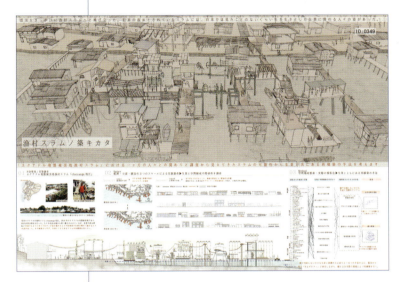

Poster Session _ Masaya Chiba

筒井 私は震災をきっかけに2016年のエクアドル地震の時に漁村スラムに行きました。犯罪の温床とされているスラムでは、日本にはないくらい生業と生き生きと関わる人々が生まれました。新地の漁村スラムに一か月間滞在したんですけれど、そこでの関わりと調査から見えてきたスラムの可能性から生業と共にあるスラムの再構築を考えたいと思いました。対象の敷地は海外線から内側にあることから、震災による被害は液状化のみで津波による被害はなかったような場所です。この場所の特徴として人が集まるメインストリートと呼ばれ、模型ではこの灰色のドアと震災後も生業に関わり続ける人々の姿、こういう人がいたりだとか、震災の伝統的ピロティ住居と言われる茶色に塗ってある既存の物などがあります。この700mある高台にまず集会場を建てました。

千葉 実際にもう建てたんですか?

筒井 これを実際にまず立てて、それからフィードバックみたいなものを感じて、どうやって提案するか、アメリカの人たちとか、現地住民とかと一緒に建ててみたのですが、立地の課題であったりプログラムの課題とかがいろいろ見つかりました。震災に対しては政府の人々は復興住宅群というものを海から離れた場所に建てていて、それは数値的なデータの観点から考えられていて、人々の活動を海から離しているように感じたのですが、ヒアリング調査をした結果やっぱりそうだった。一方水上ピロティにこうやって住み続ける人や再建する人々の姿があって、そういうものがクリアランスとか次いつ起こるかわからない震災などがあるので、こういう風景にとりあえず価値を感じることと住民の人たちはこういう建築が必要であるということから、とりあえず書き出しました。調査を行った結果、水上ピロティが震災によってほとんどなくなっていないことや、店が高密度にあることから小さな生産と消費のサイクルが現存していること、立面図を書き出してみたり工法を見ているとスラムの住居は少しずつ異なる工法が使われていて、スラム住民間の工法の再解釈の繰り返しなどが行われていることが分かって、それらを類型化することで6つの手法を導きました。具体的な提案としてはプログラムを顕在点とか小さな店を水上に移すことでネットワークを作っています。

千葉 これは最終的にはこういうピロティ構造みたいな建物を新たに建てるんですか?

筒井 時系列で建てていきます。

千葉 あーなるほど。それはある程度耐久性があるものを建てるのですか?

筒井 すべて耐久性があるものを建ててしまうと、結局ワークショップであった集会所というものとあまり構造として変わらないんじゃないかと考えています。自分の提案しているのはこの横軸、今はないんですけれどこっちの軸だけで提案しているのは水上立体ピロティと呼ばれる電線を集約する海上に電気を送るためのインフラ兼生業として使われるものです。それと、提案しているそれぞれの店舗はL字の平面のRCに木とかがへばりつくような感じにして、もしも震災が来たらこだけは残りますよという提案をしています。

千葉 はい、分かりました。

Exhibitor ID_30

森下 葵 もりした あおい
立命館大学 理工学部建築都市デザイン学科 3年

Questionnaire
1. Illustrator,Photoshop,ARCHICAD 2. 模型費用5000円+参加費5000円+旅費50000円 3. 7週間 4. 徹夜しない 5. Peter Zumthor/Saint Benedict Chapel 6. 高校時代葛西臨海公園に遊びに行ってしまったこと 7. 学校で家具を自作できる 8. 提出前夜に哲学者になる 9. トムヤムクンヌ〜ドル

Title
この街の心臓

Concept
京都の商業地区の北東に位置する木屋町御池の一角。北を御池通り、西を木屋町、東を鴨川に囲まれたエリアに、商業施設を設計する。千年に渡り存在する京都の都市スケールを持つこの街では、そのグリッドに沿い固有の密度と様相で人と情報、文化の蓄積が成されており、旧新様々なものが同じスケールで都市に潜んでいる。そんな街の一角に、古来のシステムを用いた文化の器としての京都グリッドを再構築することにより、京に新たな流れを生み街の中心となる装置としての商業施設を提案する。

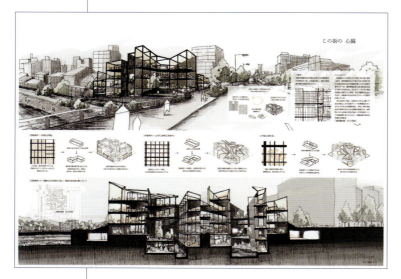

Poster Session _ Masao Yahagi

森下 舞台は京都です。大きな北側の御池通り、西側が木屋町、東側を鴨川に挟まれた非常に立地のいい場所に、延べ床面積1万㎡以上の商業施設を建てるという課題でこの施設を建てています。

矢作 あ、これ課題なの?

森下 はい。3回生なので。この街はご存知の通り条坊制に仕切られている非常に大きなグリッドがありまして、そこのグリッドに沿って人や情報や文化、様々なものが同じスケールで点々と存在していて、それが外側に出たり、内側に入ったりということは少ない状況になってきています。それを引き出して、蓄積されていた文化を交流させるために、京都のグリッドの形態を新しく再構築したものを提案します。3個の形態操作があるんですけど、その通りで文化というか、人の出入りが線上にあるところと、その線上に対して滲み出しの空間が一緒に存在しているということと、そこに尚且つ緩衝地としての中庭、坪庭が含まれているという3つの形態をそのままこっちに用い、更に前の大きな通りに沿わせてそれを回転させて、沿わせることによって新たな形態を生み出しています。そうすることによって、今まで滞留していたものがそのまま滞留し続ける…同じグリッドで滞留し続けるんですけど、更にそれ同士が影響し合っていくのが街中に広がっていったり、街からもう一回それが集まっていったり、そういう流れができると思いまして、その流れを循環系と題しましてこの作品を計画しました。

矢作 説明があったかもしれないけど、プログラムは?

森下 プログラムは商業施設なので、何でもありなんですけど、テナントがたくさん入ることが設定の条件になっているので、もう何でもいいから商業施設がいっぱい入っています。

矢作 商業施設ってことね。要は、京都のグリッドをもう一回読み解いて、そこに循環するような仕組みを取り込んだってことだよね。そういう、グリッドみたいなものを保持しつつというアプローチはすごくいいんだけど、これ商業施設なのかな?普通商業施設って言うと、ユニクロとかそういうのが入ってきちゃうとこういうのとあんまり合わない感じがあるけど…。

森下 そういう大きな企業が入ってくるっていうことを考えているよりは…。

矢作 街の小さな店舗ってことね?

森下 街の店舗と同じスケールで、そのままで入ってくるような。

矢作 それは重要なポイントじゃない?もうちょっとユニットが小さくて、街のスケール感であるそういう昔ながらの漬物屋さんとかがこういうところに入っているみたいな。商業施設なら何でもいいって言わない方がいいよ。何でもいいよって言うと、マクドナルドとかそんなのが入ってきたら、こういう感じじゃなくなるんじゃないの?

森下 気をつけます。

矢作 それは、すごくいいと思います。

森下 ありがとうございます。

Exhibitor ID_33

竹村 裕人 たけむら ゆうと
名古屋市立大学大学院　芸術工学研究科建築都市領域　1年

Questionnaire
1. Illustrator,Photoshop　2. 10万　3. 2ヶ月　4. 頑張って曲線を綺麗に作った　5. 島田陽・川西の住居　6. 絵が好きだったから　7. 部屋選びが上手くなった　8. お金がない　9. コーラ

Title
街を縫う ― 商店街×陶芸学校 ―

Concept
陶磁器の町多治見市に陶芸学校市場を提案する。多治見市は古くから焼き物を作り続け、現在は日本全国の陶磁器生産シェアの約50％を占める、世界に類を見ない陶磁器の大生産地です。しかし、近年では後継者不足等や若者の人口減少などの問題があり生産が衰退しています。そこで、商店街の裏に点在する空き地を縫うように陶芸学校を配置し、分散配置されることによって街に開かれ、商店街から連続した場となり人々と陶磁器を近づけるきっかけを作り出します。

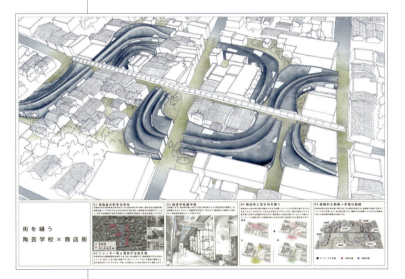

Poster Session _ Masaya Chiba

竹村　陶磁器生産が有名な多治見市に陶芸を学ぶための学校を設計しました。かつて多治見市で全国の50％以上の生産量を誇っていた陶磁器生産ですが、今は人口減少や後継者不足からその生産が落ちてきています。そこで今回陶芸を学ぶための学校を設計しました。計画地である銀座商店街はアーケードの裏に空き地や駐車場が広がっている現状で、陶芸学校をこの空き地を縫うように商店街と連結させて設計することで、直線的であった商店街の動線というものが、建物の中を通ったり建物の外の路地を通ったり多様な動線になります。また建物で敷き詰まっていた商店街が抜けることで風や光が商店街に溢れて、陶磁器の商店街として再生していくことを目的としています。

千葉　この形はどういう風に導かれたんですか？

竹村　アーケードの裏に空き地が広がっているんですけれど、そこから道を通すように建物自体も道のような形になるために、内部も外部も境界が曖昧になるように、曲線で道が何本もあるように商店街を連続して設計しました。

千葉　空き地があったからそうしたのですか？道が何本もあることの意味って…？

竹村　空き地を縫うように配置して、商店街をまっすぐ歩くだけではなく練り歩けるようにしたかったので、道ありきの曲線の形になっています。

千葉　学校なんですね。

竹村　はい。陶磁器は乾かす時に光とか風が必要なので、外の道で乾かしていてそこが風も光も通って商店街にも届けるような場所になっています。歩いている人が乾かしている陶磁器を見ることで、そこがギャラリーや美術館のような場所になるようにしています。

千葉　はい、ありがとうございます。

Exhibitor ID_34

伊藤 一生　いとう かずき
信州大学　工学部建築学科　3年

Questionnaire
1. Illustrator,Photoshop,ARCHICAD,SketchUp　2. 5万円　3. 3ヶ月　4. 何を見せたいかを考える。　5. 東京カテドラル　6. たまたま　7. 繋がりが増えること　8. 端材かゴミか迷う　9. ―

Title
名もない街の名もない美術館

Concept
街区再生により、空き家と土地が織り成す美を体感できる美術館を提案する。長野県須坂市には、かつて栄えた製糸業の遺産が再生されつつ保存されている。一方街区には、住む人が消え名前を失った多くの建物が取り壊しを待っていたが、私はそこに、土着的で多くのポテンシャルを持った、「名もないまち」の遺構としての魅力を感じた。減・改築により生まれた、街区を巡る「名もない美術館」により、眠っていた街区の裏は表となる。そこには観光客と市民の営みが絡み合う、新たな居場所の風景が浮かび上がる。

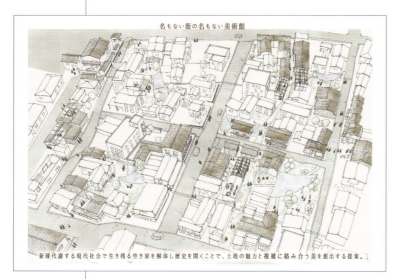

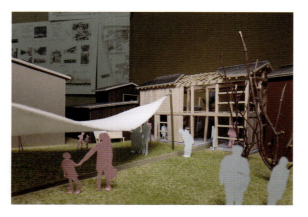

Poster Session _ Masao Yahagi

伊藤　新陳代謝する現代社会で生き残る空き家を解体し、歴史を開くことで、その土地の土着的な魅力や、空き家が持つポテンシャルなどが複雑に絡み合う美術館を創出します。背景ですが、敷地は有形文化財などが残る蔵の街、長野県須坂市です。この対象敷地が街区なんですけど、この周辺は有形文化財が多く分布しているけれど、この街区の中には有形文化財はなく、空き家などが多く、何の変哲もない街区なんですけれども、そこの空き家などが元々持っている魅力があるのではないかという提案です。

矢作　空き家を利用するってことね？

伊藤　そうですね。プライベートな生活導線やファサード、空き家、旧水路などを利用します。

矢作　誰の作品を飾るの？

伊藤　作品は飾るんじゃなくて…。

矢作　街の歴史美術館的な感じ？

伊藤　空き家をこのように解体したりして、面材と線材のような対比した美しい空間だったりを作っていきます。ダイアグラムとして、元々ここには空き家が存在していたんですけど、こちらを解体したり…。

矢作　水を新たに通したりするわけ？

伊藤　いえ、元々ある水路に水を通していくんですけど…中を解体します。

矢作　元々あるって言っても、建物が突き抜けているじゃん？

伊藤　そうですね、元々暗渠でして。

矢作　暗渠なわけね？

伊藤　そうですね、それがステップ1なんですけど、ステップ2で、この矢印屋根というもので順路を示しながら居場所をつくります。

矢作　点在しているってことね？

伊藤　このようにつなぐように。

矢作　空き家が増えると、またどんどん増えていくの？最終的には、全部名もない美術館になっちゃうの？

伊藤　いえ。

矢作　そうではないの？

伊藤　一応、空き家を覗く場所もあるんです。空き家を覗けば、空き家見学会のような形で、そちらを活用する人が出て来ないかという期待を込めています。

矢作　でもさ、文化財にもならないような、土着的な昔の大工さんがつくったような建築が、面材とかを外してガラスとかを入れたときに、本当に美術館としての価値があるのかっていうのは一番疑問だったんだよね。予選でも、価値があるだろうと思って見たんだけど、その魅力がいまひとつ分からないんだよね。ドローイングは綺麗なんだけど、これが本当に美術館になるのかなっていう。その地域の人に向けているのか、外部の人に向けているのかにもよると思うけどね。地域の人に向けたら、これがこの街なんだよっていうのが分かるのかもしれない。そこの魅力を伝えてくれないとよく分からないね。

Exhibitor ID_36

古賀 祐衣 こが ゆい
武庫川女子大学　生活環境学部建築学科　4年

Questionnaire
1. Illustrator,Photoshop,Vectorworks 2. 作品：5万円 / 交通費・宿泊費・模型運送費：5万円 3. 構想：5ヶ月 / 製作：1.5ヶ月 4. 100円ショップのセメントを使って地形をリアルに表現できたのが、すごく満足しました。 5. 丹下健三、内藤廣、荒川修作　ゆかり文化幼稚園、牧野富太郎記念館、カルロ・スカルパが建てたイタリアにあるブリオン家墓地 6. 幼少期から工作が好きだったのと、住宅のチラシの間取りを見るのが好きだったから。 7. 自分がこんなに、こだわりの強い人間なんだと知ることができた。あと、旅行や街を歩くのが、建築をしていない人よりも何倍も楽しめていると思います。 8. 課題の多さに苦しむ 9. 建築キャンパスで販売している100円夕食

Title
ジャバウォックの棲む未完成なあそび園

Concept
こどもはあそびを通して、自らの発達の可能性を広げていく。ゆえに、あそび空間は決して他者に与えられるものではなく、こども自らが試行し、探求できる状態になければならない。こどもによって、空間の異なる「意味」を知覚し、こどもによって、空間に異なる「意味」を付与する。あそびを繰り返し、そのこどもにとっての空間のイメージが変化していく。そうして、こどもの成長と共に、この未完成なあそび園はこどもの手によって完成へと近づくのだ。

Poster Session _ Masaya Chiba

古賀　私は決して他者に与えられるものではなく、子どもたち自らが思考し探求し遊べるように設計しました。設計者が子どもに遊び方を与えるのは一種の束縛だと捉えて、建築家が建築を放棄した未熟な意味空間をつくり上げることにしました。未熟な空間というものを敷地の軸を読み取ってつくっていきました。その意味空間の中で子どもたちは空間の意味を知覚します。遊び園が遊び方をアフォードし、子どもたちが知覚をし、遊びを行うことで次に子どもたちが空間に意味を与えられるように出来るようになっていきます。例えば一つの階段にしてもその階段は子どもたちに昇ることを知覚させますが、どんどん遊んでいくうちにジャンプして遊んだり一段とばしにしたり、そのうちそれを舞台にしてグリコゲームを始めたり、そうやって子どもたちが自らの遊び場を完成させていくということにしました。壁に張り付いてものの中に動物が何匹いるかとか、そういう子どもが内面的なものを見つけることがすごく大事だと思って設計していきました。

千葉　なるほど。未熟な意味空間というのは分かるのですが未熟な空間をつくるルールというか、どういう原則でこういう形にしているんですか？

古賀　この敷地から景色の良い兜山があるんですが、それの軸線や交線を水平垂直に読み取って、それを一種の軸としてつくっていきました。そして、段々になっていたり床のテクスチャが違っていたり、散りばめられた柱とかそういうものが落とす影とかが子どもの遊びに影響を与えるのではないかと思っています。

千葉　土地が持っている傾きとか流れとかを多少ずらしたりしてこの形になっているということですか？

古賀　そうですね。

千葉　なるほどね。

Exhibitor ID_38

鈴木 貴晴 すずき たかはる
慶應義塾大学 環境情報学部環境情報学科 4年

Questionnaire
1. Illustrator,Photoshop,Rhinoceros,Lumion,3dsMax,Cinema4d 2. 25万（運送費、模型台、諸費） 3. 3カ月 4. 先人たちの作品を参考にし、自分なりのこだわりをもつ 5. 伊東豊雄、せんだいメディアテーク 6. 人間のスケールを超えてモノに形を与えられる仕事に就きたかった。 7. 視野を広くもって生活できるようになった 8. 昼夜逆転で友人からの夜中の電話に出がち 9. 朝食りんごヨーグルト

Title

Windscape Architecture ― 風の空間変容体 ―

Concept

建築空間が風のように軽やかで移ろう状態があるWindscape Architectureを設計した。それは、建築空間のつながりや関係性を変え、新たな都市の交流の場となるイベントスペースとなる。

Poster Session _ Masao Yahagi

鈴木 まず、動画があるのでご覧ください。私は環境のダイナミズムを空間内に取り入れて、空間同士の繋がりを変容させ都市公園に新しい発見と遭遇を促す建築を設計しました。都市公園の問題として、空間が固定状態のためすべての人に平等を享受するための制限や多目的のための単調な空間が生まれてしまいます。そのため多目的時の閑散としたイベントスペースが生まれてしまっていると思い、それを解決するために動的な広場を設計しました。機構としましては、ダリウス型風車で得た回転力をギアで変換して下部の空間を仕切る壁やファニチャーを回します。回りすぎないようにギアを変換して、1時間に1回転とします。風が吹かない場合は朝と夜の状態が同じになり、風の形として空間が浮かび上がります。ここではイベントを開催することでたたずむ人が現れ、空間に色をつけます。人やものや空間が動的に変化して新しい発見が生まれると考えています。これにより建築を通してコミュニケーションが生まれ、風が吹くほど楽しくなる新しい空間体験ができるのではと考えています。

手塚 これを回すとこれが回るわけ？すごいね。これを模型でするのが異常に下手なのだけど、これが実際にできているとすごくよかった。ここにギアをつけて風を起こして…。昔うちの大学にいた。風を起こしてギアを回して、エコシステムとして…その人はギアも全部つくって、自分で回してすごかったよ。このエネルギーが模型として出てほしかった。ここまでやられるとしょうがないかと思うけどね。面白いけどね。これをYouTubeに載せたらいっぱいヒットしそうだね。

鈴木 載せました。

手塚 ヒットした？

鈴木 あまりしてないですね（笑）。

Exhibitor ID_39

馬見塚 修司　まみづか しゅうじ
福岡大学　工学部建築学科　4年

Questionnaire
1. Illustrator,Photoshop,Vectorworks,SketchUp　2. 4万円ほど　3. 半年ほど　4. 出来る限り、内部を細かく表現したこと。　5. 磯崎新さんの大分県立図書館。　6. 建築学科に入学したこと。　7. 自分の好きなデザインの建築を見つけられたこと。　8. 大抵、ぎりぎり間に合わない。　9. コンビニのおにぎり。

Title

Copresence ― 開かれた療養施設 ―

Concept

私はCopresence「共存」という言葉に注目した。Copresenceは「他者とただそこにいるだけの空間」を指し、この空間はうつ病などを抱える人々にとって大切な役割を果たすと、現在臨床の現場において考えられている。「ただそこにいるだけの空間」は、"同じ景色を見る場"や"違う本を読む場"など他者と直接交流せずとも関係を持つことができる。私はこれらの空間に、多くの関係性が生まれるように温泉や図書館、レストラン、ホールなどの施設を複合させ、閉鎖的であった療養施設を開かれたものにした。

Poster Session _ Toshiyuki Tanaka

馬見塚　自分は温泉が有名な大分の湯布院町を敷地として、長期滞在型のリワーク施設なるものを計画したのですが、そこで地域住民や観光客、リワーク者、療養者が交流できるような施設を計画しました。自分自身が吃音を患っていて、同じ吃音の人たちが集まる会に出た時に、他の人がただいてくれるだけの空間というのはすごく大切なものでもあるんですが、そのイベントというのはあまり頻繁にあるべきではないということを学びました。そこで、常にいてくれる空間というものを大切にして、Copresenceという言葉、誰かがそこにいてくれるだけの空間というものを敷地の前面に配置して、その奥にアトリエや調理室など非日常的なイベントが行えるような空間をつくりました。

田中　この「人がいてくれる空間」というところが要するに住居っていうことなの？

馬見塚　これは住居なんですけど、いてくれる空間というのが、例えば温泉やレストランだったり図書館だったり、違う本を読むだけで直接交流せずとも、離れていても関係性が持てるような空間というものを前面に配置していて、奥ではたまに地域住民や観光客と料理をしたりするという空間をつくっています。

田中　はい、分かりました。

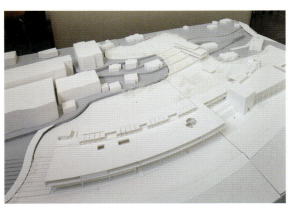

109

出展者データ＆アンケート
Questionnaire results

在籍校

大学名	人数
慶應義塾大学	6
信州大学	6
九州大学	5
立命館大学	4
京都工芸繊維大学	3
近畿大学	3
九州産業大学	3
佐賀大学	3
千葉工業大学	3
福岡大学	3
明治大学	3
愛知工業大学	2
九州工業大学	2
麻生建築＆デザイン専門学校	2
京都工芸繊維大学大学院	1
熊本大学	1
九州大学大学院	1
佐賀大学大学院	1
神戸大学	1
崇城大学	1
千葉大学	1
早稲田大学	1
大阪市立大学	1
武庫川女子大学	1
名古屋市立大学大学院	1
名古屋大学	1
合計	60

学年別

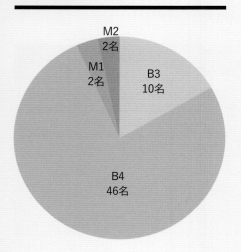

Q1 制作にはどんなソフトを使用しましたか？

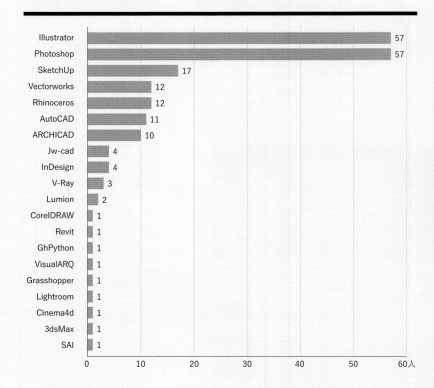

Q2 模型の制作期間は？

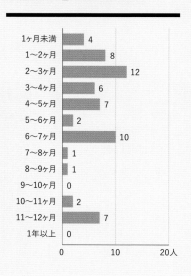

Q3 模型の制作費用は？

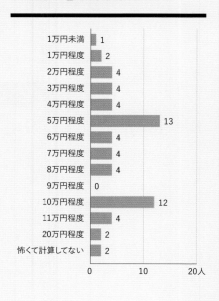

Q4 建築を始めたきっかけは?

- A 父の背中に憧れて
- A 落水荘をテレビで見たこと
- A 自分の部屋をより良くしたいと思ったから
- A サッカー選手を諦めたから
- A 小さいころ、レゴにハマっていたこと
- A 住宅のチラシの間取りを見るのが好きだった
- A 好きな椅子の作者が建築家だと知って
- A 偶然
- A 実家のリフォームの過程が面白かったから
- A たまたま
- A 東日本大震災
- A 中学の時の引越し

Q5 建築学科に入って得したことは?

- A プレゼン力やスケジュール管理などの総合的なスキルが身についた
- A 旅先での楽しみが増えた
- A 多分野を知れる
- A ソフトとデザインに強くなった
- A 友達が面白い人ばっか
- A 文章を書く能力が少し上がった
- A 読書が好きになった
- A 深夜のラーメンが美味くなった

Q6 建築学科あるあるを教えて下さい!

- A 卒業設計のお手伝いをしているときに指をカッターで切る
- A ソファーは寝具、ダンボールも寝具、スタイロはちょっと硬い
- A 金沢行きがち
- A 運送費かかりすぎ問題
- A 製図室自炊生活
- A カブトムシとバズーカ
- A いろんな場所に行くと建物を見るために上をよく見る
- A 端材かゴミか迷う
- A 深夜テンションで作った作品だいたい失敗する
- A みんなの話を流すスキルが上達した

Q7 定番の夜食を教えて下さい!

- A 柿の種
- A 辛ラーメン
- A 蒙古タンメン
- A チョコ
- A 酒
- A おでん
- A 春雨スープ
- A 魚肉ソーセージ
- A カロリーメイト

出展者の皆さん、ご回答ありがとうございました!

Exhibitor ID_40

平岡 和磨　ひらおか かずま
信州大学　工学部建築学科　4年

Questionnaire
1. Illustrator, Photoshop　2. 2万円　3. 4か月　4. 芝生は苦労しました　5. ピーターズントー、田根剛　6. 国立競技場を設計しようと思ったこと　7. 深夜のラーメンが美味くなった　8. 寝れる椅子　9. 深夜3時のきむじろう

Title
取り壊される商店街にスタジアムを挿入する

Concept
防災上の観点から取り壊され、高層マンションへと建て替えられる寺家町商店街。この商店街はまだ多くの店舗が経営を行っておりこの計画に疑問を覚えた。駅前商店街にファサードは商店街のままの既存商店街を生かしたスタジアムを建設することで、駅前空洞化や木密地域に生じるボイドによって防災面での問題を解決し、この商店街の活性化を目指す。

Poster Session _ Masao Yahagi

平岡　ここは僕の地元の商店街なんですけど、この商店街のこの区画は全て取り壊されて18階建ての高層マンションをつくるという計画を加古川市が打ち出しました。僕はそれがとてもおかしいと思い、これがノンフィクションの立面なんですけど、このようなまだお店がいっぱいあるような地域を全て取り壊して再開発するのはすごく暴力的だと考え、地域のスケールストックを生かした何かに変えることが出来ないかということで、スタジアムをここにつくろうと思いました。それはなぜかというと3つあります。1つ目がこのピッチを囲むように、この商店街がこの2つの軸なんですけど、ここに商店があるので、野球場でいうとコンコースにある売店のような形でそのような関係性を既存の商店で補完できるのではないかと思いました。2つ目は集客力です。この地域はJリーグ参入を目指しているチームがありまして、J2に上がるとすると平均6000人のお客さんが来るんですね。加古川駅がすぐそこにありまして、6000人のお客さんをうまく取り込むことが出来たら、この地域は少しでも良くなるのではないかと考えました。そして、3つ目は2階以上の部分が空き家、貸しテナントとなっている問題です。この商店街は比較的お店を頑張っているんですけど、2階以上の部分が空き家などとなっていて、それをスタジアムの斜めの関係性によってその2階部分をボックス席のような形、VIP席のような形にすることによってそのような問題を解決するということです。アーケードの上の部分がコンコースの動線のような形になっていて、それによって2階の部分はこの1階の商店からしか入れないような形にするので、例えば1階のたこ焼き屋さんで買い物をして、2階で試合を見るようなアクティビティが生まれるのではないかと考えています。そして、試合がある日とない日での活用法ということで、試合がない日でも様々なアクティビティが生まれるように考えています。

矢作　試合がない日は何をするの？

平岡　試合がない日は例えば、この電光掲示板で野外映画館のようにしたり、この中で地域のお祭りを行ってもいいですし、レストランやバーがあるのでランドマークのような形でここで楽しむことが出来ます。

矢作　防災的な意味合いもあるの？

平岡　防災的な意味合いもあります。避難所にもなりますし、この白い部分がスタンドですが、全てRCでつくられていて、もし火事が起きたときにはこれが防火壁のような役割を果たすのではないかと考えています。

矢作　でも1階は既存の建築なんでしょ？

平岡　はい。1階は既存の建築です。

矢作　その上にコンクリートを載せちゃうの？

平岡　RCの場合は上に載せて、木造の場合はこのように横に立て掛ける形に分けています。

矢作　じゃあ、上に載っているのは既存の建築を構造的によけてつくっているの？

平岡　はい。ここで上に載っているのはRCでもありますし、さらに後ろ側に大きな支柱を建てて構造的には…。

矢作　下とは構造的には切り離されているってことだよね？加古川って人口増えているの？

平岡　そうですね。一応神戸とかのベッドタウンとして増えつつあると思います。

矢作　減っている感じではない？

平岡　そうですね。

矢作　木密のとこだけが再開発みたいな感じね。

Exhibitor ID_41

石井 結実　いしい ゆうみ
慶應義塾大学　理工学部システムデザイン工学科　4年

Questionnaire
1. Illustrator,Photoshop,AutoCAD,InDesign
2. 8万円　3. 1ヶ月　4. 水の浄化の表現　5. ―　6. 自分の部屋をより良くしたいと思ったから。　7. 大学時代に真剣に取り組めることができたこと　8. 特にない　9. おでん

Title
そっと都市に水を注げば ― 銀座における水景の再生 ―

Concept
かつて銀座は水の都だった。都市化の中で埋め立てられた三十間堀川に再び水を流し、水都を再構築する。山頂から海に注ぐ川の流れを圧縮し、高密度な都市に自然を挿入する。すると、雨水がゆっくり浄化され、都市に滴り、人に浸透する。これは都市の中で人と自然の関わり方の提案である。

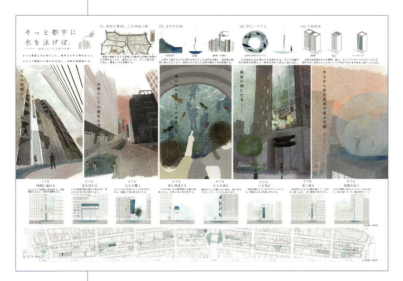

Poster Session _ Masaya Chiba

石井　かつて銀座は水の都でした。都市化の中で埋め立てられた三十間堀川に再び水を流し、水都を再構築します。敷地は銀座です。中央通りに対して裏側の道になっている三十間堀川跡は車の出入りや従業員の出入り口ばかりになっており、道としての機能が失われていました。そこに山頂から海に注ぐ川の流れを中心とした自然を圧縮し、浄化槽をつくることで水都を再構築します。設計対象はビルとビルの隙間、屋上、ファサードになります。そこに浄化槽を埋め込むことで、このような空間がつくられます。オフィスから浄化槽を見たり、溢れる自然を人々が眺めたり、休憩所から空と川が交じり合う姿を見たりする空間をつくりました。

千葉　水を上に持ってくるのって結構難しかったり、問題が起きたりとかしないのかな？

石井　銀座という対象の地がすごく垂直に延びているので、そこに水を持ってくることにしたのですが、よく水族館などでは上に水を持って行ったりしています。しかし私は雨水を利用して、雨水を重力でどんどん下に浄化しながら落としていくことで垂直化しました。

千葉　上に雨水を溜めるんですか？

石井　そうです。隣のビルなどに雨水を溜めて、そこから浄化槽に流れるようにしました。

千葉　上から水が滴る。そういうことですね？

石井　浄化された水がそこから滴ったりしながら人々が水の垂直性を見たりします。

千葉　水がバシャバシャいうとうるさくないかな？

石井　そんなにバシャバシャとは落ちないですね。雨水をゆっくり浄化して自然生態系のシステムを利用しながら浄化していきます。

千葉　湿気とかは大丈夫なんですか？

石井　そうですね。湿気は感じるかもしれませんが、元々ここは海になって川になって銀座になったので。

Exhibitor ID_45

小林 稜治 こばやし りょうじ
立命館大学 理工学部建築都市デザイン学科 4年

Questionnaire
1. Illustrator, Photoshop, SketchUp 2. 6万 3. 1年 4. ラワン板を様々な店で入手して、質の違いによって使い分けていました 5. 伊東豊雄・多摩美術大学図書館 6. 父がセントラル空港の工事現場に連れていってくれたことがきっかけだと思います 7. 友達が面白い人ばっか 8. 金沢行きがち 9. カップ焼きそば

Title
淀ノ大花会

Concept

淀川の始まりである三川合流地域。利休と秀吉、二人の偉人が対峙する地である。かつては渡し船が二つの町を繋ぎ、河川には賑わいがあふれていた。しかし、土木インフラや空き家の増加など、近代化により二つの町のつながりは途絶えてしまった。本計画では、近代化によってもたらされた土木インフラや妓楼建築の老朽化といった問題をこの地の記憶を継承する建築へと再編し、新たな文化の発信の場を創出する。

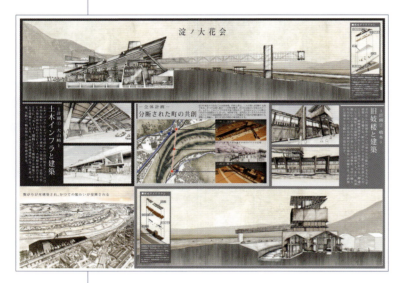

Poster Session _ Chie Konno

小林 僕はこの作品を通して、近代化による土木インフラなどの合理的なものと、それによって失われていくこの地が培ってきた情緒的なもの、この対峙する2つが共存しあう形を描きました。敷地は淀川の始まりで、利休と秀吉が対峙する場所になります。かつては渡し船が運航していて、対岸の遊郭を目当てに多くの人々が賑わいを見せました。ここで僕は2つの建築を計画します。まずそちらの大山崎側は、交通インフラが密集してそれによって出来てしまった空白地帯があります。そこに道の駅の機能とこの地で埋もれてしまっている職人さんのための職人工房を複合した施設を配置しています。こちらの構成としましては、既存の高架の柱にPCの大梁を挟み込むことで、堤防を支える建築フレームを計画します。対してこちらの橋本側は、既存のプログラムとして宿泊施設とバンケットやギャラリーなどの複合した施設が配置されており、既存の妓楼建築に耐火木造による耐力壁を向こうと同様に挟み込むことによって耐震補強をするとともに、延焼を防ぐための卯建として機能する建築フレームとして計画します。双方ともに軸を街道、中庭、水路と取っていて、その軸に対して日常的アクティビティと華やかな非日常的アクティビティが展開される計画になっています。このようにして、この地の記憶を再構築することで賑わいを復興する計画です。

金野 この模型は図面で言うと位置的にどうなりますか？

小林 位置的には赤の軸線で、1番にこちらがおいてあって、3番があって、お互い軸を見せ合っている状態です。

金野 2番の計画は？

小林 2番の計画は、秀吉が建てた桜の堤、背割堤というものがあるんですけど、そこで竹職人が仮設でつくった野立てのような建物を運んで、年に一度桜が咲く頃に職人たちによる催し物を広場で行うというプログラムです。

金野 日常的にあちらとこちらで行き来するの？今橋は無いのですか？

小林 橋はあります。昔橋が架かっていて、渡し船があったんですけど、日常動線としては既にモータリゼーションでそれは廃止されたので、職人さんが作品とか運ぶものとして再び…。

金野 つないでいるという設定なのですね。

小林 原風景としてあります。

金野 なるほど。分かりました。

Exhibitor ID_46

木下 規海　きのした のりみ
慶應義塾大学　理工学部システムデザイン工学科　4年

Questionnaire
1. Illustrator,Photoshop,AutoCAD,Rhinoceros,InDesign　2. 運送費10万＋模型費10万　3. 1か月　4. パイプと素材全ての色づけ　5. 藤本壮介　6. ふと小学校の卒業アルバムを見たとき、自分の夢の欄に建築家って書いてあったから　7. ソフトとデザインが強くなった　8. 床で寝る　9. ストレスを減らすチョコ

Title
都市に残る酒蔵

Concept
昔から地域と文化の中心の場となり、設備環境の最先端をゆく酒蔵は、運送、設備、卸業者、消費者、祭典など様々な業者を取り込み、複雑な繋がりも持つ共同体が形成される。しかしながら、今や日本人の酒離れ、資本主義化を背景に酒蔵の数は減少傾向にあり、廃業となった杜氏(とうじ)は皮肉にも都市化した街へと移り住む。都市の杜氏と日本酒への関心を結び、地域に根付いた酒文化生産消費サイクルとして、銀座における新しい酒蔵の姿の提案である。

Poster Session _ Masao Yahagi

木下　僕は都市における新しい姿の酒蔵を提案しました。

矢作　これも銀座なんだっけ?

木下　はい、銀座です。問題意識として、都心は集団主義から個人主義になっていてあまりコミュニティをつくりたがらないという傾向と、建物はファサードで表を守ったり、都市スケールだと都心だけに商業があってその周りに郊外住宅、その周りにまた工場が地方に並ぶ、そういう外装が出来ているのを、僕はお酒の可能性を信じて解いてあげたいというのが建物のコンセプトです。酒というのは消費から生産まで様々なコミュニティを生みます。

矢作　これは日本酒のみ?

木下　はい、そうですね。日本の文化を伝えたいと思っています。飲み屋はサードプレイスとしてのポテンシャルが今都市の中にあって、生産はいろいろなコミュニティを含んでいていろいろな複雑なものを生みます。でも今酒蔵は地方だけにあって、消費者には見えていなくて、でも酒蔵の数は減っていて、知られずにその数が減っていくのが僕は疑問に思いこれを消費の街で建ててやろうというのが動機です。

矢作　なんで銀座なの?酒蔵って米や水がいいところでやるわけじゃん。それをなんでわざわざ銀座でするの?

木下　消費者に生産を見せたかった。酒蔵というのを見せたいっていうのと、あとは今、銀座で大手企業が屋上に酒苗をつくって、皆さんに日本酒をつくってもらうというものをやっていたりします。

矢作　そういうのをやっているの?

木下　はい。ビルの屋上で余剰空間を使ってそういう文化を育てようというものをやっています。

矢作　米をつくっているってこと?

木下　はい。実際これを使って地方に持って行って、それを銀座酒としてつくろうというものをやっています。

矢作　屋上緑化っていうか屋上の田んぼでやっているんだ。

木下　はい。だからそれがどんどん街に広がっていってほしいなと思っています。これを拠点に、例えば上にこうできていたり。

矢作　じゃあ、こういうところも全部そうするの?

木下　はい。そうなって欲しいです。

矢作　するって言い切った方がいいんじゃないの?ヒートアイランド現象とかあるわけだからさ。

木下　はい、そうですね。だから、路地にお酒が入っていたり、日常の姿になって、日本酒の文化というもので銀座という都市に地域性をつくっていきたい。

矢作　これはせんだいデザインリーグでもさ、いいところまで行ってダメだったじゃん。やっぱり敷地で閉じているんだよね。「こういうところまでします」って言っていいんじゃないの?こういう事例があるんだから。ヒートアイランドみたいなのが起こっていて銀座もそうなっちゃっている訳じゃん。だから屋根は全部普通の屋根ではなくて田んぼにします、と。酒も飲む場所なんだからそこでつくったフレッシュな酒と、水も治水の問題があるじゃない?それをここの雨水を全部浄化して地産地消を全部銀座でやって、そのままフレッシュな酒を出す。だから、都会にこういう工業があるっていう意味があるんだという。治水的なこととか、ヒートアイランド的なこととか、環境的なこととか、生産したものをそこで提供してお酒の消費量が多いとか、そこがつながらないよね?凄くいいのにそこだけじゃんみたいなところが惜しいんだよね。

Exhibitor ID_47

原 啓之　はら ひろゆき

京都工芸繊維大学　工芸科学部デザイン建築学科　4年

Questionnaire
1. Illustrator,Photoshop,Vectorworks,Rhinoceros,Lumion　2. 15万円　3. 構想3ヶ月、制作1ヶ月　4. 色の対比　5. レンゾピアノ　6. 父親の影響　7. PCソフトが色々使えるようになった。　8. 徹夜当たり前　9. 塩焼きそば

Title
路の間で

Concept

今年で150周年を迎える神戸港。かつての神戸港は日本の玄関口の一つとして港からさまざまな人や文化、物を積極的に受け入れ、異国の人との交流が行われ、神戸にハイカラな文化をもたらした。訪日外国人観光客が増える中でクルーズ客船の需要も高まっており、日本にクルーズ客船で訪日する人も多い。インバウンドの注目が高まる関西圏の大阪、京都に訪れる人は神戸に寄港して、向かう人が多く見かけられる。しかし、乗客は神戸港に到着後、そのまま観光バスで大阪や京都に向かってしまい、神戸の街中はほとんど訪れないのが現実である。そこで第四突堤の路の間にローカルとグローバルの結節点を作り、インフラと建築が一体化した現代におけるグローバルな神戸の港風景を生み出す。

Poster Session _ Chie Konno

原　現代における新しい港を再構します。かつて神戸は港から異国の人やものなどを受け入れて、ハイカラな文化を形成して、異国情緒溢れる街になっていきました。現在では神戸には全然外国人がいなくて、港も物流機能や土木高層物で埋め尽くされて、街と港が断裂されている状況が見られました。唯一の国際玄関口であるクルーズフェリーターミナルがあって、そこも外国人が来るんですけど、来てもそのままバスに乗って大阪や京都に行ってしまうという現状があり、神戸には昔のようにローカルな場所とグローバルな場所が交わるような場所が無くなったので、そこでクルーズターミナルを再整備して、人が集まるような結節点を、この土木構造物の間に建築として挿入してかつてのようなグローバルな港を、新しく神戸に生み出そうという計画です。ここが車の流れと人の流れなんですけど、この流れに沿って人の流れをどんどんラインを引きます。それぞれプログラムがあって、ここの両サイドがフェリーターミナル、クルーズターミナルとしてプログラムは機能するんですけど、ここが主に神戸のカルチャーを学ぶところであって、ここはアメニティーの施設であって、真ん中が何もないアトリウム空間です。そこで様々なアクティビティが誘発されて外国人と神戸の人々、日本の人々が集まって、交流していくという場に港としてなったらいいなと思います。

金野　このギャラリーみたいなところは何の空間ですか？

原　この真ん中です。ここが道の柱です。

金野　これは既存の都市インフラを抱き込んでいるのですか？

原　はい。これが建築の柱なので、これがスケール1/500でして、このスケールの衝突みたいな話とかですね。今のモビリティーが発達した現代で、車と人と、船と人とみたいな、いろいろなスケールが集まる港が現代では出来るのではないかという風に考えました。

金野　ここに人はどうやって来るのですか？

原　歩道もあって、高速じゃなくて一般道なので、ここには三ノ宮からもバイパスで大阪からも西からも来られるようになっています。

金野　駐車場は無いんですね。

原　駐車場は現在はないんですけど、GLの部分を全部駐車場にして、港が駐車場不足になっているのでここで400台ぐらい駐車場をとります。GLの部分が全部駐車場です。

金野　そういうことですか。かなり大きなものになっていますよね？

原　そうですね。600m程に。

金野　私も神戸に住んでいたことがあるので想像してみますが、かなりパブリーですね。ターミナルといっても、とてもこの中での移動が疲れそう。

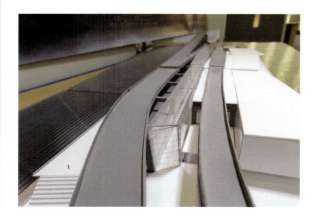

Exhibitor ID_50

浅沼 和馬 あさぬま かずま
千葉大学　工学部都市環境システム学科　4年

Questionnaire
1. Illustrator,Photoshop　2. 50000円
3. 構想 6ヶ月　制作 1ヶ月　4. 竹の表現のために簾を模型材料とした　5. 仙田満　6. 元々ものづくりが好きだったため　7. 外部の人と関われる機会や活動に参加する機会が増えたこと　8. 時間とお金が足りないこと
9. カレーライス

Title
竹積ノ郷

Concept
千葉県大多喜町平沢地区、この地では竹材・筍の生産を生業とし、竹と密接であった歴史的背景を持つ。しかしかつて植林された竹林も現在では作業の困難性と竹材の需要の減少と共にその多くが放棄され大規模な竹林の拡大侵食が問題となっている。本計画では山から竹を運び出すための運搬システムと竹の集約施設の計画を行い、地域の新たな資源として活用を図る。これにより放棄されていた竹林が循環し地域の産業として地域が再興されていく。

Poster Session _ Takaharu Tezuka

浅沼　僕は竹林問題、竹の素材の汎用性についてとても興味を持って提案を行いました。対象地は千葉県大多喜町平沢地区、関東随一の竹の生産地区で、竹の生産を生業とした文化を持っています。調査を行って、放棄竹林の元凶を知ったこと、また、大規模な3つの竹林群落があることがわかり、これらの有効利用が求められました。その中で僕が行ったのが2つに分ける計画で、運搬システムの計画と集約施設の計画です。山の谷線上に沿ってリフトを計画して、人と竹を運搬するシステムを計画します。2つ目にこの模型が集約施設で、ここで竹のエネルギーや工芸品などに転換したり、有効活用を図ります。その建物自体も竹の循環の差異、消耗の差異を図ることで、屋根材を瓦として考案して、瓦のように構成していくことで、地域と馴染んだ土着的な形態を持つと共に、竹の新たな循環性を持ちます。壁は土と竹を用いて構成しました。これによって、竹を新たな形で地域で循環させ構築したいと思っています。

手塚　単純な話をしていい？どうして構造で竹を使っていないの？土に入っているから、土がほとんど支えているじゃない。これも木造じゃない。どうして竹を使わなかったの？

浅沼　竹でつくることによって…。

手塚　竹じゃないじゃん構造が。

浅沼　これについては竹の集成材を用いています。

手塚　どうして？それを集成材に使っちゃったら木と一緒じゃない？どうして竹でつくらなかったの？

浅沼　竹でつくることに構造性の不安がありまして。

手塚　そんなこと言ったら、竹で今すごいいっぱい建築が出来てるじゃん。2000平米も3000平米も竹でつくってるじゃん。竹でつくろうと思わなかった？

浅沼　ベトナムなどでは、やはり竹の建築がたくさんあるのは知っているんですが…。

手塚　日本でもあるよ。陶器浩一さんていう竹の建築で日本建築家協会賞を取った人がいるじゃん。知らない？陶器さんは関西の有名な先生だよ。あまり竹の勉強をしなかったな。ここまで竹でやってるんだったら、構造も竹にすれば良かったのに。竹でつくった意味がないよね。

Exhibitor ID_51

池尻 真人 いけじり まさと
佐賀大学 理工学部都市工学科 4年

Questionnaire
1. Illustrator,Photoshop,Vectorwcrks,SketchUp,CorelDRAW 2. 10万円 3. 半年 4. デジタルファブリケーションを用いて手作業を一切用いず作成。レーザーカッターにより切り出したボール紙を積層して立ち上げた。 5. Peter Zumthor / Therme Vals 6. 偶然 7. 寝ない体になれる。 8. 1日が72時間欲しい 9. 一平ちゃん

Title

LandformKraft ― 地勢に擬態する建築 ―

Concept

これまで当たり前のように捉えられてきた建築を「図」ランドスケープを「地」とした二項対立的な関係性は、それぞれが乖離した一体感のない建築・ランドスケープを生み出した。建築自体が「地」ともなり「図」ともなる、建築とランドスケープが相互に意味を転換する両義性を持った形態及びその造形操作をLandformkraftと呼び、地形の操作[Landform]から一体的に形成される建築形態を提案する。

Poster Session _ Chie Konno

池尻　自分が提案するのはLandformです。文字通り地形化するような建築、地勢をまとうような建築を考えています。近代建築とかを考えている時に地と図だったり建築とランドスケープであったり地区と環境という二項対立的な考え方が今あると思うんですけれども、もっと両義性を持った形、建築とランドスケープの中間地点というのを扱えないかなと思っていまして。最近は国土地理院が発行するような数値標本モデルとか、地形というのも人工的にコントロールしたり、表現できるようになってきていて、だったらもっとデザインの初期段階から地形と建築というのを一体的に操作できるんじゃないかというのを考えています。その為に地形に擬態すると考えているのがランドフォームクラフトという操作の方法で、建築の外皮の消去、地形に擬態することで建築が持てる壁、外皮を無くしていくというところです。断片化というのが、こういう地勢という今回五島列島の火山地形があるんですけども、そういう柱状節理であったりそういう構造というものを建築にまとわせていく。そして、関係性にヒエラルキーを持たないというのは、その地形、環境と同一の素材で建築を立ち上げていくという立体的な、今回はレーザーカッターで立体的に積層するように立ち上げていったんですけれども、そういった一体的な操作をすることで同じものとして扱う。地形学を参照すると地形に起こり得る操作というのは大体断層とか褶曲、エイジングだったり、そういう同じ言語の下で建築を動かしていくという操作をしてきました。

金野　実際はどうやってつくるんだろう？
池尻　実際は全部コンクリートで、RCでつくろうと思っています。
金野　そうとなると、まず斜めスラブをつくって、その上にこの段々部分を装飾的にのせていくのかな？
池尻　そうですね。盛土をした上にスラブを持ってくるという。
金野　うーん、やっぱりそうやって人工的な形をシステマティックに生産してきた産業があって、ランドスケープというのはその対極という考えだと思うのだけど、それが装飾のようにつくられてしまうのだとしたら、違うのかなと感じますね。つくり方からもう1回考え直して、例えば石上純也さんの土を掘ってつくる建築があるじゃない。あれはつくり方の概念を壊していると思うけど、これが装飾的になってしまうのだとしたら、やっぱり自然に対する人工物として、産業化の中で人間がやってきた建築の構築と変わりはないのかなと思いました。
池尻　うーん…。
金野　大きな課題ですね。

Exhibitor ID_52

山口 大輝 やまぐち だいき
近畿大学 建築学部建築学科 4年

Questionnaire
1. Illustrator,Photoshop,AutoCAD,Rhinoceros 2. 5-10万円 3. 6ヶ月 4. 本模型でスタディする。 5. 小嶋一浩 6. 建築が楽しそうに見えたから。 7. 図面が読めるようになったこと。 8. 乾燥してる。 9. バナナ

Title
ファサードの転回による都市風景の再編計画

Concept
多様なマテリアルや物が高密に集積し、雑多な質が展開する大阪市福島。しかし、この町の賑わいは飲屋が集まる夜のストリートにしかありません。この計画は福島特有の雑多な質を保存しながら、町から採取したファサードの転回により、ストリートレベルで賑わいが途切れている水平的な街並みを垂直方向に展開し、多様な質を持った空間が雑多な都市の風景の中に立ち現れていくことで、都市空間全体の様相も変化していきます。

Poster Session _ Takaharu Tezuka

山口 敷地は大阪市福島の飲み屋街です。この飲み屋街には多様なマテリアルだったり、ものが高密に集積し、雑多な質が展開します。しかし、この街の賑わいは夜のストリートだけにしかありません。この街のストリート部分のファサードをリサーチを行い、マテリアルの切り替わりのパターンを分析しました。この街のファサードを2つの手法で展開していきます。1つ目の手法はファサードの回転です。回転することによって、ストリートだけであった水平的な街並みを垂直方向に展開します。2つ目の手法はファサードの反転です。インテリアとエクステリアを反転させることによって、内と外しかなかった、この街に内のような外部空間であったり、外のような内部空間をつくり出していきます。孤立していた建物同士はファサードの共有によって関係を持ち始め、都市スケールでこの街に影響を与え始めます。

手塚 これさ、いろんな材料があるよね、壁とかさ。これはどうやって決めているの?建築家が決めるの?ここのテナントが決めているの?

山口 僕が決めています。

手塚 じゃあ例えば、いろいろ色が違うんだけど、ここに来た人が「私この壁嫌いなんだけど」って思ったら塗り変えてもいいの?

山口 そこまでは考えていません。

手塚 そうか。多様性って自然に出来るところが面白いんだけどね。例えば、ここにダクトがあってこれが飾りじゃなくて、そこが焼き鳥屋のダクトだったりすると高さが出るじゃない

山口 それは機能的な部分では合わせています。

手塚 君はコントロールしすぎているんだろうね。綺麗だと思うよ。すごく楽しいんだけれども、これが自然発生的に出来ているともっと面白いと思うんだよね。本当にこんなところはみ出しちゃってていいの、とかさ。だから、本当はこの煙突もここまで出ていると面白いよね。面白いは面白いけどね。ただ、全部明らかに違法建築だよね。違法建築でも面白いんだけどね。残すと残さないのってどうやって決めたの?

山口 プログラムが使われていないところであったり、マンション、戸建て、パーキングの上であったり。

手塚 じゃあ、今ある法律が変わったらここまで建ちますよとかさ、高くなる理由を作りたいよね。例えば、僕は道路の斜線制限があるのが良くないと思うんだけど、もしなくなったらこうなりますっていう前提をつくった方がいいよ。そうしないと無限に建っちゃうじゃない。なぜこうなるって根拠を卒業設計でつくらないとね。

実行委員紹介
Executive Committee

デザインレビュー学生実行委員会は、毎年九州圏内の大学生によって組織・運営されています。大会当日の運営から、イベント広報、資金集め、記録誌作成など全て学生主体で行っています。

実行委員長
出口 貫太　　福岡大学3年

副実行委員長
藤井 日向子　　九州大学3年

運営部
部長　二田水 宏次　　九州大学3年
西田 羽沙　　佐賀大学3年
有冨 杏　　福岡大学2年
植田 真由　　福岡大学2年
宇都宮 悠生　　熊本大学2年
緒方 麻友　　福岡大学2年
苅北 知歩　　福岡大学2年
川添 純希　　熊本大学2年
川津 葵　　九州大学2年
田島 みのり　　福岡大学2年
西田 仁誠　　九州大学2年
林 里紗　　福岡大学2年
森下 彩　　熊本大学2年

広報部
部長　余語 大地　　九州大学3年
坂口 航平　　九州大学2年
日野 友太　　九州大学2年
青戸 優二　　熊本大学1年

財務部
部長　岩井 巧　　福岡大学3年
石本 大歩　　九州大学1年
白坂 沙佑希　　福岡大学1年
森重 舞　　福岡大学1年

記録部
部長　長尾 聡　　九州大学3年
楠本 彩七　　福岡大学2年
楠本 彩乃　　福岡大学2年
舛友 飛斗　　熊本大学2年
今泉 達哉　　熊本大学1年

密着クリティーク
荒木 俊輔　　九州大学3年
石橋 佑季　　九州大学3年
天野 瑞己　　福岡大学2年
上村 理奈　　熊本大学2年
奥田 康太郎　　佐賀大学2年
白石 尚也　　九州大学2年
白石 和香　　熊本大学2年
神鳥 嵩之　　九州大学2年
鹿 圭登　　佐賀大学1年

Exhibitor ID_53

有田 一貴　ありた かずたか
信州大学　工学部建築学科　4年

Questionnaire
1. Illustrator,Photoshop,ARCHICAD　2. 10万円　3. 6ヶ月　4. モデリングペーストをうまく使う　5. 藤本壮介　6. 憧れ　7. 学校の空き時間に居場所があるところ　8. 終わらない　9. 日清のカップラーメン

Title

彼らの『いつもの』ツムギカタ ─障がい者の認知補助を主題とした協同型就労施設の設計─

Concept

街中に障がい者の働きの場を設計する。今日の公共施設ではサイン計画がわかりやすく人々の振る舞いをコントロールする。しかし障がい者には未だ障壁となるものは多いことから、障がい者の認知の補助支援に着目し分析をした。分析から必要な4つの空間条件を導き、斜めの操作がそれを満たす空間を作ると提案する。長野市中心市街地にて本提案が地域ケアの中心となるための広域的なシステムを構築し街中で暮らす仕組みを作る。

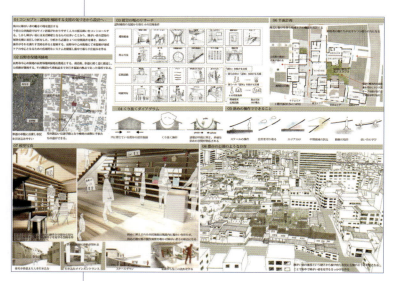

Poster Session _ Toshiyuki Tanaka

有田　僕は長野県長野市の中心市街地に障害者の働く場を設計しました。対象とした障害者は精神障害、知的障害といった一般的に目に見えない障害の人を対象にしています。それに当たって施設を見学してきたのですが、見学していくと障害者と健常者との間に認知の差があって、その認知というものを補助する支援のあり方があってそれは環境的なものであったりとか、わかりやすく作業内容を示すものであったりとか、あとは彼らの活動を知ってもらうという支援があって、それを設計に応用しようと考えました。

田中　ちょっと下の活動内容が見えないな。

有田　はい。これですか？

田中　うん。

有田　例えば環境要素というのはスロープだったりハイサイドライトといった指示方法です。

田中　それから次は？

有田　あと広報活動や時間的共有、これらを設計に応用しようと考えました。敷地が長野保健所跡地で、保健所の跡地ということからプログラムを地域福祉の拠点となるように他の施設に、ここでの障害者の活動が溢れていく計画を立てました。ダイアグラムとしては、就労施設、障害者の働く場は閉じられがちなんですけど物理的に真ん中に開いていて、内側に活動を展開させます。そうすることで障害者同士の活動が見えたりだとか、空洞化が進む長野市の公園のような存在となります。そして、多様な斜めの空間が出来てきて、その斜めの空間というものが僕は必要だと考え、空間条件に当てはめていきます。斜めの説明をすると、例えばスケールダウンした空間が出来たりだとか、作業の流れというもののこの上の指示方法みたいなものが斜めに出来てきたりとか、あとは健常者と障害者の接点が出来たりだとか、全体的に公園のような空間でイベントを行ったりして時間的余裕が出来たりだとか。

田中　これそうだよね。左ね。

有田　はい、そうです。この2つです。ここの断面もですね。

田中　実際に家を？

有田　そうです。登り梁で考えています。銀が市民で赤が障害者という色分けをしています。

Exhibitor ID_54

久保 元広　くぼ もとひろ
名古屋大学　工学部環境土木・建築学科　4年

Questionnaire
1. Illustrator,Photoshop,SketchUp　2. 2万円　3. 2ヶ月　4. 節約のため端材まで使用した　5. MoMA　6. 自分の家の設計がしたかったから　7. 旅をするようになった　8. 他にはわからない忙しさ　9. お味噌汁

Title
借り暮らし×仮り暮らし

Concept
空き家という住宅ストックが増加する中、空き家の隣に集合住宅が建つことに疑問を抱く。しかし、空き家は私有財産であるため容易に活用することができない。そこで空き家活用を行う人々のための「仮り暮らし」の場所として集合住宅を捉え、空き家の活用による「借り暮らし」を実現するための装置として機能させる。「仮り暮らし」は新たな人間関係を生み出し、「借り暮らし」による空き家解消が街を活性化へと導く。

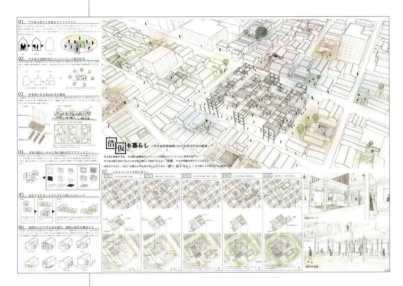

Poster Session _ Chie Konno

久保　空き家の改修を促すエンジンとなるような集合住宅を建てています。敷地はマンション増加によって空き家も増加するような敷地を選んでいます。1階に作業場を設けていて、2階と3階部分に住宅を持ってきています。その作業場で空き家の改修に必要なものを作業して、空き家の方に持っていくような提案をしています。時間をかけて空き家を改修するというのを提案していて、集合住宅がフレームとパネルによって構成されるのですが、そのフレームのパネルを変化することによって住まい方を変化させていて、そういうのを1年ごとで僕は今考えていまして、時間の流れをつくってそれと伴って、空き家もどんどん改修されていくような提案をしています。「仮り暮らし」というのは、空き家を改修するまでの期間に暮らす仮住まいとして集合住宅に住んで、借りるという意味の「借り暮らし」というのは、空き家を所有者から借りるという意味で使っていて、仮り暮らしから借り暮らしに移動するという提案をしています。

金野　これ自体は自分で設計しているのですか？
久保　これ自体は新築で、こっちは改修する人によって例えばカフェになったりとか、そういう風にどんどん改修されていきます。
金野　こちらの建築との関係に関する話がついていけてなかったのだけど。
久保　こっちがこれを改修するまでに住む場所です。
金野　仮設ではなくて仮住まい？
久保　仮住まいの場所で、分かりづらいかもしれないですけど…こちらは所有者から借りて住まうという意味で使っています。
金野　街の点在している空き家を改修する間にここに住むのですか？
久保　そうです。それを長いスパン、僕は大体5年ぐらいで考えているんですけど、5年ぐらいかけてちょっとした中間領域といいますか、領域じゃないですけど中間的な要素を持つような、時間軸で考えています。
金野　でもやっぱりこれだけで大きな構造物ができてしまうと、こういう建物をつくることの意味が大きくなるよね。全て同じグリッドで本当に良いのかとか、かなりシステマティックな空間だと思うんだけど。
久保　そうですね、そうかもしれないですね。でも変化させていきたかったので同じ寸法でつくっているというのはあります。
金野　仮住まいの宿にしては異常に大きいな、と感じてしまいますね。

Exhibitor ID_55

水木 直人 みずき なおと
信州大学　工学部建築学科　3年

Questionnaire
1. Illustrator,Photoshop,SketchUp　2. 4万　3. 2ヶ月　4. お手伝い確保のために人望を得ておくこと　5. 中川エリカ　桃山ハウス　6. 大工だった曽祖父と彫刻が趣味の祖父、エンジニアの父の影響　7. スケール感が身についたこと　8. 製図室が家　9. シンガポール風ラクサ

Title
野性を導く纏い下屋

Concept
行政や自治体の計画によらない、住民の小さな暮らしの営みが生み出す風景に強さを感じる。養蚕業が衰退し、遺構が取り残される長野県須坂市で、未だかろうじて残り続ける住民の生きるという強い意志。それは付加要素というかたちとなって建物のファサードに表れ、ヴァナキュラーで不整形な景観を作り出している。その個々の小さな流れを受け継ぎながら、まとまりのある大きな流れにする。いままでそこにあったものが、そのまま街を更新していく。

Poster Session _ Toshiyuki Tanaka

水木　私は長野県須坂市にある、中心市街地から少し離れた場所にある街区を、蚤の市という非日常と生活という日常が一体となった街区として再生することを提案しています。須坂市はかつて養蚕業が盛んで製糸業がすごく盛り上がっていたんですけど、今はそれが衰退していて、かつての遺構として水路だったり蔵の街並みだったりとか、そういうものが残っています。須坂市はそれを保存することを目的としてまちづくりを進めているんですけど、私はそれだと展示しているというか、冷凍保存しているように見えてしまって、そうではなくて今も続いている住人たちの棲みつきの工夫であったり、そういうものに重点を置いて再生していくことを提案します。具体的にはこのように下屋がどんどん増えていって、生き物のように増殖的な増え方をしている風景が目につくので、その中から下屋という一つの増殖するタイプを一つの形に設計して、それがまた歩道になったり雪を一旦貯めておく場所になったりとか、構造補強だったりという使われ方を考えた上でこの街区内に再配置していきます。この赤や青といった部分が私が設計した部分です。

田中　赤や青といった部分ってどこのこと?

水木　この赤い出ている、茶色くないのが新しいものです。

田中　軒みたいな?

水木　最終的にそれを月に一度蚤の市の会場とします。街区全体が会場になるんですけど、普段はここに住人のものが置いてあったりとか、ここが歩道になったりとかするものが屋台になって、ここで会場となって蚤の市を運営していく。そして最終的に、街の中にある商店などは今はあまり目立っていないんですけど、そういうものを一回集めて、そこにお店があるということを知って、また街の中に戻っていくことを提案しています。

田中　そういう空間を提案しているわけね、これは。自分で野生を導くって言っているけど、野生というのは何を意味しているの?

水木　野生というのは今ある街並みに見られる、元々あるものにどんどんくっついて増えていって、そこで生活していく上で必要な…。

田中　延々とあったものを野生と言っているわけね。

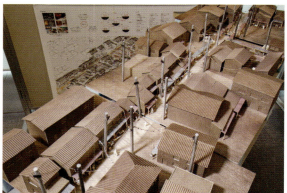

Exhibitor ID_56

Questionnaire
1. Illustrator,Photoshop,Vectorworks 2. 2万円 3. 3週間 4. 模索中です 5. 長谷川豪、石上純也 6. 父の影響です 7. 特にないです 8. すいません、思いつきません 9. カップラーメン

中家 優　なかいえ ゆう
愛知工業大学　工学部建築学科建築学専攻　3年

Title
GIVING TREE 人と植物がせめぎあう、都市と植物の新しい在り方

Concept
都市は人のものだけだろうか？ 現在、コンクリートで地面を全て覆い陣地を広げる人々の生活は限界がきている。都市には植物や動物たちが行き場を失い、ひっそりと暮らしている。そんな現代の都市に対して新しい自然との関わり方を提案する。

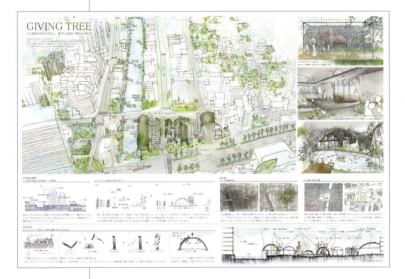

Poster Session _ Masaya Chiba

中家　名駅5丁目という名古屋駅周辺の、住宅地とオフィスビルに囲まれた敷地のどこかに、2代で学ぶ場を作るという設計課題でつくりました。自分の敷地設定の場所は、駐車場と今の街区の公園です。これから未来に向けて自動運転が実現したり、この辺りの街区は人口減少などでどんどん使われなくなるところを、植物だったり動物だったりに明け渡したり平等に使っていこう、という新しい都市公園をつくりました。ダイアグラムですが、今の敷地のアスファルトを全て剥いで、人工的につくられているこの堀川の部分も水を引き込んで多種多様な生物が棲む空間をつくっています。そのアスファルトの部分を再構築して、もう1回ポーラスコンクリートという植物が育成するコンクリートにして空間をつくっていきます。そのコンクリートは蓄熱などでエネルギーを排出しながら、こういう部分の温室などにここでは生活しないようないろいろな植物が生えたりして、今の環境がどれだけおかしなものなのがといったことを学んだり、植物とどう関わっていくかとかを学んでいきます。そしてポーラスコンクリートというものは人が使えばコンクリートになり、人が使わなければ緑が生えて土壌になっていくという性質があるので、人と植物が平等に関わっていけるんじゃないかなと思っています。

千葉　ちょっといまひとつ話についていけなかった。これは共有空間みたいなものなんですか？何の為にこれをつくっているんですか？
中家　都市公園です。
千葉　こういう多孔質っぽいコンクリートみたいな感じなんですか？
中家　そうです。
千葉　ポーラスって多孔的っていう意味のポーラスね？
中家　はい。
千葉　コンクリートがアーチ状の構造になっている。
中家　シーンとしては、この部分がちょっとだけずれているので、その部分のところから自然と吹き抜けてビルの街区の奥が綺麗に見えたりとか、その部分と堀川の部分で全部コンクリートを剥いで、剥がれていくとこの筒状から全部つながっていくという形にしています。駐車場の部分もポーラスコンクリートになってこれからはどんどん緑が増えていきます。

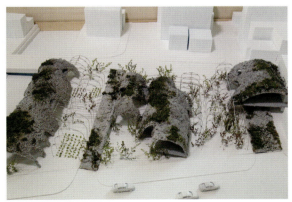

Exhibitor ID_57

由利 光 ゆり ひかる
京都工芸繊維大学大学院　工芸科学研究科建築学専攻　1年

Questionnaire
1. Illustrator,Photoshop,ARCHICAD　2. 6万円　3. 2週間　4. 時間上の問題もありスチレンペーパーの白模型としました　5. 内藤廣、藤村龍至　クロンボー城、猪名川霊園休憩・管理棟、聴竹居　6. 知人の陶芸家と知り合ったことだと記憶しています。　7. 建築を学べていることだと思います。　8. 長期休暇はとりあえず瀬戸内。　9. どん兵衛　うどんが多いです。

Title
梅峡の畦道

Concept
リニア開通に向け持続可能な新たなハードとソフトの可能性が求められる古都・奈良。雄大な景観を有する茶の名産地・月ヶ瀬は人口減少高齢化に加え、その茶農業特有の急斜面が茶産業衰退を加速度的にしている。世界的需要が高まる日本の茶産業の在り方として民間連携による農業体験型滞在施設による新たな観光モデルを提案する。訪問者は生産者となり、リニア開通により都市間と農業のかかわり方は新たな分岐点を迎える。

Poster Session _ Takaharu Tezuka

由利　奈良における茶畑と奈良にリニア新幹線が開通するということに合わせて、茶畑の抱えている問題に対する建築を提案しています。分棟配置ですが、ここに観光客の宿泊客、あとは企業のラボラトリーと倉庫、それから観光機能を持っているものをつくっています。建築そのものの説明としては、出来る限り茶畑の急斜面というものを、それが持っているポテンシャルを体感できるような空間体験を考えています。

手塚　これは茶色で、魅力的でコールテン鋼みたいに見えるんだけど、こっちは白くてどっちが本物なの？

由利　これです。1/50は時間の関係で反映出来ていないんですけど、これはコールテンみたいになっていますが、レッドコンクリートです。なぜレッドかというと、僕がこの場所に行った時にここの地面が裂けていて、土がすごく見えていて…。

手塚　レッドコンクリートって何？色入れるだけこれ？

由利　そうです。

手塚　地元の土を使ったからこの色になるとか、そういうフランク・ロイド・ライトみたいな話をしていない？

由利　いえ、それは考えていません。

手塚　あ、本当に？こういう場所に使ったんだったらこの土が特別だから、例えばライトの落水荘とかって、周りの土を使って色を付けているんだよね。そこのところはもうちょっとこの場との関係ができていたら良かったけどね。あとはそれを模型で表現出来なきゃだめだよね。本当だったらさ、実際の土を使ってそれをキャストして、ここに置くぐらいするとかさ。そうすると説得力があるんだよね。

由利　土を採取してですか？

手塚　うん、これだと「安藤忠雄大先生の建物ができました」みたいになっちゃう。鉄筋コンクリートの打ち放しみたいになっちゃうね。

Exhibitor ID_59

松本 樹 まつもと いつき
愛知工業大学　工学部建築学科建築学専攻　3年

Questionnaire
1. Illustrator,Photoshop,ARCHICAD,SketchUp　2. 模型材料費：約5万円、交通費：約3万円　3. ブラッシュアップ期間含め約2ヶ月　4. 模型は1/30や1/50のスケールで、テクスチャ・マテリアル・ディテール・アクティビティを忠実に表現することで、作品の「空気感」を伝えることを大切にしている。　5. 坂茂、安藤忠雄　紙のカテドラル（坂茂）、ストーンスカルプチャーミュージアム（安藤忠雄）　6. 戸建住宅に住むことに憧れがあり、その時期に建築家である叔父が自邸を設計したことから建築家になることを決意した　7. 建築のみならずプレゼン力やスケジュール管理などの総合的なスキルが身についた　8. どう頑張っても寝れない　9. あるものはなんでも食べる

Title
積層する記憶 ―版築工法を用いたセルフビルドによる小学校の提案―

Concept
2027年リニア開通により、三大都市が結ばれることで都市形態の過密化が進む名古屋駅界隈。過渡期にあると言えるこの場所に、小学校を設計する課題である。都市開発による住環境の悪化は都市の空洞化を促進し、生産年齢人口の移転に伴う児童数の激減により、この地域では小学校の必要性は失われる。そのため、廃校後の建築としてのあり方を考え設計を行うことが重要となる。本提案では、建設プロセスからフォーカスを当て、都市化の元凶とも言えるリニア開削に伴う残土を建材として捉え、土を用いた版築工法により、地域住民によるセルフビルドで小学校をつくりあげることで、この街の象徴となり、廃校後も原風景として、街の在りどころとして継承されゆく場所をつくることができるのではないかと考えた。

Poster Session _ Toshiyuki Tanaka

松本　僕は小学校の設計を行っていまして、具体的に言うと版築工法といって、土を突いて固めて躯体を構成する工法を用いた地域住民によるセルフビルドの小学校を提案しています。その提案に至る背景として、敷地は名古屋駅の界隈ですが、この地域は2027年のリニア開通に向けて大規模な都市開発が行われていて生産年齢人口が郊外へ移転するため、児童数の激減で小学校の必要性が失われると、リサーチによって仮説を立てました。そのため、小学校を設計する上で廃校後のあり方、また建築そのもののあり方を考えるべきであるという風に考えました。そこで着目したのが、リニア開通に伴う残土です。この残土は東京ドーム45杯分という膨大な量が排出されるんですけど、その処分先が未だに決まっていないのです。ですが、残土というのはこの地域においては都市開発の象徴としての文脈を持っていると僕は考えました。そこでそれを用いて、地域住民のセルフビルドでつくり上げることでこの地域を原風景として継承していく建築をつくることが出来るのではないかと考えました。残土を建材として考えていくと与えられた敷地はここになったのですが、そのほど近くを開削エリアが通っているので、地産地消とも言える残土利用をすることができます。また日本に分布する土質というのは多種多様で、建材としての可能性も秘めたものが多くあります。土自体が日本の気候に適した調湿効果や断熱性を持っているので、残土は建材として十分なポテンシャルを持っているものだということをリサーチによって調べました。工法としても突いて固めるだけの簡単な工法ですので、小さなお子様やお年寄りまで全員が参加することでこの建築にストーリーを持たせることができます。それによって原風景として継承されていくと考えています。

田中　じゃあ天井とか屋根とか壁とか、そういうところも残土で建築できるの？

松本　基本的にはこの基体を残土で構築しています。ところが版築工法というのは開口部を設けることが難しいんですよね。そこで南北軸に対してレイヤー状に広げていくことでこの隙間を主要な開口としていて、採光と通風を得ています。この屋根がつながることで、独自の形態を生み出しているというものです。

田中　言ってみれば、これは土による塀みたいなもの？

松本　簡単に噛み砕いて言えばそうなります。これは実際に版築工法で実験してみたもので、突いて固めるという工法の単純さから誰もが建設に携わることが出来るということに魅力を感じました。最終的には、これが残土利用のプロトタイプとなることで総使用量は800リューベになります。全体の残土の総量5680万リューベには及ばないのですが、この建築が派生することで残土利用にも新たな可能性が生まれてくるという風に考えています。

Exhibitor ID_60

金井 里佳 かない りか
九州大学 工学部建築学科 4年

Questionnaire
1. Illustrator,Photoshop,AutoCAD,Rhinoceros,V-Ray 2. 5万 3. 2ヶ月程度 4. 色味、質感 5. 中村拓志 狭山湖畔霊園 6. 中学の時の引越し 7. 夜に強くなった 8. 徹夜 9. ドンキのフランスパン

Title
街を結わう桶酒蔵

Concept
酒造りによって発展していた西宮における酒蔵と学童保育の複合施設の提案。現在街は製造の機械化により地域素材の宮水井戸の存在も忘れられつつあり、酒造り文化は消えつつある。そこに現代に求められる付加価値のある酒造りに用いられる"桶"を構造体とする酒蔵を提案することで、西宮の技術や素材によって生まれる風景を形成する。桶酒蔵による非日常的な空間は酒造り文化の担い手である子供達にとっての原風景となり新たな酒造り文化が形成される。

Poster Session _ Takaharu Tezuka

金井 酒蔵と学童保育の複合施設を提案しています。一つの酒蔵という建築だけではなくて、その地域に元々あった技術などを用いることによって様々な要素が関係性を持って、複雑な広がりを持つような建築について考えました。敷地は兵庫県西宮市で、酒造りが有名なところで、様々な職業を街に生み出してそれを発展させてきました。その大きなサイクルが今失われつつあるので、その街にある桶のつくり方の技術を利用して酒蔵を提案しようと考えています。桶というのは部材毎が推す力と、箍が締める力で成り立っているんですけど、私の提案ではこの桶をコア空間としてスラブを箍という風にして、全体を構成しています。桶の中に酒造りの工程が入っていて、それが学童空間では子どものスケールで展開されていて、そのような風景が原風景となって新たな酒造文化が形成されていくという風に考えています。宮水井戸というこの街にしか沸かない水の井戸のところに提案しているのですが、これ以外にも他の井戸があるけれど、今は街の生活とは切り離されています。その井戸にも小さな街のバス停だとかレストランだとか機能を持たせて、桶の建築が広がることによって新たな酒造りの文化が形成されないかなと考えています。
手塚 どうしてここは木で作らなかったの？実は僕が茅ケ崎でつくった教会がこれと全く同じ構造なんだけどさ。
金井 あ、そうなんですか。
手塚 そう。そのときにこの外に木造で出すと、全部ここも木造でつくれるんだよね。コンクリートで、キャンチレバーで出来ないの。
金井 一応箍が金属という風に考えて、輪っかからこの輪っか同士に鉄を編み込んでそれでスラブを作ろうかなと。
手塚 どうして木造じゃないの？せっかく酒蔵なんだから、これは木でつくりたいような気がするんだよね。
金井 木で締めた方が良かったですか？
手塚 そう。普通は木だよね100％。
金井 そうですね。箍は金属でいこうと学校の先生に言われたところからそのままです。
手塚 金属というのは関係ない、金属とこの構造は関係ない。
金井 そうですね、このスケールになった時に…。
手塚 そうそう、それからこうつないでいくからここに梁が出てくるじゃない。ここで切ったら切れちゃうよね。これが違うよね、これが。
金井 木の方が良かったですね。

Exhibitor ID_61

内貴 美侑 ないき みゆう

立命館大学 理工学部建築都市デザイン学科 4年

Questionnaire 1. Illustrator, Photoshop, SketchUp 2. 模型材料：30万円 3. 1年間 4. レジン・プラスチック模型用接着剤・草造くん 5. 谷口吉生・平成知新館 6. 十人十色を見て 7. ツリーハウス建てれた 8. 椅子並べて寝る 9. スープ春雨

Title
時灯の井 ― 京を支える水の盆 ―

Concept
古くからずっと京都のまちの文化・産業・生活を支えてきた地下水。忘れられつつある京都の地下水の顕在化とそれに基づく京料理の創造と継承を行う施設の提案。時を映し、場を灯す井戸のような建築。

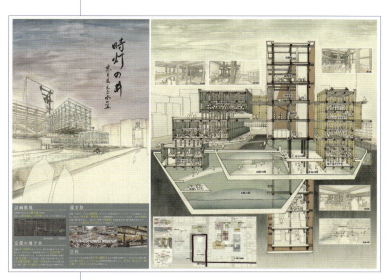

Poster Session _ Chie Konno

内貴 京都の地下の岩盤はすり鉢形状となっており、琵琶湖に匹敵するような量の地下水が存在します。その地下水は昔から産業・文化・生活を支えてきたものです。またその特徴として食べる・飲むという文化が挙げられます。敷地は京の台所として賑わう錦市場の西の端に位置します。そこに、京都の忘れられた地下水文化の顕在化を行うため、地下には地下水を感じる水ミュージアム、地上には京料理の研究を行う「学び」・「伝え」・「振る舞い」・「住まう」食化学研究所というものを提案しています。また、このような建物の密集した土地で、祇園祭において元々の既存ルートでは敷地の前でUターンする神輿を、敷地の中に引き込んで、広く開けた空間にすることによって、大きな辻のような人の集う場所として都市に提案しています。

金野 模型でいうこの部分のつくりはどういうイメージですか？

内貴 元々は提灯をモチーフにしていて、それは骨組みと被膜の構成なんですけど、組み方自体はこの細い材を組み合わせることによって、京都の繊細さを表現しつつ、柔軟な軸組工法として提案していて、中に水の管が通っていて水が循環しているような施設になっています。

金野 水が循環している…えっ！この中にですか？

内貴 そうです。

金野 すごいですね。パイプになっているの？鉄骨の？

内貴 鉄骨パイプです。

金野 これは3段が9本使いとかで柱になっているの？

内貴 全部がパイプではないんですけど、部分的に管になっていて、それを伝うところを9本の構成と4本の構成と1本の構成の部分で、3つのスケールを用いて、被膜部分は時間帯や季節によって変化する環境の阻止として提案しています。

金野 この1階のすごく開けているところのイメージっていうのはどういう感じですか？ほとんど外部？

内貴 外部ですね、ほとんど。

金野 広場みたいな感じ？

内貴 そうですね。周りが密集した建築が建っている部分で、錦市場っていう市場で食べ歩きなどをするんですけど、そういった人が休んだりというような感じで使う、公園のような機能として考えています。

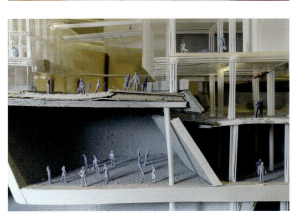

Exhibitor ID_62

鈴木 遼太 すずき りょうた
明治大学 理工学部建築学科 3年

Questionnaire
1. Illustrator, Photoshop, Vectorworks 2. 模型輸送費・交通費・宿泊費 6万 3. 3か月程度 4. 適切なスケールの選定、スプレーの葺き方 5. 豊島美術館(西沢立衛) 6. たまたま入った学科が建築学科だったから 7. 人生の余剰と言われる大学生活を濃く密にしてくれていること 8. 旅先で寝床があまり良いものでなくても、製図室の劣悪な環境に比べればほとんどのことは許容できること 9. パスタ

Title
2000mのマリアージュ ― 終りゆく場所で始まりの儀式を ―

Concept
東京都八王子市に存在する限界集落を結婚式場へリノベーションする。一本道から成る集落の始点と終点に改修を施すことで、眠っていた資源が結婚式の一部として輝き、集落全体が2000mの結婚式場となる。『終わりゆく場所』『始まりの儀式』という異質なものが混じり合うことで地域住民の生活と結婚式そのものの形式が更新される提案。

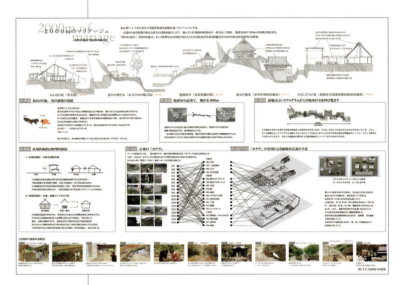

Poster Session _ Masaya Chiba

鈴木 敷地は八王子市中山間地域です。
千葉 またマンションポエムだなぁ(笑)。
鈴木 はい(笑)。空き家率50%を超える限界集落をどうにかしろっていう課題が出たんですけど、僕はその限界集落の全体を結婚式場にリノベーションする計画を立てました。一本道からなる2000mの集落なんですけど全体に改修を施すのではなくて、点を変えていくことによって眠っていた道中の資源とかが結婚式の一部としてストーリー化していきます。この場所は市街化調整区域なので、新築が建てられない。かつ道路の道幅が狭くて車がすれ違えないことも結構あるので、材料とか構法に制約が出るためこの場所に既存に存在していたボキャブラリーを抽出してそれらを組み合わせて、この場所のポテンシャルを引き出せるような改修を行っていきました。実際に手を加えたのはこの端と端の施設なんですけど、こっちが神社に向かう参道を改修したもので、こっちが披露宴会場になっています。実際に既存の道を囲うように建物を建てていって、ノスタルジックな空間を演出するのと、川沿いにテラスを張り出すことによって川を感じられるような空間になって、こういうようなシーンが生まれます。こっちも既存の茅葺き屋根の壁を取り払ってステージにしちゃうことで、こういう披露宴会場が生まれます。この両サイドを変えるだけで道中に存在していた湧水が儀式の場になったり、季節が変わって落ち葉が絨毯をつくってくれたり、そういう風に今まで生かされていなかったものたちが結婚式をつくってくれるというようなプログラムになっています。
千葉 この集落の元々の意味というか、何か特定の場所なんですか?
鈴木 ここは課題で出された場所なんですね。八王子の山奥です。
千葉 八王子の山奥なのかぁ。特に何かがあるわけでもないんだね。歴史的意味があるわけでもない場所っていう。
鈴木 そうですね。ただ掘り下げていくと、例えば馬が通っている歴史などがあったのでそういうのを引用していきました。この2000mの道を馬で通ったりというその歴史を引用したりといったところですね。
千葉 2000mのマリアージュね。まぁあとはマンションポエムだなぁ。

Exhibitor ID_65

大谷 芽生 おおたに めい
九州大学 工学部建築学科 4年

Questionnaire
1. Illustrator, Photoshop 2. 1万円 3. 2カ月
4. おおまかな雰囲気が伝わる程度に、かつ、抽象的すぎずに 5. コルドバのメスキータ
6. 覚えていません 7. 表現の楽しさを知れたこと 8. レインボーくるくる 9. 麦チョコ

Title

うさぎの島の譫言

Concept

広島県に「うさぎの楽園」と呼ばれる平和な島がある。かつて毒ガス兵器の生産拠点であったその島が背負う過去——島に点在する廃墟とともに忘れ去られようとしている毒ガスの記憶が、形を手に入れて建ち上がった時、それは異質で頼りなく、消えまいと一生懸命だった。これはそんな建築と、そこを訪れた少女が、別々に語るふたつの物語。

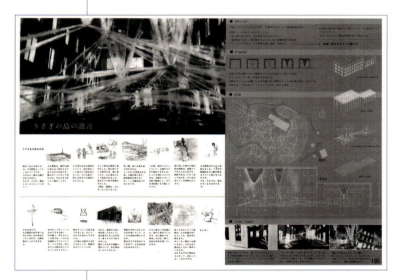

Poster Session _ Toshiyuki Tanaka

大谷 敷地は広島県瀬戸内海にある大久野島です。ここはかつて毒ガスの兵器の生産拠点だった過去を持ちながら、現在はウサギがたくさんいる人気の観光地となっています。この今は知る人の少ない毒ガスの記憶、痕跡というものを形にしたいと思いました。毒ガスをつくっていたという事実はこれまで幾つかの理由で隠され続けてきたことで、そうやって人間の都合に縛られてがんじがらめなこの島が可哀想になって、だから毒ガスを主人公に物語をつくってみました。それがこちらの絵本でして、ずっと島を影から見守ってきた毒ガスがある口実というのを見つけて出てくるんですけど、その口実がこの傘のようなところに雨水を貯めるというものです。なぜ雨水を貯めるかと言うと、島の水にはヒ素が含まれていて、あの日からずっと水は飲めない状態なんですね。それを口実というか建前としてこういう風に島の外に現れてくるんですけど、かつて毒ガスの原料の一つだったポリエチレンを使って、ポリエチレンフィルムを今回建材に使っています。この建材はやっぱりそれ単体では自立できない、寄生しないといけない頼りない建材ではあるんですけど、それによって周りの既存の廃墟であったりそこから伸びている木であったりというものに絡んだり、寄生したりしながらどんどん広がっていく際限がないところが毒ガスのメタファーでもあります。そして出来上がったこの空間をどのように体験するかという話は、こちらにそこを訪れた女の子の物語がもう一つあって、この二つの物語の絵本が私の提案を表現しています。

田中 実際にそこは毒ガスが作られていた島なんだ。

大谷 第二次世界大戦の時ですね。

田中 要するに生活居住空間では全くないわけね?

大谷 ではなかったです。知る人は戦後にいなくなって、動物が全部殺されたところに国民休暇村ができて、マスコットとしてウサギが連れて来られて今800羽までいます。動物はほとんどウサギしかいないです。今はウサギ好きの人に人気の場所になっています。

田中 そこでの提案ってことね?

大谷 そこにあるかつて使われていた発電所跡の廃墟なんですけど、原爆ドームみたいに保全されていなくて老朽化がどんどん進んで、他の廃墟も浸水したり土に埋もれたりしています。

田中 じゃあ、マイナスの文化遺産みたいなものかな?

大谷 負の遺産ですね。

講評 ── 金野 千恵

Design Review

皆さんお疲れ様でした。2日間濃密な時間を過ごさせていただきました。少なくとも私は、おそらく他の方も、皆さんのパネルディスカッションを回っていたときに「すごいいいね」と褒めちぎることはなく、いろいろな意見を伝えたと思います。「こうもできたしああもできたし、こんな可能性もあったんじゃないか」などと言ったと思いますが、是非それは皆さんに期待しているし希望を持っているから、可能性を探しているという風に受け取ってください。こういう機会・時間を一緒に持つことができるというだけでも、すごく素晴らしいことだと思います。まずそのことに自信を持って、明日からまた活動してほしいなと思います。もう一つは、1日目の最初にも話をしましたが、やっぱりコンテクストがものすごく重視される中で、背景の説明時間がプレゼンの8割9割という人が多かったです。自分のつくった空間を、もっともっと見つめてやってほしいなと思いました。多分それに言葉を与えられていない人もいるし、思ったように表現できていない人もいる。私たちの時代の卒業設計では、皆さんのような高度なスキルや表現が少なく、もっと素朴な絵とか素朴な図面だったなと思うんですけど、やっぱりつくった空間には相当な自信を持ってプレゼンしていた記憶があります。皆さんが一生構えていく作品になると思うので、もう一回、自分は何をつくったのか反芻して、省みるという時間を取っていただきたいなと思いました。2日間お疲れ様でした。ありがとうございました。

講評 ― 手塚 貴晴

Design Review

もうこのまま大学を出て社会に出る人が何人かいると思うんだけど、私のこういうときのメッセージは、負けるなということです。今、建築に対する誤解がかなり広がっていて、本当は建築家って素晴らしい、設計をするというのは素晴らしい職業なのに、それが学生たちに伝わっていないことに対して私はすごく憤りを覚えています。私は本当に建築家って素晴らしい職業だと思います。今本当に仕事をやっていて、もう一回生まれ変わっても建築家をやりたいと思うくらい楽しいです。素晴らしいことに、建築をつくると社会とか人を変えることができるんですよ。ものをつくっても1人でやっているときは、1人で料理しているときと同じで、1人で料理していくら美味しいものをつくったって、嬉しがってもらえないんですよ。誰かにつくってあげたときに初めて向こうが喜んでくれるでしょ？要は建築というのは、必ず人に対してつくる料理と同じなんですよ。自分に対してつくるんじゃない。そうすると、ものすごい力を持って社会を変えていくことができる。いや、政治家になったらもっと社会を変えるんじゃないかとか、お金持ちになったら社会を変えられるんじゃないかとかいろいろあると思う。だけどね、政治家っていうのは4年ごとに選挙があるじゃん、建築家って選挙がないからずっとやり続けなきゃいけないんだよね。ずっと続けていくとね、必ず社会が変えられる。必ず自分たちに向いてくる。この中には今自分は間違っているんじゃないか、合っているのかなって心配になっている人たちがいっぱいいると思う。だけど、そのときに迷わないでほしい。私は22年間、大学の教授をしてきているんだけど、はっきりしていることは自分の今立っている位置、つまり今までの選択が正しかった。だからこれをもっと先に行ってやろうと、いつもポジティブに思っている人間が必ず次の運を掴みます。そしてそれをずっと繰り返していくと、必ず君たちの素晴らしい未来がやってきます。だから君たちは素晴らしい職業を選んだ。絶対に負けないで続けてください。

講評 — 田中 俊行

Design Review

自分も含めて、この2日間本当にお疲れ様で、クリティークグループの議論も活発で楽しくて、いい時間を過ごさせてもらったことに感謝しています。いろいろな視点を持ってデザインのコンテクストを構築している皆さんが、「本当の豊かさってなんだ」とか、「真の質、クオリティーはなんだ」っていうものに、いつも片方には本当の豊かさを、片方には真のクオリティーを、というところを踏ん張ったど真ん中の頭の中で縦横無尽に発想してデザインの勉強をしていってほしい。自分は実務の仕事を何十年とやっているわけですけど、そういう中で今回このデザインレビューに出席させてもらって、若い人たちの新鮮な目線というのを非常に感じて、とてもためになったし、逆に現役感が沸々と自分の中に芽生えてきた気になりました。ありがとうございました。

講評 ― 千葉 雅也

皆さん2日間お疲れ様でした。僕は建築の専門ではないのですが、今学んでいる人たちがどういうことを考えてつくっているのかということを見ることができて、大変刺激的でした。僕がここで今回思ったことを言うとすると、やっぱりプレゼンでコンテクストの説明が8割9割を占めていたというのは、実際その通りで、そのことに驚くと同時に、嫌味な言い方、意地悪な言い方になりますけど、ある種の現代病だなという気がするんですね。それは建築だけではなくて、僕らがやっている思想とかの仕事もそうだし、文化的なことにしても自然科学の研究にしてもそうなんだけど、社会的な要請とか、周りの事情がこうなっているのでそれに合わせてこういうことをやりますとか、それに答える形になっていますという、理由を与えることがすごく求められるようになってきているんですね。つまり、突出して周りの事情と関係なく手前勝手に自分はこうなんだ、ということは許されなくなってきているわけですよ、現代の日本では。そしてある意味、そういうわがままなアーティストばかりが許されていたら如何なものかとは思うので、ある程度周りの意見を聞くことが必要だとは思うんですけど、でも最終的に全てがそういう諸々の事情によって決まっていくという世界になっていくと、およそ人が特別な1人1人の主体であるってことに意味がなくなっていくと思うんです。ありとあらゆること全てが相関し合っている事情の中で決まっていくという、自ずと決まっていくみたいな。建築というのも、そういう自ずとできるものが、できるようにできるみたいなことに、全体的に向かっていっている気がしていて、僕はそれが不満に思うんです。建築だけじゃなく、あらゆるものをつくるということに関して。ものをつくるというのは、僕が思うに、自分がこういうものをどうしてもつくってしまうとか、好きだとか、自分の持っている精神や身体にとって何かある特別な形みたいなものをつくっちゃうってことだと思うんですね。そこには根本的な「無意味」があるのであって、それはある種の暴力的なものなんですよ。だから、人と折り合わせるときにいろいろと説明を付け加えたりする必要があるわけなんですが、根本的に人が何かをするときには、無意味に突き動かされているところがあって、それに正当性を与えようとするわけです。その正当化するときに色んなコンテクストとかが利用されるわけです。だから、自分が本当は根本的に無意味にやっていることを、正当化しないとやっていられないみたいなところが人間にはあると思うんです。それはもう人間にとっては根本的なことで、正当化を一切考えないで、完全に無意味なことだけをやっている人間は完全に狂っているので、そういう状態にはまずならないんですが、僕が思うに、「正当化」という言葉に収まらないような、自分自身の個性、存在の特殊性みたいなものと結び付いている無意味というものを信じてほしい、自分という存在の無意味さの喜びみたいなものをさらに信じてほしいと思います。僕は、自分で哲学の本を書いたり、詩を書いたり、文学の仕事とかもするんですけど、常に自分自身にとって大切な意味は何かではなくて、自分にとって大切な無意味とは何かという風に考えています。

講評 ── 矢作 昌生

Design Review

皆さん、本当に2日間お疲れ様でした。こういう大会の根本なんですけども、結局異種格闘技みたいなものをいろいろな審査員というか、審判がやっているってそもそも無理があるんですね。皆さんの作品は卒業設計が多く、デザインレビューだと3年生の課題も入っていて、敷地も決められていて、課題も向かっているものがそもそも違うんですね。それをこういう場所で賞を決めなきゃいけないというのは、全く比較できないようなものを比較して、どっちがいいかなということをやっているわけですよね。だから本当にこれは難しいというか、審査員の顔ぶれによっても多少順位が変わります。でも、僕は唯一予選からずっと審査しているんですけど、ここにいる人たちは184作品の中からA3一枚という限られたフォーマットの中から選ばれきちっと自分のやりたいことを表現できています。僕以外にも3人の先生、合計4人の先生で選びました。ちゃんと選べていたかなと不安で、この会場に着いて一番最初に予選のファイルをもう一回見直しました。いい作品を見落としていないかな、とかね。すごい心配になって見たんだけど、選ばれている作品がやっぱり推せるなっていうのがほとんどでちょっと安心したんですよ。まずはそこにみんな自信を持ってほしいと思います。184の中から3分の1に選ばれています。今日、優秀作品3点、クリティーク賞など選びましたが、やっぱりそれぞれがそれぞれの良さを持っているし、もっとこうした方がいいんじゃないかというのは1位の作品にもあるんですよ。あるんだけど、それは僕は建築は教育されることと同時に、自分を教育することがすごく大事で、自分と向き合ったり、旅に出たり、いろいろなものを読んだり、感じたりして、自分の中から出てくるものがすごく重要だと思うんですよね。今はすごく情報過多だから、いろいろな情報が簡単に手に入っちゃう。だけど、それが本当に自分の血や肉になるのか、していかなきゃいけないんだけど、それを即物的に扱ってもなかなかだめです。建築家ってみんなしぶといでしょ。みんな80歳とか90歳とかまでやるでしょ。50歳とかで新人賞取ったりもしますからね。まだ皆さん20歳くらいでしょ？まだまだね、道は長いんですけど、それはすごく楽しいことですよ。僕は50歳ですけど、あと30年はやろうと思っていますから。まだまだ人生楽しめるなと、そういう分野だと思うので、皆さんが建築家を目指すかわからないですけど、手塚さんもおっしゃっているように、建築にはそういう喜びがあって、今日コンテクストの話とか、街の話とかいろいろしましたけど、それは結局他者のために建築をつくっているんですよね。建築は人がそこを使ったり住んだりするわけですよね。だから自己完結できないんですよ。自己完結できないものをどうやってつくり続けられるかといったら、常にいろいろなことを受け入れながら、そして受け入れるだけじゃなくて、自分からも何かを発信していくということをずっと繰り返しながらやっていく。そうすると、自分が好きな建築もできるけど、人に愛される建築もできてきて、それによって人脈が広がったり、いろいろなことが起きてくる。喜びがそこに留まらずに。だからすごく長い目で建築に希望を持って、今日の賞とかあまり一喜一憂せずに、ずっと建築をやり続けてもらいたいなと思いました。

あとがき
Afterword

特別協賛および作品集発行にあたって

建築士をはじめとする、有資格者の育成を通して、建築・建設業界に貢献する──、それを企業理念として、私たち総合資格学院は創業以来、建築関係を中心とした資格スクールを運営してきました。そして、この事業を通じ、安心・安全な社会づくりに寄与していくことが当社の使命であると考え、有資格者をはじめとした建築に関わる人々の育成に日々努めております。

その一環として、建築に関係する仕事を目指している学生の方々が、夢をあきらめることなく、建築の世界に進むことができるよう、さまざまな支援を全国で行っております。卒業設計展への協賛やその作品集の発行、就職セミナーなどは代表的な例です。

本年、「デザインレビュー2018」に協賛し、本設計展をまとめた作品集を発行いたしました。本設計展は本年度で23回目を迎え、全国各地の学生の皆様より数多くの出展があり、建築を議論・批評する場として益々の発展を見せています。本作品集では、ポスターセッションや決勝プレゼンテーション、受賞者選抜など、会期2日間に渡る審査・講評での貴重な議論を収録しています。また、出展者の皆様の熱い想いが込められた作品を詳細に紹介しており、資料としても非常に価値のある、有益な内容となっています。本作品集が社会に広く発信され、より多くの方々に読み継がれていくことを願っております。

近年、人口減少時代に入った影響が顕著に表れ始め、人の生き方や社会の在り方が大きな転換期を迎えていると実感します。建築業界においても、建築家をはじめとした技術者の役割が見直される時期を迎えています。そのようななか、本設計展に参加された学生の方々、また本作品集をご覧になった若い方々が、時代の変化を捉えて新しい建築の在り方を構築し、高い倫理観と実務能力を持った建築家そして技術者となって、将来、家づくり、都市づくり、国づくりに貢献されることを期待しております。

総合資格学院 学院長 **岸 隆司**

早春の福岡大学60周年記念館ヘリオスホールにて、Design Review 2018が開催されました。

共催者を代表して関係者の皆様に厚く御礼を申し上げます。金野千恵先生、田中俊行先生、千葉雅也先生、手塚貴晴先生、矢作昌生先生には特段のご高配を賜りましたこと改めて感謝いたします。特に福岡大学関係者の皆様には、会場利用をお許しいただき感謝申し上げます。Design Review 2018の出口貫太実行委員長をはじめ実行委員会の皆さんには、多大なるご尽力をいただきました。皆さんの素晴らしい連携による運営に敬意を表します。この経験が、来年以降のDesign Reviewに繋がっていかれますことを祈っております。

我々の設計行為は、多くの恩師や社会、職能団体の活動の中で育まれ、思いがけずに出会った出来事がさらに豊かなものに変化していきます。参加された皆さんとクリティークとの2日間の素敵な「遭遇」が、これからの勉学に変化をもたらすものであることを願っています。また、皆さんが今後挑む建築や環境形成の場面で立ち止まるときがあれば、JIAの扉を叩いてください。新しい遭遇があることでしょう。

さて、公益社団法人日本建築家協会(JIA)は、市民に向き合って日常的に活動を継続し、先導的に社会的貢献をしています。このDesign Reviewも次世代の育成を見据えて、共催を行っております。末永くご協力をお願いいたします。今後ともJIAの活動に対し、ご支援を賜りますようお願いいたします。

公益社団法人日本建築家協会九州支部長 **角銅 剛太**

本大会は「創遇」というテーマのもと、多様な作品や人々との思いがけない出会いを生み出すことを目指して開催されました。本誌もそのテーマに則り、ページを読み進めていく中で驚きや発見を体験できることを目指して制作致しました。

今年は新しいコンテンツとして予選審査の様子、受賞された出展者の後日談を盛り込んでおります。クリティークの方々のお話の中では、近年の作品に対して思うことから、最近の建築界に対しての危惧まで大変勉強になる内容が詰まっております。それぞれ是非ご覧になって下さい。

また、当日は会場として福岡大学60周年記念館ヘリオスホールをお借りしました。会場レイアウトでは、賑やかなポスターセッションには自然光の入る明るい場所を、白熱する議論には風格あるヘリオスホールを設定し、それぞれの雰囲気に合うように致しました。本誌に登場する写真でもその雰囲気を感じていただけたら幸いです。

本誌完成までの道程には様々な困難がありました。特に大会記録誌という性質上、大会前の想定とは異なる点が大会後には多々でてきます。それらへの対応には頭を悩ませましたが、周囲の方々に助言を頂き、何とか乗り越えることができました。

本誌を制作するにあたり、様々なデータ提供へご協力頂いた出展者の皆様、クリティークの方々、予選審査員の先生方、当日短い時間の中でより良い写真を撮影してくださったTechni Staffイクマサトシ様、中村勇介様、誌面デザイン及び編集作業に尽力していただきましたゴーリーデザイン大川松樹様、企画段階から様々なアドバイスをくださいましたデザインレビュー社会人実行委員会 JIA九州支部の皆様、心より御礼申し上げます。また、本誌発行を引き受けてくださいました総合資格学院 岸隆司学院長及び梶田悠月様を始めとする出版局の皆様、そして本大会に関わっていただいた全ての方々へ重ねて御礼申し上げます。

デザインレビュー2018実行委員会 記録部部長 **長尾 聡**

総合資格インフォメーション
在学中から二級建築士を！

技術者不足からくる建築士の需要
東日本大震災からの復興、公共事業の増加、さらに 2020 年の東京オリンピック開催と、建設需要は今後さらに拡大することが予想されます。しかし一方で、人材不足はますます深刻化が進み、特に監理技術者・主任技術者の不足は大きな問題となっています。

使える資格、二級建築士でキャリアの第一歩を
「一級建築士を取得するから二級建築士はいらない」というのは昔の話です。建築士法改正以降、建築士試験は一級・二級ともに内容が大幅に見直され、年々難化してきています。働きながら一度の受験で一級建築士を取得することは、非常に難しい状況です。
しかし、二級建築士を取得することで、住宅や事務所の用途であれば木造なら 3 階建て 1000 ㎡まで、鉄骨や RC なら 3 階建て 300 ㎡まで設計が可能です。多くの設計事務所ではこの規模の業務が中心となるため、ほとんどの物件を自分の責任で設計監理できることになります。また住宅メーカーや住宅設備メーカーでは、二級建築士は必備資格となっています。さらに、独立開業に必要な管理建築士の資格を二級建築士として取得しておけば、将来一級建築士を取得した際に、即一級建築士事務所として開業できます。二級建築士は実務的にも使える、建築士としてのキャリアの第一歩として必須の資格といっても過言ではありません。

大学院生は在学中に二級建築士を取得しよう
大学院生は修士 1 年（以下、M1）で二級建築士試験が受験可能となります。在学中に取得し、入社後の早いうちから責任ある立場で実務経験を積むことが、企業からも求められています。また、人の生命・財産をあつかう建築のプロとして、高得点での合格が望ましいといえます。
社会人になれば、今以上に忙しい日々が待っています。在学中（学部 3 年次）から勉強をスタートしましょう。M1 で二級建築士を取得しておけば就職活動にも有利です。建築関連企業に入社した場合、学習で得た知識を実務で生かせます。大学卒業後就職する方も、就職 1 年目に二級建築士資格を取得しておくべきです。

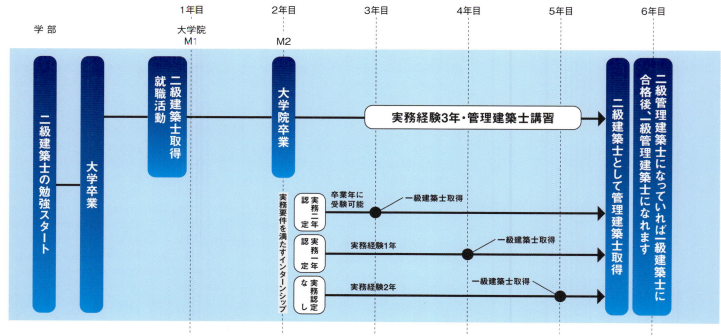

※学校・課程から申請のあった開講科目で、指定科目に該当することが認定されている科目については、試験実施機関である（公財）建築技術教育普及センターのホームページ（http://www.jaeic.or.jp/）に掲示されています。

早期資格取得で活躍の場が広がる！

建築士の早期取得で会社に貢献できる

会社の経営状況を審査する指標として「経営事項審査（以下、経審）」があります。経審は建設業者を点数で評価する制度です。公共工事への入札に参加する業者は必ず受けなければなりません。

経審には技術職員点数が評価される"技術力項目"があり、全体の約 25%のウェイトを占めています。一級建築士が5点、二級建築士が2点、無資格者は0点、10年経験を積んだ無資格者が1点と評価されます。つまり、大学院在学中に二級建築士を取得すれば、入社後すぐに2点の貢献（※）ができるため、就職活動も有利に進められます。新入社員であっても、無資格の先輩社員よりも高く評価されることでしょう。※雇用条件を満たすために6ヶ月以上の雇用実績が必要

1級資格者の技術力は、10年の実務経験よりはるかに高く評価されている

入社年次		1年目	2年目	3年目	4年目	5年目	6年目	7年目	8年目	9年目	10年目	11年目
大学院で2級建築士を取得した Aさん	◆2級建築士取得	2点	2点	2点	◆1級建築士取得 5点	5点	5点	5点	5点	5点	5点	5点
入社してすぐ2級建築士に合格した Bさん	◆無資格	0点	◆2級建築士取得 2点	2点	2点	◆1級建築士取得 5点	5点	5点	5点	5点	5点	5点
無資格のC先輩	◆無資格	0点	0点	0点	0点	0点	0点	0点	0点	0点	◆無資格 1点

建築のオールラウンドプレーヤーになろう

建築士試験では最新の技術や法改正が問われます。試験対策の学習をすることで、合否に関わらず、建築のオールラウンドプレーヤーとして働ける知識が身につきます。平成27年の一級建築士試験では、平成26年施行の「特定天井」に関する法改正から出題されました。二級建築士試験では、平成25年に改正された「耐震改修」の定義に関して出題されました。実務を意識した出題や社会情勢を反映した出題も見られます。そのため、試験対策をしっかりとすることで、会社で一番建築の最新知識や法改正に詳しい存在として重宝され、評価に繋がるのです。

建築士資格を取得することで、会社からの評価は大きく変わります。昇進や生涯賃金にも多大な影響を与え、無資格者との格差は開いていくばかりです。ぜひ、資格を早期取得して、実りある建築士ライフを送りましょう。

難化する二級建築士試験

平成16年度と29年度の合格者属性「受験資格別」の項目を比較すると、「学歴のみ」の合格者が20ポイント以上も増加しています。以前までなら直接一級を目指していた高学歴層が二級へと流入している状況がうかがえます。二級建築士は、一級に挑戦する前の基礎学習として人気が出てきているようです。その結果、二級建築士試験は難化傾向が見られます。資格スクールの利用も含め、合格のためには万全の準備で臨む必要があります。

■二級建築士試験の受験資格

建築士法第15条	建築に関する学歴等	建築実務の経験年数
第一号	大学（短期大学を含む）又は高等専門学校において、指定科目を修めて卒業した者	卒業後0～2年以上
第二号	高等学校又は中等教育学校において、指定科目を修めて卒業した者	卒業後3～4年以上
第三号	その他都道府県知事が特に認める者（注） （「知事が定める建築士法第15条第三号に該当する者の基準」に適合する者）	所定の年数以上
	建築設備士	0年
第四号	建築に関する学歴なし	7年以上

（注）「知事が定める建築士法第15条第三号に該当する者の基準」に基づき、あらかじめ学校・課程から申請のあった開講科目が指定科目に該当すると認められた学校以外の学校（外国の大学等）を卒業して、それを学歴とする場合には、建築士法において学歴と認められる学校の卒業者と同等以上であることを証するための書類が必要となります。提出されないときは、「受験資格なし」と判断される場合があります。詳細は試験実施機関である（公財）建築技術教育普及センターのＨＰ(http://www.jaeic.or.jp/)にてご確認ください。

■学校等別、必要な指定科目の単位数と建築実務の経験年数（平成21年度以降の入学者に適用）

学校等			指定科目の単位数	建築実務の経験年数
大学、短期大学、高等専門学校、職業能力開発総合大学校、職業能力開発大学校、職業能力開発短期大学校			40	卒業後0年
			30	卒業後1年以上
			20	卒業後2年以上
高等学校、中等教育学校			20	卒業後3年以上
			15	卒業後4年以上
専修学校	高等学校卒	修業2年以上	40	卒業後0年
			30	卒業後1年以上
			20	卒業後2年以上
		修業1年以上	20	卒業後3年以上
	中学校卒	修業2年以上	15	卒業後4年以上
		修業1年以上	10	卒業後5年以上
職業訓練校等	高等学校卒	修業3年以上	30	卒業後1年以上
		修業2年以上	20	卒業後2年以上
		修業1年以上	20	卒業後3年以上
	中学校卒	修業3年以上	20	卒業後3年以上
		修業2年以上	15	卒業後4年以上
		修業1年以上	10	卒業後5年以上

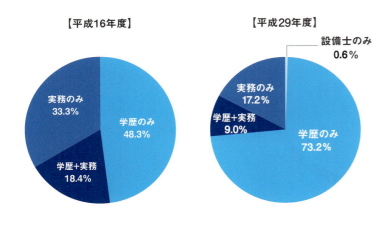

【平成16年度】
実務のみ 33.3%
学歴のみ 48.3%
学歴+実務 18.4%

【平成29年度】
設備士のみ 0.6%
実務のみ 17.2%
学歴+実務 9.0%
学歴のみ 73.2%

総合資格学院は
学科試験も
設計製図試験も
「日本一」の合格実績！

平成29年度
1級建築士 学科＋設計製図試験

全国ストレート合格者 1,564名／
総合資格学院当年度受講生 1,105名

**全国ストレート合格者の7割以上は
総合資格学院の当年度受講生！**

ストレート
合格者占有率
70.7%
〈平成29年12月23日現在〉

平成30年度はより多くの受験生の
みなさまを合格へ導けるよう全力で
サポートしてまいります。

平成30年度 1級建築士設計製図試験
学科・製図ストレート合格者占有率目標

全国ストレート合格者全員を
総合資格学院当年度受講生で！

ストレート
合格者占有率
100%

目標

※学科・製図ストレート合格者とは、1級建築士学科試験に合格し、同年度の1級建築士設計製図試験に続けて合格した方です。

平成29年度
1級建築士 設計製図試験

全国合格者 3,365名中／
総合資格学院当年度受講生 2,145名

**全国合格者のおよそ3人に2人は
総合資格学院の当年度受講生！**

合格者占有率
63.7%
〈平成29年12月23日現在〉

平成29年度
1級建築士 学科試験

全国合格者 4,946名中／
総合資格学院当年度受講生 2,607名

**全国合格者の2人に1人以上は
総合資格学院の当年度受講生！**

合格者占有率
52.7%
〈平成29年9月13日現在〉

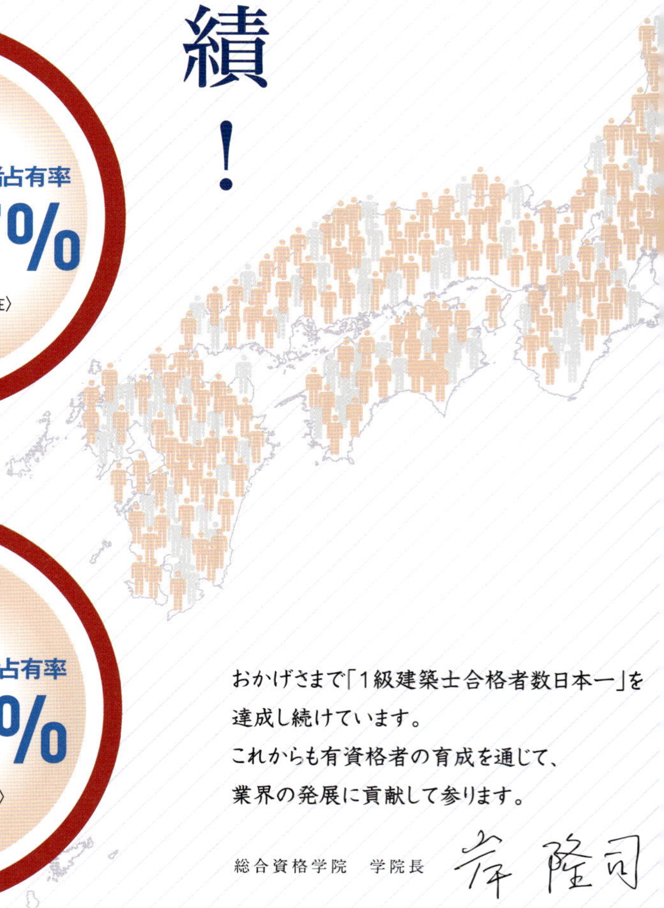

おかげさまで「1級建築士合格者数日本一」を
達成し続けています。
これからも有資格者の育成を通じて、
業界の発展に貢献して参ります。

総合資格学院　学院長　岸 隆司

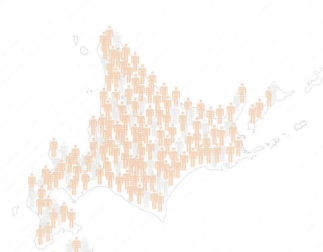

NIKKEN
EXPERIENCE, INTEGRATED

日建設計

代表取締役社長 　亀井忠夫
執行役員 九州代表 　妹尾賢二

東 　京	東京都千代田区飯田橋2-18-3	Tel. 03-5226-3030
大 　阪	大阪市中央区高麗橋4-6-2	Tel. 06-6203-2361
名 古 屋	名古屋市中区栄4-15-32	Tel. 052-261-6131
●九 　州	福岡市中央区天神1-12-14	Tel. 092-751-6533

支社・支所　北海道、東北、神奈川、静岡、長野、北陸、京滋、神戸、中国、熊本、沖縄
上海、北京、大連、ドバイ、ハノイ、ホーチミン、ソウル、モスクワ、シンガポール、バルセロナ

http://www.nikken.jp

 株式会社 大有設計

人がつくる。
人でつくる。

戸田建設
www.toda.co.jp

九州支店
福岡県福岡市中央区白金2-13-12
☎092-525-0350

ISO9001/ISO14001認証取得

TAIYO SEKKEI

株式会社 太陽設計

代表取締役社長 田中 一樹

本社/福岡市中央区草香江2丁目1-23
TEL 092-761-1266 FAX 092-761-4655
支社/東京都港区芝大門2丁目4-8 9F
TEL 03-6809-1350 FAX 03-6809-1351

! Kyushu Branch !

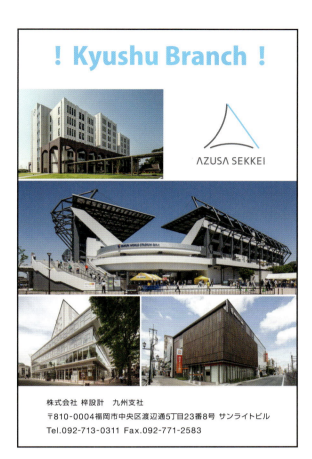

株式会社 梓設計 九州支社
〒810-0004 福岡市中央区渡辺通5丁目23番8号 サンライトビル
Tel.092-713-0311 Fax.092-771-2583

明日の「働く」を、デザインする。
We Design Tomorrow. We Design WORK-Style.

ITOKI

株式会社イトーキ 西日本支社

福岡市博多区上呉服町10-10 呉服町ビジネスセンター4階 〒812-0036
TEL.092-281-4061　FAX.092-281-4867
お客様相談センター ☎0120-164177　URL http://www.itoki.jp/

SK-HOME.COM
エスケーホーム

株式会社エスケーホームは
2018年4月1日より

「生活創造企業」に向け

LibWork

株式会社リブワークへ
社名を変更いたします

〒861-0541　熊本県山鹿市鍋田178-1
TEL 0968-44-3559
FAX 0968-43-8804

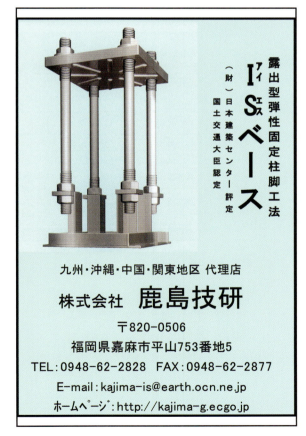

露出型弾性固定柱脚工法
ISベース
（財）日本建築センター評定
国土交通大臣認定

九州・沖縄・中国・関東地区 代理店

株式会社　鹿島技研

〒820-0506
福岡県嘉麻市平山753番地5
TEL：0948-62-2828　FAX：0948-62-2877
E-mail：kajima-is@earth.ocn.ne.jp
ホームページ：http://kajima-g.ecgo.jp

株式会社 建築企画 コム・フォレスト

代表取締役　林田　俊二

本　社／〒810-0801
福岡市博多区中洲5-6-24　第6ガーデンビル6階
設計室／久留米・熊本・天草
URL:http://www.comforest.co.jp

product design award 2014

ドイツ「iFデザイン賞2014」を受賞
http://www.arm-s.net/

高性能省エネサッシシステム アームス

ARM-S

自然換気システム
ARM-S＠NAV

三協立山株式会社　三協アルミ社
九州支店ビル建材部／〒812-0042　福岡県福岡市博多区豊2-4-6　TEL（092）707-0006

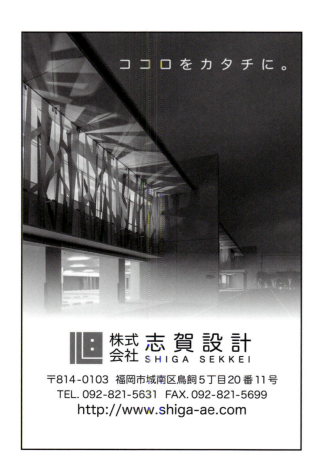

ココロをカタチに。

株式会社 志賀設計　SHIGA SEKKEI

〒814-0103　福岡市城南区鳥飼5丁目20番11号
TEL. 092-821-5631　FAX. 092-821-5699
http://www.shiga-ae.com

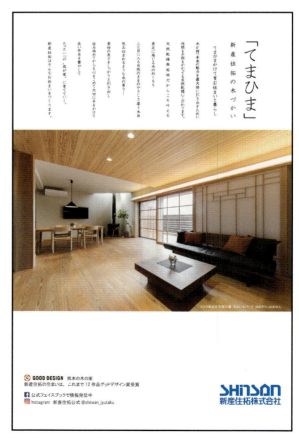

「てまひま」
新産住拓の木づかい

てまひまかけて育む住まいと暮らし

木が持つ本来の魅力を最大限に引き出すために時間も手間もかけても天然乾燥にこだわります。天然乾燥無垢材だからこそ叶える素材の良さをしっかりと引き出し住み始めてからの心をこめて大切にします。長い月日を経ても、ふと目に入る自然のままのやさしさ 違う木目噛み締めるような木の香り！！素足に感じる木のぬくもり

たった一つの「我が家」を育てていく。

新産住拓の住まいはえんなお住まいを作ります。

GOOD DESIGN　熊本の木の家
新産住拓の住まいは、これまで12作品グッドデザイン賞受賞
公式フェイスブックで情報発信中
Instagram 新産住拓公式 @shinsan_jyutaku

SHINSAN
新産住拓株式会社

建物を通じて一生のお付き合いを

【事業内容】
■賃貸マンション・一般住宅・寺社仏閣 等の設計・施工管理
■増改築、一般住宅、介護・各種リフォーム（内外装・設備）
■一般住宅、マンション大規模修繕・赤外線調査 など

株式会社 末永工務店

〒815-0075 福岡市南区長丘5丁目21-20
TEL 092-541-3764　　FAX 092-553-6076

国土交通大臣許可（特-29）2639号
一級建築士事務所登録　知事 1-11425号

SUMAI × Miele

新築やリノベーション、オーダーキッチンなどの
ご提案を行っております。

SUMAI
株式会社すまい工房
熊本市中央区水前寺
1丁目5番10号2F
 0120-096-123

Miele
ミーレショップ熊本
熊本市中央区上通町6-15
t‐Fourビル　B1F
TEL096-342-6444

PARK FRONT

パークフロント 香椎照葉

produced by GRANDE MAISON

お問い合わせは
 0120-601-006

グランドメゾン　パークフロント　[検索]

積水ハウス株式会社
Nishitetsu 西日本鉄道株式会社
&and 西部ガスリビング株式会社

株式会社 大建設計

本　社　東京都品川区東五反田 5-10-8　大建設計東京ビル
　　　　TEL. 03-5424-8600　　FAX. 03-5424-8615　〒141-0022
事務所　東京・大阪・名古屋・九州・札幌・広島
　　　　東北・沖縄・北九州・京都・静岡・横浜
　　　　松山・徳島・国際事業部・プラント事業部・医療事業部

http://www.daiken-sekkei.co.jp

~明日の都市創りに貢献する~

株式会社 匠建築研究所

〒810-0015　福岡市中央区那の川 2-9-7
TEL：092-400-8411　FAX：092-400-8441
http://www.takumi-web.com

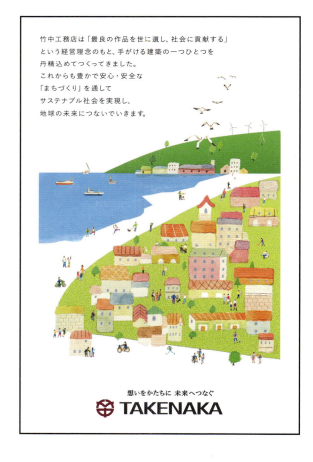

コンクリート住宅の
モデルハウス MOLS平成

コンクリート住宅の MOLS
株式会社 冨坂建設
熊本市中央区新大江 2-2-21

MATSUYAMA ARCHITECT AND ASSOCIATES

ARCHITECTURAL DESIGN, INTERIOR DESIGN, PRODUCT DESIGN

株式会社松山建築設計室

http://www.matsuyama-a.co.jp

株式会社 山下設計
YAMASHITA SEKKEI INC.

九州支社
〒812-0037 福岡市博多区御供所町 3-21
TEL:092-291-8030　FAX:092-291-8040

国内生産床材の
製造・販売・施工は
「北海道パーケット工業」へ
お任せ下さい！

北海道パーケット工業株式会社
TEL 0138-49-5871
北海道北斗市追分81-14
http://www.parquet.co.jp

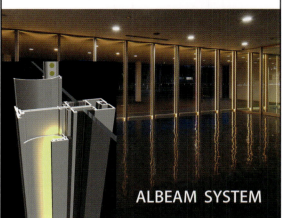

ALBEAM SYSTEM

株式会社　不二サッシ九州
〒812-0039　福岡市博多区冷泉町 2-1
博多祇園 M-SQUARE 6F
Tel 092-291-1134
Fax 092-291-1160
http://www.fujisash.co.jp/ss/kyusyu/

特別協賛

株式会社総合資格　総合資格学院

協賛団体

公益社団法人福岡県建築士会
JIA九州支部
JIA九州支部大分地域会
JIA九州支部鹿児島地域会
JIA九州支部福岡地域会

企業協賛

アサヒ製鏡株式会社
株式会社梓設計　九州支社
株式会社イトーキ　西日本支社
株式会社鹿島技研
鹿島建設株式会社
株式会社建築企画コム・フォレスト
株式会社佐藤総合計画
三協立山株式会社　三協アルミ社
株式会社志賀設計
新産住拓株式会社
JIA九州支部福岡地域会協力会
株式会社末永工務店
株式会社スズキ設計
株式会社すまい工房
積水ハウス株式会社
株式会社染野製作所　福岡営業所
株式会社大建設計
大成建設株式会社
株式会社大有設計
株式会社太陽設計
株式会社匠建築研究所
株式会社竹中工務店
立川ブラインド工業株式会社　福岡支店
戸田建設株式会社　九州支店
株式会社冨坂建設
学校法人中村産業学園（九州産業大学）
株式会社日建設計　九州支社
一般社団法人日本建築学会九州支部
株式会社日本設計　九州支社
株式会社バオプラーン熊本
株式会社不二サッシ九州
北海道パーケット工業株式会社　九州営業所
株式会社松山建築設計室
株式会社三津野建設
株式会社YAMAGIWA　九州支店
株式会社山下設計　九州支社
株式会社リブワーク（旧 株式会社エスケーホーム）

個人協賛

有吉兼次	有限会社ズーク	太記祐一	福岡大学
家原英生	有限会社Y設計室一級建築士事務所	田中一樹	株式会社太陽設計
池浦順一郎	DABURA.i一級建築士事務所	田中俊彰	有限会社田中俊彰設計室一級建築士事務所
板野純	ナガハマデザインスタジオ一級建築士事務所	田中浩	株式会社田中建築設計室
井上福男	株式会社ジェイ・エム・ディ設計	田中康裕	株式会社キャディスと風建築工房
井本重美	株式会社無重力計画	谷口遵	有限会社建築デザイン工房一級建築士事務所
岩本茂美	株式会社傳設計	豊田宏二	トヨダデザインラボ
上田眞樹	有限会社祐建築設計事務所	中俣知大	一級建築士事務所数寄楽舎有限会社
大賀博美	有限会社GA総合建築研究所	野田恒雄	TRAVELERS PROJECT（紺屋2023）主宰
角銅剛太	有限会社福岡建築設計事務所	馬場泰造	有限会社草設計事務所
川上隆之	ナガハマデザインスタジオ一級建築士事務所	林田俊二	株式会社建築企画コム・フォレスト
川津悠嗣	一級建築士事務所かわつひろし建築工房	藤岡健介	日本ヒルティ株式会社
清原昌洋	atelier cube 一級建築士事務所	前田哲	株式会社日本設計　九州支社
黒瀬重幸	福岡大学	松田満成	マツダグミ一級建築士事務所
斎藤昌平	株式会社SAITO	三迫靖史	株式会社東畑建築事務所
境祥平	株式会社大建設計	水野宏	株式会社水野宏建築事務所
坂井猛	九州大学	村上明生	アトリエサンカクスケール株式会社一級建築士事務所
志賀勉	九州大学	森浩	株式会社日本設計　九州支社
四ヶ所高志	福岡大学	森裕	株式会社森裕建築設計事務所
柴田誠	株式会社鹿島建設	柳瀬真澄	柳瀬真澄建築設計工房
末廣香織	九州大学	山澤宣勝	てと建築工房一級建築士事務所
高木正三郎	設計+制作/建築巧房		

※五十音順　敬称略